图书馆精选文丛

励耘家书

陈智超 编注

Copyright © 2021 by SDX Joint Publishing Company.
All Rights Reserved.
本作品版权由生活·读书·新知三联书店所有。
未经许可,不得翻印。

图书在版编目(CIP)数据

励耘家书/陈智超编注. —北京:生活·读书·新知三联书店,2021.1
(图书馆精选文丛)
ISBN 978 – 7 – 108 – 07008 – 1

Ⅰ.①励… Ⅱ.①陈… Ⅲ.①陈垣(1880-1971) – 书信集 Ⅳ.① K825.81

中国版本图书馆 CIP 数据核字(2020)第 219425 号

责任编辑	曾 诚
装帧设计	刘 洋
责任印制	肖洁茹
出版发行	生活·讀書·新知 三联书店
	(北京市东城区美术馆东街 22 号 100010)
网 址	www.sdxjpc.com
经 销	新华书店
印 刷	北京市松源印刷有限公司
版 次	2021 年 1 月北京第 1 版
	2021 年 1 月北京第 1 次印刷
开 本	880 毫米 ×1230 毫米 1/32 印张 17.375
字 数	230 千字
印 数	0,001 – 6,000 册
定 价	69.00 元

(印装查询:01064002715;邮购查询:01084010542)

写在前面

陈垣先生（1880—1971）字援庵，广东省新会县石头乡人，是我国当代著名的历史学家、教育家，在宗教史、元史、年代学、校勘学等许多领域取得了很高的成就，主要著作有《元西域人华化考》、《校勘学释例》、《史讳举例》、《南宋初河北新道教考》、《明季滇黔佛教考》、《二十史朔闰表》、《中国佛教史籍概论》及《通鉴胡注表微》等，受到后辈学人的景仰；他从教七十余年，1926 年起担任辅仁大学、北京师范大学的校长，直至去世，造就了众多的人才。

陈垣出身于药商家庭,自幼好学,并无师承,靠自学闯出一条广深的治学途径。他的父亲陈维启(1855—1909)虽是一位商人,但对陈垣的读书,从不吝惜金钱,后来陈垣感激地回忆说:"余少不喜八股,而好泛览,长老许之者,夸为能读大书;其非之者,则呵为好读杂书。余不顾也。幸先君子不加督责,且购书无吝,故能纵其所欲。"其父别号"励耘",陈垣后来把自己的书斋命名"励耘书屋",显然有纪念这位极力赞助自己读书的父亲的意思。

《励耘家书》收录了陈垣与子侄及孙辈的往来书信,从1927到1966年,时间跨度近四十年;其中尤其以陈垣与长子陈乐素(1902—1990,历史学家)、幼子陈约(1909—1999,书法家)的往来信函最多,分别有一二百通,篇幅占了全书的十分之九。这两组家书除了谈及家事,更多的是有关读书、治学、修身、做人的亲切指导,有很高的阅读价值,从中可以切实领会到前辈学人立身行事的品格节操，还可见到所谓"家学"的真实内涵。陈垣常在家书中指点为人、为师、为学的道理，如在给陈乐素的信中说："身体疲劳，应以心理调节之。凡遇苦境，皆须作为一种练习，欣然接受，不可无此修养也。不然，血肉之躯何能抵敌种种苦患耶？"又说："初教书，先要站得稳，无问题，乃安心。要学生有精神、生趣味为要。凡说学生懒学生闹者，必教者不得法之过也。"

幼子陈约常年独自在广州生活，学无师友，在家书中陈垣对陈约的指导更为严格，为了督促他学有专长，有时批评得甚为严厉。陈垣嘱咐道："单是读书写字，算不得学问，有事业做便是学问。"一次陈约信中说近来醒悟当戮力读书，"然岁数已大，人事日繁，思虑一多，心何能专"？陈垣批复："即此更不必读书，又想读书，又多思虑，一肚俗气，何能读书？读书要挨得饥，抵得冷，并受得世人讥笑，方能成学。"

在陈约选读何书以及读书的具体方法上，陈垣也随时点拨："《书目答问》一书不可不备，卷末有清朝著作家姓名，尤须熟看，至紧至紧"；"师承不易得，最好将《后汉书》与《三国志》同有之传，如董卓、袁绍……等十四传，以《三国》为底，与《后汉》对照，看《后汉》如何改作，即可悟作文及改文之法"；"最怕浅尝辄止，各得其皮毛，则废物矣；人不可一日闲，心必须有所注；饱食终日，无所用心，则废人矣"。"学问要就自己环境，如果家藏书籍丰富的，则宜于博览；如果家中书籍少的，则宜于专精。"这样的教诲在家书中还有许多，对于当今的年轻读者而言，也是深有意味的金玉良言。

　　本书选自陈智超整理、编纂并注释的《陈垣来往书信集》（增订本，三联书店2010年）。陈智超先生1934年生于上海，是知名宋史学家，陈垣之孙、陈乐素之子，新会陈氏史学的第三代传人。《陈垣来往书信集》的家书部分原有书信近400通，本书仅略去零星并无实质内容的书信，"与陈约"和"与陈乐素"两个主要部分并无删节,意在让读者把握完整的内容。至于家书和陈垣书信的全貌,还望参阅《陈垣来往书信集》(增订本)。

生活·讀書·新知 三联书店

陈垣先生 一九六二年七月在北京师范大学图书馆门前

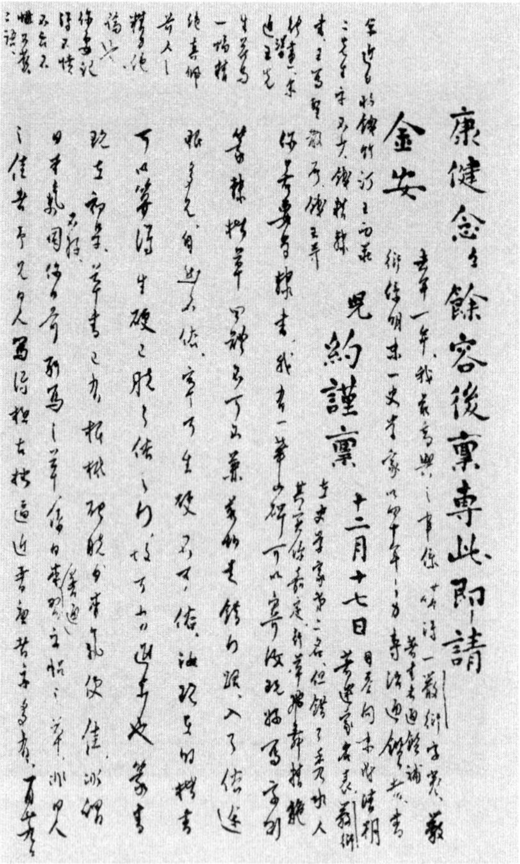
康健念念餘容後稟專此即請

金安

兒約謹稟　十二月十七日

与陈约，一九三一年一月二十九日批复（见第 26 页）

与陈约，一九三六年七月三日批复（见第163页）

明季滇黔佛教考序

中国史学莫盛于宋,而宋代史家之著述,於宗教往往疏略,此不独由於意执之偏蔽,亦其知见之狭隘有以致之。元明及清治史者之学识,更不逮宋贤严有之。中岁以郎之中,几无完善之宗教史。始先生俊爽之实。自近岁新会陈援菴先生之通识诵读之,勤讀摩尼教诸外学音读之,新著明季滇黔佛教考遂寄寅恪读之,命復以一言弁其首。寅恪虽不善读内典,又未曾172 居滇地,而

先生是书欲引之资料,所见者殆十之七八,惟罗之勤闽见之博者是全,识断之精体製之善,同先生前此考释宗教诸文是又读是书者所共知無待詒贅言也。抑寅恪讀是書尝有感焉,世人謂宗教與政治不同物也,二者不可祭互合論,然目来史实所昭示,宗教與政治終不能無所關涉,即就先生是書所述明末永曆之世,滇黔閩浙間以遗臣逸民之身,而爲僧道者,亦足見文化之精萃,能萃集岛域,以遺激而神州正朔之地,精略

盖于斯此及明社既屋,其地之學人端士相率遁逃於禪以全其志節,今日追述當時政治之變遷以考其人之出處本末,雖曰宗教史,卜寄此可作政治史讀也。嗚呼!晋永嘉之亂,支愍度避難渡江,東思不得不變食,便共治此心無義論,以救饑耳。後治義理果講羲積年,後此不解,乃馳誓語。摩海辞徒於滇道人爲侣謀此,道人寄語隐史云:心無義那可立?治此君義排雖,救饑乏,寧可濟食犯戒耶?及波湛沙而金陵瓦解,

池洞海之區,乘三歲矣,此三歳中,天下之變無窮。
先生講學之餘,寄於東北,戎警之際寅恪人城乞食焉,
西南天地之閒南北相望,寺俱未撚,新義以负如慶。
今先生是書刊将畢,寅恪不獲躬执纸墨之役,謹以書末宣告讀是書者託實爲之,就今之堂非宗教興政治雖不相同物而終不能無所閒涉之一例證。
歟民国二十九年七月陈寅恪谨序

陈乐素抄寄陈寅恪《明季滇黔佛教考》序

目次

导　言 …………………………… 陈智超　1

与陈　约 ………………………………… 1
与陈乐素 ……………………………… 372
与陈雪晶 ……………………………… 497
与陈珍铭 ……………………………… 500
与罗永昌 ……………………………… 502
与张遵俭 ……………………………… 527
与陈　善 ……………………………… 529
与陈致易 ……………………………… 537

新会陈氏世系略表
（第三代以下以家书中提及者为限）

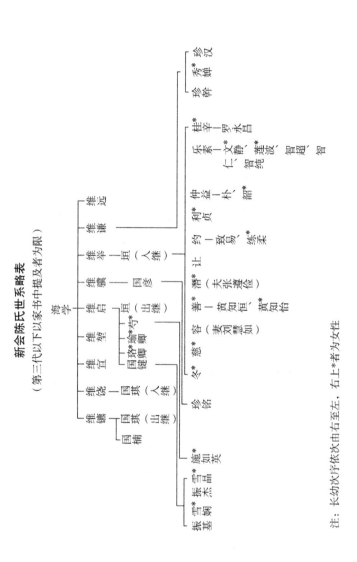

注：长幼次序依次由右至左，右上*者为女性

导　言

　　1985年我为《陈垣来往书信集》写了一篇编注者前言（此文1986年发表，但《书信集》则在1990年出版）。这篇前言的正标题是《五十年中国史学的一个侧面》。我在文中叙述了保存、抄录这些书信的曲折过程，编注这部书信集的方法和所做的工作，以及这部书信集三方面的意义和价值：一、为了解和学习陈垣先生提供了极其宝贵的材料，二、为了解和研究近现代中国学术史提供了不可多得的材料，三、它也是近五十年中国社会的一个缩影。

　　2010年我为《陈垣来往书信集》（增订本）

又写了一篇前言，副标题是《兼论书信的利用与整理》。前言除了介绍增订本补充的大量书信之外，还总结了我二十多年来编注、整理自明代前期至上世纪60年代三千五百多封书信的经验教训，与读者共享。

现在我为《励耘家书》写的这篇导言，着重介绍它对了解、研究陈垣先生生平的特殊价值。

陈垣先生作为一名学者，有专题的学术日记。比如1939年在故宫阅读《嘉兴藏》，他记录了每次阅读的时间和所阅僧人语录的名称及要点；写作《通鉴胡注表微》，他记录了每篇的完成时间和交付排版的日子。

他作为一名教师，有详细的教学日记，记录课程的名称，授课的教室，每周讲课的时间，以及每次上课的进度，作业和考试的题目。他对每名学生每次作业的评语及分数，一一登记，以掌握学生学业的进步和检查自己教学的效果。

他对重要的通信也有简要的记录，用专纸分人登载来往信件日期及内容。这里所说的"重要",是指通信的内容重要或有特殊性。这样的记录现在还留下几份。

但是陈垣先生没有记生活日记的习惯,既没有那种准备发表的日记,也没有那种只供本人保存的私密日记。他也没有写过自传,所填的各种履历表,只是简要登录自己的经历。因此,他给后辈的家书,对了解、研究陈垣先生的生平就更有特殊的价值。

他的家书除了有专纸登载来往信件日期及内容以外,还有特殊的处理方式。一是在后辈年轻的时候采用对来信批复的形式。这种批复,有的在行间,有的在天头,有的在信尾。一是在复信的时候,将有关家事的内容和论学、论教等内容分开,所以有时在同一信封内有相同日期的两封信。

家书中所谈家事,就是陈垣先生教育后辈如何为人处世。这必然牵涉到父子关系,家庭关系(包括夫妻关系,与其他子女的关系)以及与当事人的关系。它的内容有私密性。所以他一再嘱咐后辈："家信不可与人看"，"家信有妨碍及伤他人感情者，阅毕记之，即须焚毁，免伤感情也。切切"。时移世易，七八十年过去了，当年的私密，有些早已不成秘密，或者今天即使公开，也不会造成对当事人的伤害，而这样的资料，对了解和研究陈垣先生的生平，自然有独特的、不可替代的价值。其次，家书中表达的陈垣先生对当时形势的议论，是实时的记录。至于家书中对往事的回忆，也是写信时的回忆，并由他亲手记录，有很高的准确性。

家书中关于教育子女做学问、习书法、当教师的内容，都是陈垣先生自己多年的切身经验。他对此非常重视，当作函授教材，嘱咐子女妥善保存。

在这里，我深切感谢叔父约之先生。尽管家书中有对他严厉斥责的话，而且有些显然是出于误会，他还是把它们保留下来，当作是对自己的鞭策。他还把这些历经磨难保存的家书，毫无保留地供我阅读、抄录、研究，并在他生前发表了一小部分。我还要深切感谢端仪姊,在约之叔去世以后,她经过慎重考虑,将这些家书的绝大部分给了我,使我得以从容整理,否则,这批原来杂乱无章的家书是不可能达到发表水平的。

当然,我们说家书对了解、研究陈垣先生的生平具有特殊价值,并不是说其他资料就没有价值或没有重要价值。作为一位大史学家和大教育家,学术研究和教学工作已融入他的生命中,是他生活的重要组成部分。所有关于他学术研究和教学活动的材料,对了解、研究陈垣先生的生平都有重要意义。

我还要强调,在利用家书的时候,有时需要综合几封书信,或者与其他资料联系起来考察,才能得到最大的效果。比如,1934年8月至1936年4月,陈垣先生与约之先生中断通信一年多,综合两封家书可以知道,解开这个疙瘩的是陈垣先生。他先写信给先父乐素先生:"约有来信否?有何议论?近来书教得好否?余实无日不念之,但前年激得我太利害也。"乐素先生将此语转告约之先生,约之先生去信检讨，从此父子之间再也没有中断联系。再如，1941年10月23日陈垣先生与乐素先生的家书中，回忆了他在1897年（丁酉）参加顺天乡试和1900、1901年参加童试的情况，他在1948年在辅仁大学讲授《史源学实习》课时对此有更具体、生动的描述，见李瑚先生当时的课堂笔记，收入即将由商务印书馆出版的《陈垣〈中国史学名著评论〉讲稿》一书中。两相对照，颇为有趣。

曾诚先生是《陈垣来往书信集（增订本）》的责任编辑，在编辑、出版增订本的过程中，我们合作得很愉快。这次根据读者的反馈和出版社的计划出版这部《励耘家书》，我们再度合作，增加了一些注释，改正了一些错误。我相信，通过我们的努力，本书将不会使读者失望。

陈智超　二〇一三年六月

与陈约[①]

(一) 约一九二七年五月六日陈约来函　并批复

父亲大人膝下，敬禀者：儿没有信给父亲，总在一年之上。不是儿不想常常写信父亲，但总是像有什么从中阻住一般。儿知错了。父亲得接儿这封信就

[①] 陈约（1909—1999）：字约之，援庵三子。书法家。少年时曾在陈信义药材行实习。一九三二年在广州法政专门学校毕业。一九三三年起在广州圣心中学任教。广州沦陷后，转道至香港拔萃中学任教。太平洋事变后，在韶关、南雄等地作教员、文员。一九四八年再任香港拔萃中学教员。一九五〇年回广州，先后在广州四中、广州市教师进修学院、广东师范学院任教。一九六四年起任广州文化局研究员。家书中使用了一些广州话（信中称"白话"），如"点解"（什么，为什么），"唔使"（不用），"书枱"（书桌）等。

会知到儿已从"苦闷"里觉悟过来。

儿千日也是父亲的儿子,父亲也千日是儿的父亲。〔按:援庵圈去此句,并批:此等话不必说,犹之说兄弟是男儿,说姊妹是女子,无甚意思,因不说亦一样也。〕① 不过儿和父亲会少离多,儿是怎么一个人,相信父亲不会知到,反过来说,儿何尝不这样呢。愈远愈疏,就令到父亲像不知有儿,儿也像一个有父而像无父的孤儿,(我常常念尔,奈你时时埋怨父亲何。你等常常对人说父亲不是,于你等有何益处?你等可以细想。)是何等一件可惨痛的事呢。

儿自离铺②,(我本不以为然。)生活简单而枯寂。枯寂和简单,就令儿尝透了"苦闷"的滋味。

不知是儿和铺头没缘,还是铺头不能容儿。〔按:援庵删去后半句,并批:行有不得,反求诸

---

① 援庵在陈约来信中的批语,以楷体表示;对陈约信中字句的修改,在整理中以按语(楷体)注出,用方括号区别于援庵批语。
② 铺:陈信义药材行。

己。〕儿虽最苦闷,也没有回铺这个念头,(怕人不要你了。)请父亲谅儿恕儿。

从前还得着博哥①不时指导、教训,有时或更为儿找得职业(但不过一两月便没得做),(人要有恒心,不然,到处不能容也。)儿很知到没有学问在世上是很吃亏的,(点样②叫做学问?有事业做便是学问。)这年来也常时读书、写字,(单是读书写字,算不得学问。)只这一点可向父亲告慰。

儿现像一只乏了把舵的人的孤舟,父亲能恕儿从前的过错,扶儿踏上人生之路吗?

母亲和儿均赖平安。博哥、二嫂俱在容奇,他们的女儿留下母亲料理,生的很趣。辛姊③已有三子,因剑泉兄入息少,很困难。

京中各位如何,念甚。馀容后禀,专此,即请

---

① 博哥:援庵长子乐素。
② 点样:什么。
③ 辛姊:援庵长女桂辛。

金安！　儿约谨禀。五月六日。

（二）一九二九年九月四日陈约来函　并批复

父亲大人膝下：

敬禀者，改回儿的原信，已于月前在四姑姐处得接，敬悉。儿先打算入光华的〔"的"字圈去〕，但光华今年奉令不招生，故此意无形中打消。至儿读书问题，曾一再与九公商量，结果已决定回法专。法专也奉令不招生，现在校的，准办至毕业，现在法专已改为〔"现在法专已改为"圈改为"现已改名为"〕法学院，将来在法专毕业后，如欲更得法学院文凭，须再读二年。更与九公商妥，决离中行，专心一意读书。儿本想转日班，但校中无此办法，故〔"故"字圈去〕九公以为日间总该找点适合的职业，儿也以为如此。在未找得以前，儿想于《史记》、《诗经》、诸子等国学之一部〔"之一部"圈去〕，用些功，于字儿也想加以研究，除功课外，儿便从事于此。利姊说，益兄将于九月回粤

（无所闻），未知已起程否，省中各人都好，勿念。京中各位谅都很好，馀容后禀。专此，即请金安。儿约谨禀。九月四日。

（三）一九三〇年七月十日陈约来函　并批复

父亲大人膝下：

敬禀者，儿对法律虽不有十分大趣味，但因日续的浸淫，早已与之生相当关系矣（无论何种科学，能深入必有得处）。不经不觉暑假后可升班了。大明年便是毕业，在此后的两年，当较前时为要紧，参考书当然不少，望父亲加以援助（要书我外行，要钱可寄汝一点）。

益兄回来时，见到南方的学风不及北方，鼓动儿转学北方，儿早有此意（亦不尽然，你学法律，我即将近日一张论北平法学院新闻一篇寄汝）。益兄回平后，此事倒沉寂了。这固是由儿无勇气，而究竟缺乏了援助的人（无援助有无援助的好处）。

儿于法律的书籍外，很爱读文学的书籍（文学似不如史学），因为无人指引，爱读还只是爱读，是散漫的、无系统的，这是不会得益的。譬如儿爱读国学的书，但国学这么多书，从何读起，何者应读不应读？都没有相当能力去拣摘，时常会因此而减少了兴味（无所谓国学。国学二字太笼统了，不如分为文学、史学、哲学、宗教等等。我的著作，你得读否？便中我寄汝一二种，此是转转口味的法子，你既学法律，仍然读你的法律书为要）。

儿闲暇还想写下字，苦于连一本较妥当的碑帖也找不到（你此次来字，大进步，可喜。可见你近来用功，至慰至慰。一个人总要有一样长处，免人鄙屑），更不知应从何人入手？墨砚是写字不可少的。（是要墨砚，抑要墨盒？）但终找不到一个好的，因此种种，儿觉人在世，是少不得人们的提携和帮助，儿悔以前舍近而图远，总不会想起父亲来，现在很望父亲常常指导。儿有这么一个希望，虽然是将来的话，但很想能实现，就是在法专毕业后，很想再读两三年农科（到时至算，①心多不好也），因家里很少人于农业是有相当学识的。儿也并不因家没有人学便去学。其实儿底志愿是如此。所以很希望将来有这一个机会。

儿常常也想写信父亲，但执笔总是写不成，说是畏惧又不畏惧，懒又不是懒，其间总觉一种不自然，真不可解（写信与尊辈或卑辈，均要注意一件事，写出来盼望人家认得。草字虽然好，虽然是一种美术，但是人不尽识的字，不宜太草，免人误会而厌恶也，注意注意）。益兄回来劝儿多寄信父亲，但直至现在才写这一封，真的有几次执起笔总不知从何说起。

到祖母处见父亲来信，说今年暑假回来，喜甚。

北京各位如何，念念。省中祖母以次各人均好，馀容后禀。专此，即请金安。儿约谨上。七月

---

① 至算：再说。

十日。

专心在法专毕业后，再看机会。稍暇我当有字帖检几种寄汝，若久不收到，可写信来催。

（四）一九三〇年八月陈约来函　并批复①

〔以上原缺〕字帖博哥本来有的，但上上海时一并带了去。曾寄给儿一本《李北海〔此处添"某某"二字〕碑》，和儿自己买的《九成宫》、《兰亭》、〔此处添"某某人"三字〕《圣教序》外，再没有了。有许多书家，虽知其名，但总未得看过他们稍为可信的字迹，自己又没有多大力量去买，父亲能多寄儿那就好了。

潜妹、善妹们寄来利姊的信，儿常得〔以下原缺〕

说没有看过，以后请多寄点回来。儿通常习字，通是磨墨，故需要墨砚，不是墨盒。但平常的

---

① 此函前后均缺。

墨砚是很快干的,写字时很窒碍,很想得一方较好的。这里中华书局虽有好几种端砚,但要价总在十馀二十块钱(皆是新坑,不可买,须买旧坑),故不敢买,又怕上当。说起墨砚,就联想到笔,在广州买笔也不易。昨年一位姓江〔以下原缺〕

(五) 一九三〇年八月往函

十七日来□□收到。来书文理与字体均大有进步,至为可喜。惟草字究有几分日本味,系从何帖学来?

来书言有李北海碑。李北海所书碑极多,是那一个?

又云有《九成宫》。《九成宫》乃晚清末年最流行之字体,尤其是广东,但风气早已变过,不可学。

《圣教序》有怀仁集王羲之本,有褚本。王本最佳,行书从此入,不患误入歧途也。

汝既然喜欢学字,何不学篆?今付汝篆帖多种,先认识《说文》部首五百四十字,照《续卅五举》笔画先后，写得半年，便有模样，比行楷易进步也。试为之，有困难，再告汝。

问我著作，寥寥无几，今检出数种寄汝，日历及表有不明白，可问，即答汝。

讲起墨砚，平中甚易找。但此物邮寄难，奈何！余民国二年以二元得一明人曹石仓端砚，极佳。去年又以十二元得一歙砚，亦佳，系嘉庆间大学士刘权之故物，经刘燕庭藏，又转入梁节堪家，近始归我。假定有人回粤，我托其带汝，此砚比曹砚更好用也。

笔亦容易，稍暇寄汝数枝。余素不讲求笔，但有人送我几枝，或者汝合用。

书籍慢慢来，《书目答问》一书不可不备，石印本三角一册，即购阅之可也。卷末有清朝著作家姓名，尤须熟看，至紧至紧。

又《輶轩语》二册，今寄汝，为讲旧学必看之书。其中所说"学"一门尤要，要常看。

至于字帖，从前讲石刻，自有影印出，得帖较容易,有正书局、中华、商务,皆有影本,比前人眼界广阔得多。若求进步,当更看前人墨迹。此事不容易了,徐徐为汝图之。余近以廿五元得一手卷,为乾隆第六子永瑢所书,极佳,或可寄汝。此事要看汝后日进步如何矣。

今由邮寄汝书五包共廿二册,收到复我。阅后如何,又复我。孔子曰,"不愤不启,不悱不发",举一隅不以三隅反,则不复也。其大意谓汝有心学,有心向上,然后教汝也。

(六)一九三〇年九月十二日陈约来函 并批复

父亲大人膝下:

敬禀者,来示敬悉(来字或示字之上应空一格,以表敬意,此去信与尊辈或平辈均应如是也),并书籍五包得接。(书五包之外,翌日又寄《故宫周刊》一包,每期均有宋人书札一通,收到否?)现既有门路,若肯心去学,当易进步,阅后有不明处,便再奉函求教(教字亦应空一格)。前二次信，偶以〔"以"圈改为"因"〕高兴，并无半点不敬之心，以后不敢。《李北海碑》是法华寺碑，以其处处藏锋，甚爱之。《圣教序》是王本。（最佳，但未知是何拓本？）《九成宫》（《九成宫》光绪间多人学，故觉其俗）以为习楷书当学之，今知误矣。近得《乐毅论》（宜学其神味），但初习字，不宜从小楷入手（是），用以参看矣〔"矣"圈改为"耳"〕。校中后天开课，暑假完了，墨砚与笔恨不能即得（笔尚容易寄，砚真费事矣），又不知要待到何时。在父亲（高二格谓之双抬，高一格谓之单抬。前叶父亲二字高二格，此叶父亲二字及金安二字高一格，何也？无论高一格或高二格，应前后一律乃合）最不闲暇，还抽空指示一切，儿知自爱矣。付归利姊百元得接。儿草字之日本味或无形中得自博兄。校中又有日本文一科（日文极要），或由此得来（无要紧），今既知之（最怕不知，知到便易避），当改之。自祖母以次均好，勿念。平中各位如何，甚念，馀容后禀。专此,即请金安。(要知书札行款,最好看《故宫周刊》之宋人尺牍。)儿约谨禀。九月十二日。(余最近有人送我一砚,砚底刻"灵岩山馆大昕"六字,又有辛楣印。灵岩山馆为毕沅号秋帆读书之所,大昕则钱竹汀先生之名,辛楣则竹汀先生之字也,至可贵矣。近又得朱竹垞先生手书家信,系其晚年与孙及子者,共八通,精极。)

(七)一九三〇年九月二十六日往函

即日寄汝日本笔四枝,又中国笔三枝,已寄妥。往返邮局及税局,极其麻烦,可恨。收到即复我。日本笔有三枝购自大连,又一枝则友人游日者所赠,未知用法如何?中国笔有二枝,亦系友人所赠,云系精品,未尝用也。又一枝名稿笔,以其制特别,特寄汝一试,未必佳也。近有友人送我乾隆间福州漆小瓶,瓶底刻鲒埼亭款。鲒埼亭者,全谢山名祖望先生之集名。于是吾书案上有钱竹汀先生之笔筒、毕秋帆先生之砚、全谢山先生之瓶。三人皆清代有名史学者，日夕相对，读书精神为之一振，快何如也。刘权之砚，俟有便人回粤，托其带汝，寄则极不便也。

有意习篆否？能草不可不能篆，习篆似易于习草也。

此间佳帖极多，俟汝发问后乃续告汝。所谓不愤不启，不悱不发也。

汝如何进步我不知，然观汝来书字体大进步，已脱俗矣，可喜可喜，亦令我极快心之事也。

处世极难，然难极尚有人比我难，则我已得天独厚矣。

譬如汝现在不近我，在汝以为不幸，然近我者他又以近我为不幸。因近我有好处，又自然有坏处，常常受骂，又觉得离开好也。

祖母精神与前年如何？三姑往港，祖母是否住生生？四姑生意好否？九公常见否？彦叔各位如何？便中将家事略谈一二，亦大慰也。

约儿览。父字。九月廿六日。

（八）一九三〇年十月陈约来函　并批复①

〔以上原缺〕后以其年小，且行止又不定，又值嫂嫂小产，故命返广州。父亲之信，今日转寄博兄一阅。父亲何不问及辛②姊呢〔"何不问及辛姊呢"圈改为"知辛姊近日情形否"。旁批：此言又令人不痛快，辛曾问及父亲否？难道一定要父亲先向儿女请安吗？是否近来世界倒行逆施了？你说话如此糊涂，心理如此胡闹，真令人气坏。此信本想不回你，但不回你到底不明白，故不忍不一告也〕？辛姊仍未算安乐，已有三子。剑泉兄在粤汉铁路局当职，数人生活以此维持矣。利姊到平时，粤中情形便知其详也。近日习字，字体与前有点不同，是因执笔之故，篆书虽仍学习，从背看与前都不过如是，仍要大造工夫，华山碑便请早日寄归，

---

① 此函仅存中间一页。
② 辛，援庵长女桂辛。

又学〔以下原缺〕

照此改过几个字,似乎不令人讨厌。若照原文,则直向父亲提出质问,岂有此理!难道父亲是你们奴隶吗?可恨!

(九)一九三〇年十月十日陈约来函 二十一日批复

父亲大人膝下:

敬禀者,来示敬悉(应写明某日来示敬悉)。儿于闲暇,最爱读子书,因其中很多至理,读之每有所悟。苦不得善本,请便中多寄些回来,如真即〔"真即"圈改为"果"〕就有人南来,墨砚外,文房应备的东西,请〔"请"字圈改为"能"。另批:上文已有请字。〕检多几件寄来,也是得以振振读书精神的意思。父亲谓儿字能脱俗,真令儿有点高兴,不知将来可有希望连儿底人格也脱俗矣(恐怕要多读书乃能)。又恐都能脱俗矣,而益不能容于俗何?(明理自然不怪人,更不能以为人是俗,己是清。）忽而铺头忽而银行，不善谋生显然，与其买身一般的受人工钱打工太不值，不如造耕田佬，似较存天真（此层错了，谁不是受人工钱打工？如今我等教书何尝自由？自星期一至星期六，日日忙为谁？亦不过奈穷唔何耳。一停手，即停口。不死则已，死则要连仔女都饿死。就因为凡靠教读食饭者，月入数百元，非用尽不可，一年能有几钱剩。绝不如商家可以希望有钱赚也）。前信提及毕业后想习农科者，正是此意。颇真有点颇，但世情教人不得〔此处添"不"字〕作如是想。父亲以为儿不过不近过父亲，近过便知受骂而愿离也，儿以为读书固常遇艰深而不能明者（此未得门径耳），但怎会因其不易明而不读呢？篆字觉得很有趣味（有趣何不寄些来一看？），揣摩多时，虽觉头脑万端，但有《续三十五举》，自不至太离谱。《书镜》里的执笔法虽不甚了了，而用腕力和拳空指密曾下过一翻工夫，无论大小楷俱能如此，更常写下一尺以外大字，更知用腕之妙（写字分行布白要紧，汝此信八行中两边写得太不留白，而中间之白又太多。白多者即行太疏，而头尾二行挨边处绝不留馀地，太不合章法。康执笔法不足法）。每月总有一二次到铺头，有时会遇到九公、彦叔（对尊长要守子侄本份，至紧）。

祖母（可以平头不必抬头）精神很好。三姑姐下港，老人家丢不下一头家，没有去生生。大姑姐在道济住了多日，（二姑姐近日如何？）四姑姐隔日总到探望，祖母便不觉寂寞了。昨日知道益嫂举一男，益兄便造吧吧了，①可喜可喜。《故宫周刊》都收妥了，（收到有何用？寄汝为是看这些宋人墨迹耳。何以一字不提？）省中祖母以次均好，勿念。四姑姐生意很旺，幸而多是接生，不然，必定很多人病了。平中各位想都康健，寄来笔待收到（寄不容易），另函奉覆，馀容后禀。专此。即请金安。（两行之中间，空地甚多，而首尾两行之空

---

① 便做爸爸了。

地极少,此是无章法之过,注意改之。)儿约谨禀(太靠边,不合。第一行亦要留边,至紧至紧)。双十节〔在"双十节"上加"十九年",并批:十月廿一日付还〕。

(一〇) 一九三〇年十一月二日往函

笔早挂号寄汝,何以至今未见收到?又刘权之藏砚,日前亦已由邮挂号寄汝。刘为嘉庆间大学士,曾与修《四库全书》。此砚为梁节庵旧藏,予以十二金得之,并配以红木盒三元。收到即复,免望。汝前问予著作,曾以数种付归,只见收到,未见对于各种著作有何提及,可知汝并未检阅也。如此则要我寄归何用?且付汝之《中西回史日历》,乃予自己常用者,中间有太平天国历数叶,为后来用墨笔加入者,并未存有底稿,寄后颇懊悔,今亟须检查,特将道咸同三朝《中西回史日历》寄汝,见信即检出日前寄归之一部,用墨笔将上下栏年月照写一份,速即寄还应用。但切要细对,不得有误，误则笑话也。予近来功课极忙，奈何奈何！专此，示约儿览。父字付。十一月二日。祖母前代予请安。

（一一）一九三〇年十一月三日陈约来函十四日批复

〔以上原缺〕以此二十元为九公①之意，且为暂时的，须有父亲信，限定多少便多少，然后易造事。并知三宅欠公家钱甚多（九公来信云二万八千元。我自民国二年后未尝由粤汇平一文，这些钱皆粤中用去者也），不怪，加以制限。最好父亲每年能寄儿六百馀七百元（非要逼死我不可。你替我想，我是干甚么的，月入有定，月出有定，非同做买卖可以发财，打工人如何能应付此？你知王国维先生是如何死的？就是为钱逼死也。你开口亦可以，难怪你说无胆，我觉得你胆不小也。奈何！我

---

① 九公，援庵九叔维镳。

本欲逃世，不与家人通问，因为你来几次信，情难过，故回你，岂知又创出大祸，你知到近来薇三姑要三千元，铺中云无钱，九公叫我设法。这就是王国维先生死因了。王先生月入四百元，仅够支家用及自己买书之费。他儿子死了，他亲家要他三千元交他寡媳，逼得王先生投昆明湖也），不然呢，恳请去信九公、彦叔，提及此事。两年后此身定卖与人者。前信所言，一时之火气矣。卖定卖，值不值另一件事。至怕卖而没处买（此等话太糊闹），儿为前途惧也。二姑姐乡中居住，暂中有出省。儿欲定阅《燕京学报》一类之刊物。对于布白，得父亲指示始得明白。然不觉间便又乱，须得相当练习。祖母以次各人均好，勿念。四姑姐前日下港，下月大姑姐娶媳妇。京〔"京"圈改为"平"〕中各位谅都平安，念念。专此，即请金安。儿约谨禀，十一月三日。

你们这些思想，太不对了！动不动说卖身，自己又无本事，又不肯下气于人，孟子所谓既不能令，又不受命者也。试一细想，天下人境遇不如己者何限，人家饭都未有得食，何况其它？今对这样又不满足，那样又不满足，开口动要六七百元，成何说话。试问钱何由得来，是偷的是骗的，是敲诈的，不然是赌博的，不然，何由说得六七百元这些容易？难怪给人看小了。不安份之人，最无法也。

不要得寸入尺，若再来些糊闹话，恕我不回信，我又要同你等再绝往来也。

九公一函可交利①一看。十一月十四日。

（一二）一九三〇年十一月十四日陈约来函二十四日批复

父亲大人膝下：

敬禀者，昨日到四姑姐处得接二日来示，敬悉，勿念。另墨砚一方，同日得收，全无损伤，儿得之喜极矣。习字有此，更感趣味也。此砚父亲预

---

① 援庵次女利贞。

算托人带返,今竟便〔"便"圈改为"由邮"〕寄来,四姑姐一见便说:"睇亚吧几痛你,重唔快的用心机。"① 在儿初学之人,得此可贵又为前名人所用之砚(刘权之是四库馆编纂,后作大学士。刘燕庭是金石家。梁鼎芬是诗人。此砚得之甚廉,仅十二元。配一天地盖三元,共十五元也。此砚极佳。余不得灵岩山馆砚,则此砚不能寄汝也。然余之灵岩山馆砚乃破底的,余爱其为钱竹汀先生所书款,故宁留破砚,而以美砚寄汝),本足引以为荣,但别一方面很觉惭愧,为望将来有种种成就,庶几不负此砚也。至于碑帖,儿多不知,最好能按儿程度陆续寄来(此层恐怕办不到)。儿现欲得见者,篆书如李斯、李阳冰等所刻所书(不必不必,先学邓石如可也。前寄归之《弟子职》一册即邓书。用笔先后则看《续卅五举》),得此虽不能即有所获,但常与之相见,自是一善法,馀如钟繇二王

---

① 看爸爸这样疼你,还不快点用心。

欧颜之字,也请多检些(不必不必,专写《圣教序》亦够。并批:不容易)寄回。前次父亲寄来之书籍,都有翻阅,不有提及,正是儿之浅陋处。只有给人,一点意思也没有也(此语我看不明白。凡写信作文,以人能明白为要)。寄来道、咸、同三朝〔"三朝"下加"日历"二字〕数纸,已照写对过,快信寄上(已收到)。前日四姑姐自港回,江姓友人托其带来儿小楷笔四枝,俱极品。昨日得博哥信,知也有笔三枝托人带来,儿高兴极了,能发奋将些笔用完(余生平极不讲究笔,而梁启超先生则劣笔不书,白沙先生则自制茅笔),自有相当进步,然非易事也。废〔"废"圈改作"旧"〕历九月初二乡间大祠堂举行入伙礼,热闹异常。事前祖母、大姑等都想回乡,终以江河不太平,老人家上落不易,不果行。前三日奉上一函,另字一束;又五日,字一束,想都得接(二束只收到一束,一束尚未收到,或者迟日收到未定。)祖母以次均好,勿念。平中各位谅均康健,馀容后

禀。专此,敬请金安。儿约谨禀。十一月十四日。(廿四日付还)

此砚与常品的是不同。此信为儿第一次试之,干固不易干,且自始至终浓淡如一。磨墨时间一倍往时之砚,以其滑也。事前儿知砚将到,曾购一本《砚史》,看未有几页而砚已到,只摘涤砚(似不必常涤)、用砚几段看之,免不识而损砚也。

学问要就自己环境。如果家藏书籍丰富的,则宜于博览;如果家中书籍少的,则宜于专精。余藏书不算甚少,但你则可算甚少甚少。无力多购,又无图书馆可利用,则唯一方法是先专精一二种,以备将来之博览。此所谓就环境,古人所谓素其位而行。不能因未有书遂停止不学,等有多书乃学也。习书亦然,家多藏帖则博观,家无藏帖则先专临一二种,以求将来之博观。余谓汝今日最写《圣教序》数百遍,此是捷法。有机会自有东西寄汝。临《圣教序》,单写不得,必要多看,看后再写。

（一三）一九三〇年十二月十七日陈约来函 一九三一年一月二十九日批复①

〔以上原缺〕及叱石岩，在儿未游过的人深感兴味。近来乡间宁静异常，各处开公路，好几段已能通车，交通甚便。儿曾省五祖父之墓。梁任公先生教人不要学李北海，其实李碑儿也觉甚是难学。但觉甚佳，故爱阅之。刘砚曾小心细涤，原来青的可爱，怪不得说一片碧云。又见许多斑点，这大概是说辉古藻的藻了。省中各人平安，勿念，平中各位谅都康健，念念。馀容后禀，专此，即请金安。儿约谨禀。十二月十七日。

此叶除末一行外，其馀均写得甚有骨力，至为可喜。篆书近有继续练习否？稍有规模后，可并写隶书，以求变化。篆隶比行楷易写也。

董其昌字，近日大廉，不知何故？余得一二

---

① 此函缺前半。

卷，甚佳。

去年一年，我最高兴之事，系购得一严衍字卷。严衍系明末一史学家，以四十年之力专治《通鉴》者，著书名《通鉴补》。《书目答问》末附清朝著述家名表，严衍在史学家第二名，但错了秀水人，其实系嘉定。行草飞舞精绝。

余近日收钱竹汀、王西庄二先生字不少。钱精隶书，王写《圣教序》，钱、王并能画。余近得王先生花鸟一幅，精绝，真佩前人之精力绝伦也。

你要记得"不愤不启，不悱不发"二语。

你若要学隶书，我有一《华山碑》可以寄汝。既好写字，则篆隶楷草，四体不可不兼。最怕走错门路，入了俗途。眼多见，自然不俗。宁可生硬，不可俗。汝现在的楷书可以算得生硬，已脱了俗之门，故可有进步也。篆书现在初学，草书已有根柢，能脱日本气便佳。非谓日本气不好，因你日前所写之草，系日本普通习字帖之草，非日人之佳者。予见日人写得极古拙，逼近晋唐者亦多有。一月廿九日。

（一四）一九三一年五月二十七日陈约来函 六月二十二日批复

父亲大人膝下：

敬禀者，前月廿六日曾奉上一函，想已得达，念念。广州天气已渐炎热，下月中校中便举行年考，后便放暑假，明年今日儿将毕业矣。毕业后，不知又将如何耳（毕业后再作道理。不患人之不己知，患其不能也），前途固茫茫也。儿处此已二十馀年，日久生厌，甚愿得藉能离此，换换空气，到时不知可得此机会（不必多心，机会是有的）。废〔"废"圈改作"旧"〕历年时，三叔①来省，嘱儿今年未可在铺支钱，此事回港后当去信父亲商量。儿此数月来所用款项，俱蹔向四姑姐支所转先。近得三叔来示（已复三叔），云尚未得父亲答复。儿伏乞父亲于此两年内供给儿

---

① 三叔，援庵胞弟国键。

费用，彼得在法专读至毕业，后此如何，儿只好看机会矣（大约可以，不过要极省才可。余渐老，不能为牛马走矣）。

此数月来，于功课外儿多读《史记》（《史记》必须读。未知你所读者系何板本，告知，或可寄汝一读本），甚有趣味。亦常习字，又习小提琴，初本欲学钢琴，以无钢琴故转而习此。凡此能假儿数年，儿料当有所成者，不知命运如何耳（命运二字我不甚喜欢讲）。

省中自祖母以次均好，勿念。平中各位如何，甚念。馀容后禀。专此，即请金安。儿约谨禀。五月廿七日。

祖母①生日，你可告知一消息，秋凉后我或者返粤一次。何以必须秋后？因我欲乘此长夏，在图书馆做一种工作。暑假后一切事辞去，有人供给

---

① 祖母，援庵生母周氏、过继母李氏此时均健在。此处指周氏。

我一笔小费用，可以休息一年，故此可自由居住也。此消息老人闻之，当爱听。六月廿二日。

去信与三叔、九公等尊辈要注意，行书胜于大草，《圣教序》最合宜，大草不易识，易生误会，慎之慎之。近日来书大进步，可喜。

（一五）一九三一年八月二十九日往函

我从前只系买书，近年颇买字画。最近见乾隆时史学大家钱竹汀先生等手札五册，极精，惜索价太贵，尚未购成，不见可欲不欲，自己购买力有限，而尤物日出不穷，只有收窄范围而已。

我从前对汝说过，草书对家中尊辈或凡不认得草书之人，不可写草书信，防有不识，误事。汝记得否？此语要答我。

本月廿二日中国银行寄利女一百元，收到复我。

余极无暇，老实说，复你一信不易。即代我请祖母大人及各姑姊等大安。援付约儿。八月廿九日。

（一六）一九三一年七月一日陈约来函 十月二十三日批复

父亲大人膝下：

敬禀者，昨日得接付回儿五月廿七日原信，敬悉，勿念。自前次父亲回平后，至今早又三年馀，各人得闻父亲今年秋凉后有南旋消息，皆大欢喜，尤其祖母也。广州天气已异常炎热，常在九十度以上，近又西潦非常紧涨，为数年来仅见。儿现已放暑假，因习小提琴，故无他知。前数月曾以十二元买得一套古香斋袖珍《史记》，此本为丛书，散买得之。不知此本板子好不？儿因学法律，曾买一套《韩非子》。因《韩非子》便及《老子》、《庄子》等子书（《史记》、《韩》、《老》、《庄》皆必读之书），但都是普通市上所卖者，不得好本。请父亲检几本寄归。此长长假期，便想对此用些功夫。昨日偶搜出一本张宗祥的《书学流源论》，内说不可以羊毫作书，历数其弊端（张说未必，但可参考)。儿虽不尽以为然,但不无疑惑。儿现适犯此,非羊毫几不会写,究意如何呢?道济自改医舍后,现更将一连三间屋打通,楼上自己居住,楼下作留产等用。又是一翻新现象也。前接利姊来信,说现在青年会造事,又习国画(青年会事未就,现只学画),一时惹起儿之兴趣,于暑假期中,如找到老师,儿亦想学几笔,父亲以为如何呢(总胜于不学)?

省中自祖母以次均好,勿念。平中各位如何,念念。馀容后禀,专此,即请金安。儿约谨上。七月一日。

此信久未复,以为不久可以见面,故不复也。谁知南返之说暂不能实行,奈何!十月廿三日。

(一七)一九三一年十月二十三日往函

书画是相因的,能书能画是大佳事。但入门要紧,不可走错门路。不懂犹如白纸,尚可写字;入错门路,则犹如已写花之纸,要洗干净,难矣。

学怕无恒。凡学一事，必要到家。或作或辍，永无成功之可言也。

胸襟要广阔，眼光要高，踏脚要稳。

我前寄归汝之《故宫周刊》，是好东西，见你不甚注意，故不再寄了，知你未能领会也。

我暂时不能回粤，何以对祖母说，真难真难，善为我说之。十月廿三日。

（一八）一九三一年十一月二日陈约来函 十一月十八日批复

父亲大人膝下：

敬禀者，即日得接来示，敬悉，勿念。此处各人皆以为父亲不日便南来，大家一团高庆，今忽云暂未能来，正不知何事也。难为祖母早早便常常提住，今竟便未来。

儿前此一信，现在自己看来，亦觉其俗不可耐。当时不知如何心情，会写成彼样，大概是误解某书也。其意曰，字有方圆，须万团并济，始为工。儿以为硬直直便是方,欲硬直直,便要落笔时着力。现在知到此不是方,是一种不和谐之"梗线",更知到硬直直是在艺术内用不着者。记得前时博兄教儿写字,唯一法子是打圆〇,想来甚有道理也。能圆而不能断,便入于流,能圆能断,此"断"大概便是所谓"方",不知是此意否。从此儿更联想到造人,造人也要圆(圆过头不是变了滑头吗),面面俱圆,不过要能断,"断"便是"决断",双方面都未可或缺。

儿学习国画甚有趣味,黄先生亦教得甚有心机。

省中各人平安,勿念,平中各位想皆康健。馀容后禀,专此,即请金安。儿约谨禀。十一月二日。

(一九)一九三一年十一月十八日往函

二日来书收到,我总觉草书不甚适用,究不如行书要紧。如果写信写《十七帖》、《书谱》、怀素等等,恐怕累事,对尊长尤不宜。老实说,不如怀仁《圣教序》最合适。观你来字，究嫌欠健，想因未临《圣教序》故，能临《圣教序》一百几十遍，必大有可观也。我近得汪容甫先生临《圣教序》手卷极佳，将来有机会给你看。馀未一一。此复约儿。父字，十一月十八日。

（二〇）一九三一年十一月二十四日陈约来函 十二月六日批复

父亲大人膝下：

敬禀者，前十数日曾奉上一函，想早得接，念念。天津与北平至近，报载天津甚不安宁，不知北平情形如何，至为念念。日本暴行如此，殊令人指发。现全国既如是奋激，难免一战，在此情形，读书亦非其时矣。（不读书又何如？）

祖母甚好，不过在各人看来，因年纪关系，又老几许。儿常到问候，甚好听《客途秋恨》。每至，儿常唱此以娱之，粤曲中惟《客途秋恨》祖母多少记得。儿唱时，彼口中常喃喃自语。精神好时，上半枝完时，彼还不算，以此知其甚兴奋也。省中各人均好，勿念，馀容后禀。专此，即请金安。儿约谨禀。十一月廿四日晨。

（二一）一九三一年十二月六日往函

昨接汝信，想不复汝，心又不安，今早晨起，姑复汝一言。

一、我命汝写信尊辈，不可用草书，最好用行书。此语不知说过几多回，汝一概不理会，而且近一二次来信及信皮，有颓放之意。少年人不应如此。

一、我屡次信所说，如《圣教序》等等，汝从不答我，一若未见我信者。如此则我何必告汝，汝又何必来信耶？

一、此次来信说日本事，云读书非其时。然则我辈舍读书外，尚有何可做？风雨如晦，鸡鸣不已，正是吾人向学要诀。近日此间学生纷纷往南京请愿，此等举动有同儿戏，借端旷课游行，于国事何补寸分，可为痛哭者也。凡事初一二次尚不甚感觉，多则变了无聊。如所谓政府不答应则将全体饿死于国府之前，此何语耶？壮则壮矣，其如大言夸毗何？此日本人所旁观而大为冷笑者也。人之大患在大言不切实，今全国风气如此，又何望耶。

我今对汝不愿多言，望汝对我历次信所言、所问、所希望于汝者，有存在心之时，有答复我之时。不然，言者谆谆，听者藐藐，则不如其止矣。我写一信极不容易，有时执笔欲止者再乃写成之。注意注意，何谓颡放。

法律、音乐、书、画，汝近所好所学也，甚佳。救国之道甚多，在国民方面，最要者做成本身有用之材，此其先着。

我本来就是一读书之人，于国家无大用处。但各有各人的本份，人人能尽其本份，斯国可以不亡矣。难道真要人人当兵去打仗方是爱国耶？我对国事亦极悲愤，但此等事，非一朝一夕之故，积之甚久，今始爆发。在历史家观来，应该如此，又何怨耶。我不能饮酒，到不高兴时，报亦不愿看，仍唯读我书，读到头目昏花，则作为大醉躺卧而已。此可告祖母者，我近状之一也。至今仍未着棉袜，为廿年来所未有，因不用出街也。十二月六日。

（二二）一九三一年十二月二十六日往函

从前我在晏公街栈房住的时候，有书柎①一张，又有藤杠一个，内所载皆文件书札之属。记得书柎柜桶②内有梁节庵（名鼎芬）先生信多封（皆与教界公会的）。又有黄晦闻（名节）先生与中山先生书，系用宣纸打横写的，写得非常之精。此等函件如能找出，皆无价宝也。又有一帐簿式之簿，蓝皮二册，内所粘皆顾南雅（名莼）先生之家信，亦非常之精。南雅为钱竹汀先生弟子，有书名。此二厚册若能寻出，亦无价宝也，试一寻

---

① 书柎：书桌。
② 柜桶：抽屉。

之。此等物件若在平今日见之，皆非百数十金不办（且不易见），可惜沉霾箧中，无人过问也。设法设法一寻，可于此小事觇汝能承家学否也。圣诞后一日。

（二三）一九三二年一月十五日陈约来函 二十六日批复

父亲大人膝下：

敬禀者，本月六日得接去年圣诞后一日来示，并儿十六日原信，敬悉。勿念。接信后，儿曾去铺头搜寻过〔"头"圈改为"中"，"过"字圈去〕，梁节庵先生、黄晦闻先生之信俱不获见〔"见"字圈去〕，有〔"有"字下添"一"字〕部分书柜已搬去回澜桥栈，此处正建马路，栈在（？此字不清楚）修门面，未往搜寻。至帐簿式手册二卷，则存在，为博兄以前在铺头〔"头"字圈去〕所连书柜一起搬来者博兄曾一度往铺头〔"头"字圈去〕将书柜搬了许多回来，但为顾南厓等所书，不见有顾南雅名字（南雅是号，此公名莼），不知是否即此二册（此二册不管是否顾南雅，即即包好，由邮挂号寄平。寄到后，果是顾南雅，则即将故宫最近印之书画十大册寄汝）。记得博兄在粤时，曾说此书价值不匪，但离粤时又无带去，故现存此处。关于梁、黄先生所书，问问博兄，或知头绪，当年搬书柜时想已一并检出矣（梁先生名鼎芬，黄先生名节。从前是在书枱柜桶，不在书柜中，可设法再留意）。

过两日考试，试后是寒假，假后之一学期，是儿在法专最后一学期矣。因此又为同学录事，须要造造工夫。

昨益兄来信云，将南回度岁（他云去杭州，未知何往）。未知已起行否？平津近状如何，各位想都平安，至念。省中自祖母以次各人均好，勿念。馀容后禀，专此，即请金安。儿约谨禀。元月十五日。

此信之字似《黄庭经》，又似《乐毅论》，是为书道正宗，再写必成家矣，可喜。

顾札寄来，最好内用油纸包好，外用厚洋纸捆好，防湿及防绳断纸破。因邮局寄东西，乱抛乱掷也。

（二四）一九三二年一月二十六日往函

同我问候祖母及姑姊各位。我在此一年，无甚可告，印成《敦煌劫馀录》（自著，排印）十四卷六册，又《元典章校补》（自著，木刻）十卷四册，又新著《元典章校补释例》六卷二册，未刊。一年工作，如此而已。这些东西，在家人都未必觉得有甚么用也，不过我自以为贤于博弈而已。又利姊肋膜炎复发，本月五日入法国医院，至今已三星期，热尚未退，只好缓缓等候而已。其馀各人均安。报载国难会议会员事，想家中已见名单，但我不会南下，因久不作政谈，而述作之事，又忙个不了也。此示约儿。父字。一月廿六晚。

（二五）一九三二年二月十二日陈约来函 三月十九日批复

父亲大人膝下：

敬禀者，昨日得接付回儿去月十五日原信，同日又得收书画九册，勿念。儿闲中临字，最多是《圣教序》，于《乐毅论》及《黄庭经》则未尝习过。而大人来示云，前信字似此二帖，此大概由《圣教序》得来，而二者想是同源。今日将二帖寻出，以后临之，想必合辙，以其未尝习之而笔路近也。昨由邮将顾先生所书二册奉上，想已得书，至梁、黄二先生所书，尚未到铺再寻，以铺装修，尚未妥当，然想亦难寻获。儿已去信博兄，不知有与大人谈及此事否？得利姊病讯，闻之各人皆为不安。博兄信更云其是肺瘵，且入第二期，何以会得此病呢〔"呢"字圈去〕？不知现在如何（不至加甚），精神可好（尚好），已否退热（热不高）。人最不幸是疾病，然父亲亦不可以此太费心,须得保重。国难会名单已见,日本如此狂暴,我民气又如是强烈,免不了是大战,真不幸也。所著《敦煌劫馀录》不知儿可合看否,甚欲得之(汝看之不懂,未必有用。此系敦煌所出唐人所书佛经目录耳)。寄来书画集于儿习画甚大助力,多谢父亲。前数日过旧历年时,三叔、三婶并弟妹皆来省,异常高庆。祖母以次均好。关于利姊病,各人均致问候。平中各位想皆安好,馀容后禀,专此,敬请金安。儿约谨禀。(此三字要注意。凡写字到末尾,必要更佳)二月十二日。

同我问候祖母及各姑姐安,至紧。我对于此等地方常疏忽也,此层万不可学我。

顾札早收到,可惜是顾筠,非顾莼,颇失望,当时记错了。

此次来书字亦佳,但嫌太扁,大约因信笺有间行,不觉为他所绐。凡写字不必尽格写,要留馀地。三月十九日。

（二六）一九三二年四月八日往函

屡来信只此一套，无新意，有何可复。有学术上事，有学校事，有家中各宅事，有乡中新闻，有社会新闻，皆可报告，何至老是一套？至于自己近状及读书见解、处世经验尤有可谈，何至一字无有。孔子曰："不愤不启，不悱不发"，听其自取也。四月八日。

（二七）一九三二年六月十七日陈约来函并批复

父亲大人膝下：

敬禀者，于本月十五日，儿大考完毕，在学业上已算告一段落。儿前曾奉上父亲一函，意欲于暑期北来，后连接三叔、博兄来信，知此事不获允于父亲。来日方长，本亦不必急急成行也，惟儿此后如何，诸多事情，在在须父亲指导，而父亲又远处北方（远处有远处好，他们在平的，一年不能得我一字也)。故儿特为此信就商于父亲。儿在此暑假内一仍照旧过学生生活，尚可。若于假期后又无书读，又无职业，岂不成一无业游民？儿所学者为法律，则将为律师乎，一以年纪轻，得不到人信任，而此种事业，又于儿性情不相合（合不合，习惯耳，余于医亦然。今不业医，然极得医学之益，非只身体少病而已。近二十年学问，皆用医学方法也。有人谓我懂科学方法，其实我何尝懂科学方法，不过用这些医学方法参用乾嘉诸儒考证方法而已）。除此必出于在机关造工一途，此途更不易侵入，必以有力者为之提拔，而现在"官"似尚多于人民。国之所为乱也。正以人存造官可以发财之心，故不愿入此污途。将为工乎，又无何一种工之技艺。为商又无本钱。为农又无土地。似此种种职业有不能为，有不愿为，此儿所以彷徨无措也。本来读书为人生最高尚之事，然儿又无以读书为业之程度，一无成，百无成，不孝之大未有过此者。此时父亲尚舍而不教，以后则更不堪矣。儿年纪小幼,入世浅,事事尚须人之携带,今又不能面见父亲,纸又不能尽儿所欲言,儿不知所可。

再过几日是祖母之寿辰,此处定然有一番热闹。祖母以父亲等各位皆在远处,常以此为怀。博兄来信云,父亲暑假将会南来一行,又不知能成事实否?

此处前月闹脑膜炎,现又流行霍乱,天灾人祸,此固乱世必然之事。

四姑姐新居不日落成,位置在生生之后边,利姊如何?平中各位谅都平安,至以为念。馀容后禀。专此,即请金安。儿约谨禀。六月十七日。

今年一年,暂未有职业,亦不要紧。既学法律,则须得法律之用。有正用,有旁用。做律师,做法官,正用也。能利用法学知识以为其它之用,所谓旁用也。

余治史学,正常恨缺乏法律知识。假使我懂法律,我又多一翅翼也。

试想想有何可以利用法律知识之处。既学了三年，用过苦功，断无无用之理。你既好音乐，又好运动，又好书画，再加一法律，岂不甚善乎？我谓汝尚欠一文一诗。文、字、诗、画、音乐、运动、法律，七件头。

（二八）一九三二年六月二十日陈约来函 七月十日批复

父亲大人膝下：

敬禀者，前几日在考试中连接三叔、博兄信，知儿欲来平事不得父亲允许，一时急起来，即曾奉上一函。儿当时只是心慌，正不知毕业后如何落着。父亲见信时，便会知儿慌忙之态。此种举动，儿等青年在处急事时，在所不免，父亲当能原谅。本来天生人，天养人，真要谋生，就造后生也得一饱。但人之志向，总望向上去，如果一个人但求一饱，则更不有问题。想成就一种事业，觉得人生不是如此单简，则非努力不可。儿知到人不能离群而索居，但是人之真学问之造成，常常不在大庭广众中，而在深居静默之时，唯是此时，始能造自己之事。一入社会，便须讲应付，讲应酬，正是贡献自己出社会，那容有一个自己。虽然世上有如此一种人，但儿不喜欢如此。儿现在程度虽尚幼稚，但无论何事，都是学得来。只须有如此之环境，便可成就如此之事业。儿现在甚愿更求上进，更读书，虽至于老而不改。世界之事，合儿之性情，样样都想学去，唯"学"为无穷尽，为最有意思，其馀的事，似不关己。虽至居不安、食不饱，亦不介怀。而此"学"之环境，甚赖父亲之提携、之援助。儿好读书、好音乐、好字画、好运动，而此种种皆有其志而不得入室登堂，必假儿岁月则必有可观，可敢断言。但衣、食、住为一日不可少，儿受父亲养育已二十余年，长此不能自立，又岂是造人①之道，故儿常说欲找一种职业，能自食其力而入世不深者，无他，一方欲不离群而索居，一方欲自己造

---

① 造人：做人。

回一种自己高兴造之事业，若真无此种职业，则天待儿也太薄矣〔此处批：谬！并用红笔划去此句〕。父亲爱儿，必能为儿设想，儿正在歧路彷徨，非有人指点之不可也。馀容后禀。专此，即请金安。儿约谨上。六月廿日。

（二九）一九三二年七月十日往函

我从前好似对你说过，不要学我。我处家中不为人所重视，以少不能谋生也。但我见你近日行动，又好似不能为人所重视，奈何！大约亦因不能谋生也。但既如此亦无法。今年暂且照旧，当多读一年书，何如？去年用钱如何，我绝不知。三宅去年用过若干钱，亦不知。无人告我，我何由知之乎。你亦只字不提，我向谁问乎。（四体《千文》，即还汉哥，有机会再寄一册与汝，我有一册唐初人二体《千文》，更佳也。）

你写字已成一个样，学画近何如？久不见你提及，是否又辍业了？音乐、运动，我知你好的。既然如此，为何不索性注意于文与诗，俾成一派乎。文本要紧，诗则消遣而已。然在书香之家，二者似不可少之条件也。有意之后，再谈。余无时不念汝也。廿一年七月十日。

（三〇） 一九三二年九月二十日往函

数来书收到。因搬家，前来书未检出，故迟迟未复。亦因三叔来帐目，汝似支过二百馀元，此惊人之数，心里亦不痛快，故不复也。以予所寄三叔款项，以为绝不会支过，今竟如此，且多，奈何！余在京苦抵，分毫不敢多用，而汝等以为平中各人好舒服，慌死难为你，一味去花，未免苦乐太不平了。且汝心理，以为近我者必佳，不知近者只常受骂，且无暇教导。今汝虽远离，隔月有一信，比近我诸人，舒服多矣。年来来往人亦多，可一询平中情景，何尝与汝心中所猜想者一样乎？托汪公事，我以为无甚意思。无论无成，即成亦不过数十元之事，能做得几月？到时沦落，又将何如。且汝等不知稼穑艰难,起行时又必支借一大笔旅费,负担亦累我而已,曷尝有良心为骡马一想耶?我今年八月起收入又锐减(比去年差三分一,比前年差一半),现计每月均须亏空,尚未有弥补之法。此博在平所亲见。他如何说法,汝必知也。我叫汝安分在粤研究一年,明年再算,并答应月津贴汝若干。汝必要求快乐、求虚荣,与我期望不同,亦无法也。我觉得广东比他处好,一定想有人在广东。曩者施甥女来信,云欲北来谋事,我询他在粤已有五六十毫洋一月,平中岂易得此,故属他切切勿来,勿多心。在北者正欲南迁,岂有在南者反欲北迁之理?

来信又谓去年三宅支数,现尚未钞出。究竟近年粤中如何用法,何至八九个月尚未知结数之理。一定支数好多好杂,不然何至此?不可解。

我前见汝字有进步,故极夸许。此次来信,颓放万分,可知根柢系浅,一放纵,即软弱不成字,不能不时时刻刻兢心而行也。字好丑系第二,第一须要有骨。汝写字一不留神，即无骨了，此次来信是也。充实本领要紧，谋事不谋事其次。如果人说汝，汝即少见人，闭门读书可也。心驰于外，岂能成学。南京之事，非有十二分把握，不可轻去，不然三两月又闲散，何以作归计耶？慎之慎之。此示约儿。父字。廿一年九月廿日。

（三一）一九三二年十月三日陈约来函二十日批复

父亲大人膝下：

敬禀者，前日得接由三叔转来手示，奉悉。儿非不自爱而甘流于俗，尚望父亲之明察，凡週（不识）于儿之长辈，俱各能多揾钱，正以钱为足乐之人，其教子侄也，亦必以其方，人因是其所是。况读书与揾事造俱各具至理，人生之各一面也，有其好有其丑，又事之必然者。在乎其人日所接与习之而成自然也。不幸儿有读书之心，而日所见俱非读书之人，儿求至平，敢自信非为求乐，正欲近朱而得其赤矣（找事亦佳，但不必离开广州耳）。父亲前次来示，岂不明叫儿再读一年书？儿非不见，特所接近者，其趣异，而皆儿之长辈也，虽不强儿必行，然亦是其理。週旋〔圈改为"周旋"〕于二者之中，其心愿从者，远处他方，其不愿从者，反接近而日有所闻。日夜思维，唯有远离此地，一可以免不听人话，又可从心之所欲为。（在广州抄一家用单，尚如许为难。不在广州更如何？）奈父亲信久久不一至，儿处境殊苦也。直至最近得此次来示，真如获至宝，而此处长者之心，不会以其所是而自非之，为儿者亦惟有处之得法而已。到北平之事，虽不知其故，然已知为必不可能（非不可能，看机会）。然望父亲时时来示，或可挽儿于流俗之中，儿虽不才，必决然自励，冀得上进也〔此两句打双圈〕。

去年三宅数，直至现在尚未得九公覆回，儿只得再托正铺先生钞过一分，所漏者仍是乡中之数，即三祖母每月所支之数，亦即九公迟迟未覆回之数也。

多有人自平回，藉知平中消息，然利姊病未尝或□，则已为不可讳事（何所谓讳？不过此等病一时不能好，故信中懒提及耳）。利姊前年如未尝回粤，则相见日浅，情怀不至如是之难堪，奈何一别竟幻变如斯。思想及此，意志未尝不颓丧也。病人不宜刺激，不敢去信问候，亦唯有远远默祝早日平安。

祖母康健如常，各人均好，勿念。馀容后禀。专此，即请金安。儿约谨禀。十月三日。

我近日处境，亦极困难。上不得两母欢心，下不得妻子满意，中不得弟妹怡悦。时时抚心自问，只觉读书一世，不晓做人。望我儿好自为之，勿效乃父也。廿一年十月廿日。

（三二）一九三二年十月往函

吾少年不长进，每为族鄹所鄙夷，又因不善谋生，故益不容于俗。但不善谋生是一事，对付人情又一事。吾甚望汝能得族邻称誉，不为人诟病，不似汝父所为，则大幸矣。汝父不足法，好自为之。

一个人最要紧系能够善用自己环境，所谓素富贵行乎富贵，素贫贱行乎贫贱。不管在甚么境遇中，要尽行利用自己境遇，如遇陆则走马，遇水则行舟，不必对于目前时时不满也。

（三三）一九三二年十一月七日陈约来函十六日批复

父亲大人膝下：

敬禀者，十月卅日得接廿日付回儿三日原信，奉悉。勿念。十数日前，儿曾回乡，得见三祖母，并曾省五祖父、三祖父之墓。三祖母殊健康，富岗至坑尾，日常往来六七遍，办事精神一如往昔，惟眼常红病，然亦不以为意，与儿长谈至夜深而不〔"不"字下添"觉"字〕有倦意，不促〔圈去"促"字〕请之睡，必至天明而不〔"不"圈改为"后"〕止（此次慎馀先生来，曾有一夕谈至天光）。能至七十馀岁人，尚具如此魄力，三祖母亦必有其至之之道。

五祖母精神亦好，每一行动则不能如三祖母之健步矣。惟性安闲，时现笑靥，真善能养老者。曾一度住生生，现仍在道济。二老无有不挂望父亲者。

辛姊数年来境遇欠佳，剑泉兄又常病，在粤汉处月入八九十元（在平岂易有此，此可算中等事矣），以生活程度驾上海、香港而上之广州，实不足以维一家。然辛姊除逼于不得已之人事外，未尝见其或露怨容，殊难能也。云曾奉信父亲（是年前之事），不知对其状况又如何说法耳。

北平自青柳（不明白作何解？每一询问，动须十馀日，何苦不写清楚耶？即即复我）有宋仲温《急就章》真迹，书用笔十法真迹，便中请父亲买寄儿。又唐人二体《千字文》亦父亲所曾允寄来者（有翻刻一册赠汉兄，便可往一观，但不可借归。如喜欢可寄汝。若不甚喜欢，则省得我一寄也）。

省中各人均好，勿念，平中各人如何，念念。

今日夏〔"夏"批改作"旧"〕历十月十日，（夏历二字实不通，普通用之，皆不通也，不可再用此二字。月前有新刊《元典章校补释例》一册寄汝，何以来信不提及？究竟收到未，阅过未？）父亲生辰也，儿远离膝下，不能面祝，惟愿父亲身体更为康健，事皆如意。馀容后禀。专此，即请金安。儿约谨禀。十一月七日。

（三四）一九三二年十一月十六日往函

来信对近日工作绝不提及，究竟每日作何事，用何功？写画乎？写字乎？研究音乐乎？研究政法乎？四者皆佳，能深造便佳。读书要注意作文之法，来信虚字不尽用得妥当，要十二分注意。近日读何书，并须告我，不愤不启，不悱不发，你有问我然后有答也。最怕浅尝辄止，各得其皮毛，则废物矣。人不可一日闲，心必须有所注。饱食终日，无所用心，则废人矣。汪希文先生在粤否？闻有病，是否？

祖母及姑姐各位替我问好。十一月十六日。

今日为让儿卒日，思之为之泫然。

（三五）一九三二年十一月十九日陈约来函并批复

父亲大人膝下：

敬禀者，广州不比往年，生活所费日高，欲求生计，其实不易。儿虽常思及此，亦虽曾托人，然于今尚不能得一事，仍甚担忧。然曾与三叔等商量，已领得律师照〔批：两虽字，两然字，两曾字，一尚一仍，一曾一已，均要避免。超按：批回时将此数字圈去〕，计划与同学数人共设一所在面世（此语不明）。自知年轻，必不〔"不"下加"易"〕为人所信托（既曰必不，又何必做）。生意在此数年内定当不前，所冀数年后在此得一资格，应酬较易，而现亦聊具一自由职业之名，更或有一二小讼事，亦稍资弥补〔批：两亦字。并圈去

"亦"字〕，如竟无人过问，则无所得外，尚须供养会所也。数同学素皆友善，能互相助扶（真系益友则可交），中有未入法校前已熟〔"熟"下加"识"字〕此中情况。其人尝为前辈律师之助手，因此次事用去款六百馀元，已商准三叔等，在铺支转。有可作为犹可，不然，将何以对爱儿者之操心乎。

儿志于学，（何谓学？）早具决心，必向此途前进，感于前惟重看阅而无背诵，故每一为文便有拮据之苦，知非多读名篇不足以广文思。然从何而起，不得头绪。就前所看书，古人中惟慕孔子、庄子、屈原、司马迁、陶渊明、归有光等，其人之〔"之"圈改为"用"〕意颇稍〔"稍"圈改为"能"〕了悟（之字嫩，颇即稍），于儿身心影响不少，然于须背诵之文，尚茫茫不知着手也（孟、庄、司马须熟读）。儿每读书更感一事，即不知字之确音，盖异地殊音，虽有反切，而所出之音每似不像字典中有同样反切之两字，在此可分作不同之两音，就《广韵》一东二冬，在此又了无分别，而竟为不同之两韵,如此实感不知何从(古今关系,地方关系,此系音韵学专门)。以上所云望父亲指示。

祖母以次各人均好,勿念。培基〔"培基"圈改为"慎馀"〕世伯南旋,曾得数面,平中各位近况亦有所闻,慰甚。(慎翁如何说法耶?)馀容后禀。专此,即请金安。儿约谨禀。十一月十九日。

(三六)一九三二年十一月二十八日往函

律师不一定不可做,但律师品流杂,心术未必皆正,此可虑也。汝既学为此,第一品格不可因此堕落,如嫖赌、饮吹、酬应种种。第二心术不可因此败坏,如只知谋利、不顾良心等。第三尤须慎防自己犯罪,所谓君子怀刑,至紧至紧。

来信文理不大通,须留意。重复字宜检点,闲字要铲除。

读文不识字,常须检《康熙字典》,习惯自不至有大错。

《论》、《孟》、《庄》、司马之文皆可背诵,

《骚》、陶则纯文学而已,归有光等则浏览足矣。《韩非》、《商君书》不可不读(论严谨,韩胜于庄)。其文深刻谨严,于汝学文有益。余生平喜阅雍乾上谕,其文皆深刻入里,法家、考证家均不可不阅也。(真草《千文》已交博寄汝。此信到,请代叩祖母及各姑姐安为要。)

慎馀世伯回,有何话,可详告我。尝与夜谈十数小时,为数年来所未有也。十一月廿八日。

(三七) 一九三二年十一月二十八日往函

篆书及临《圣教序》今日收到,大致尚佳,可喜也(自后只寄一二篇入在信中即可,不必多寄)。篆书写好后,最好反底一看,则欹斜不正之处,自然显出,此秘诀也。若只从正面看,或看不出,从背面一看,则原形毕现矣。

执笔之法,不要听人说要执正,有时非用侧笔不可。写篆或颜柳,似非正不可,此外大约须侧笔方能取势。至于写隶,则更非将笔尖向身不可,岂能全用正笔？但用侧笔，易将手踭①按梗不动，如是，则不能用腕力，且腕太不活动。若能防止此节，则自然可以用侧笔也。

行楷最难写，篆隶最易写。因行楷是进步的写法，篆隶是初民时代的写法。故写行楷，非要有多年工夫不可，篆隶只有一年半载即可写成似样，速者三两个月便能似样，行楷无此急效也。但凡事最怕不得其门而入，又怕误入迷途。所谓误入迷途者，即起坏头是也。入门不慎，走入歧途，回头不易。故恶劣之字帖，万不可学，一学便走入魔道，想出来不容易，故凡事须慎于始。十一月廿八日。

（三八）一九三二年十二月八日陈约来函十五日批复

父亲大人膝下：

敬禀者，前月十六日、廿九日来示奉悉。寄来

---

① 手踭：肘。

《千字文》得接，多谢父亲。至新刊《元典章校补释例》则尚未见寄到（寄莫天一先生一册，已有回信收到。寄汝及汉侄各一册，未知汉已收到否，系寄回澜桥转交，汝一部则寄生生也，但未挂号。今尚不收到，则寄失了，因已有两个月也。便可一询汉兄）。儿文不通顺，心常自苦，现极力诵读古文（读要紧，作亦要紧，明白尤其要紧。不明白，徒读亦无益也。老友朱兆新先生教子弟则最主张多读），冀得有进。博兄现至上海，何不回粤一行？儿造律师，实聊具一名，望将来多一路可行。所用款项，全为领照之用。儿现身心尚甚闲静，常家居读书，所识友人寥寥可数（交友要紧，详后），极少应酬之事（前函并非说不必应酬，不过说不可因应酬而学得嫖赌、饮吹耳。应酬是一事，嫖赌饮吹又是一事。应酬人所不免，嫖赌等等，则下流之甚者也）。凡儿所学，甚可度日，过若干年后，虽未尝接一案件，而固已为律师若干年矣。儿冀得此一资格，当胜似为世人诟以一无所事。儿求九公愿为信义法律顾问，九公甚欢喜也。（无事则易，有事时则不易矣。故无事时要常常预备有事则何如，且有何等事乎。不可不预先有此筹度，有此防备也。所谓凡事豫则立者此也。）然父亲所诫一二三事敢不铭心。儿实不敢逾矩也。数年来儿所购买之书藉〔"藉"字圈改为"籍"。并批：籍从竹，藉借也，从艹〕，竟不自知已有四五百元，以《四部丛刊》最占多，小小一阁书室，颇足留恋。时还习字，或弹琴，自以为甚得矣。琴为利姊在粤时所购赠。今接博兄信，知其已沉重，见物思人，能不一哭，远在千里，不获晤面，实更难堪甚矣〔圈去"实"、"甚"两字〕。

祖母甚平安（我有信汝，必须告祖母），勿以为念。慎馀老伯南返，曾至生生数次，常云父亲甚发福，惟眼几如一线（余眼目日差，恐再过数年不能读书矣。但余眼虽差，然眼未尝有病，不过疲乏而已），凡有亲旧必提及父亲，数数然也。并一如父亲前来示所云，今年接回辅仁事，又失书数千元云云〔圈去"数"字〕。

馀容后禀。专此,即请金安。儿约谨禀。十二月八日。

汪希文先生在粤否?《释例》亦曾寄他一册,未见回信。黄仲敏先生住何处,便查明告我。

各姑姐及三叔岁数,查明告我,我总不记得。闲中一查便可,不可过着迹。

交友要紧,不交友则孤陋寡闻。但要识人,谁为益友,谁为损友,别择甚难。学问、道德、能力,三者最要。每交一友,必自审曰:此人学问能益我否?此人道德能益我否?此人能力能助我否?能则大善矣。反是则问此人能累我否?害我否?能则大害矣。此择交不可不慎也。十二月十五夕。

(三九) 一九三三年一月二十五日往函

十二月廿七日我有一信回你,寄去博处转寄,本欲博看一看也。谁知此信竟然失了,可惜之极。

中间除批回汝信外,我有三四张笺纸的信,又有黄晦闻先生的信,志在给你看,竟然失了。此信大意我亦不尽记得。你来信要紫毫笔,用一种嘱咐式口气,不合,改回告你。又论到写章草不必学,章草非正宗。凡字有特别形状令人易认易学者,即非正宗,如爨宝子、爨龙颜章草、张裕钊、康有为等等,均有特别形状,后生学三二日即有几分似,此野狐禅也。如《乐毅论》、《兰亭序》、《圣教序》之属,学三二月未有分毫像,此正宗也。画罗汉画鬼容易,画人画马不易,以罗汉、鬼,人不易见也。又论近人之字,尤其粤人,以汪莘伯名兆铨、黄晦闻名节二先生之字为最佳。莘伯已过去,即希文先生之堂伯父。余在平收其书信不少,写得绝美。又黄先生新近写有《镇海楼记碑》,在五层楼,未知你见过否?最近博求他写一分,美极了,已寄上海,真瑰宝也。而前日寄你之信失了,奈何。又你说二体《千文》无跋,原有跋,翻印者不印跋耳。此完全是隋唐人笔,不知你何以谓宋元人笔。此帖亦至不易学,非百回看,百回空拟,百回摹不可。何谓空拟?即用指来空写,不用笔,不用墨。空写百馀遍,并多看其各个与全体之神气,然后执笔试写之,则仿佛有相似也。前信有一次问汝好几种事,何以至今未复?凡我有信与你,不妨讲与祖母知,俾知我近状也。此示约儿。一月廿五日旧除夕。

(四〇) 一九三三年一月十八日陈约来函 二十九日批复

父亲大人膝下:

敬禀者,自得利姊噩耗以来,心殊耿耿;又榆关失守,国难更逼;二事或颓或奋,处处心惊,人生处此亦良苦矣(青年人不宜作此语)。报载平津时受骚扰,不知近状若何,至以为念。此处祖母各人均好,勿念。汪希文先生现在南京,不得其赐〔"赐"圈改为"音"〕问,已逾二月矣。黄仲敏先生寓广州光孝街书同巷四十一号。儿近读《文选》颇觉趣味（笺启书类最要，应先熟读）。习字转用紫豪（古人均用硬毫，无用软毫。羊毫系后起，古人不尔也）。音乐院自马思聪以事北行后，由陈洪先生主持，儿预算仍学下去。广州天气近甚寒冷，然十日前尚暖如二八天，人事一如天时，实可叹也（亦非青年人语）。馀容后禀。专此，即请金安。儿约谨禀。一月十八日。

前日寄汝（由三叔转）一函收到否？记得前寄博寄失之函尚有一事，即汝来信东字写错柬字草法是也。今想起，补告汝。

前寄汝黄先生信，失了至可惜。今将信皮二枚寄汝，亦可见一斑。此等字，汝以为佳否？

再者即知博兄外父景文（二字不解）嫂令尊宋伯联先生，昨日逝世。

前有信问各姑姊并三叔等岁数并生日，何以不复？

来信限于二纸，何也？要写许多好写，乡中、省中、铺中、生生等等新闻并多，何以一字不提？

（四一）一九三三年二月十八日陈约来函 二十八日批复

父亲大人膝下：

敬禀者，于旧历年时儿曾下港，由三叔处得接除夕日来示；前日返省，又接一月廿九日改回儿原信，敬悉，勿念。晦闻先生儿所素佩服，《镇海楼碑》书法妙极，正宗之学也。（已见过否，何不复我？）寄示信封二个，于率意中正见其老到，殊非后所可及。友人邓诩先生于书学亦素有研究，甚负时誉（奇），有寄儿书一封，今奉上一阅。希文世伯于去年底回粤（何以不早告我？前信已说他在南京，既见他在粤，即应来信更正。今日久乃告我，误事不少），有信来问父亲住址，想已得其消息矣。（何由得知？）各姑姐年岁，几经查问，始得其确。三叔卅九岁，因此次下港，并知正月十三日生辰。四姑姐四十二岁，似在四月生日（初五左右）。三姑姐四十五岁，八月初四生日。二姑姐四十七岁（似在二月初九生日）。大姑姐（十一月初六）与薇姑姐（生日似在七月初四）同年，五十岁。（已抄起。）

晦闻先生墨宝，未知能得到否？本不敢有此奢想，因父亲曾有寄来，不幸失去，故惹起此心矣（系信而已）。"特别字形令人易认之字，即非正宗。"儿谨领教，盖写字必须四方八面，笔笔充实不为工（能扁能长，能侧能正，又圆又方），只靠一二划为担纲，易成异状，必不佳也。然于章草则不以为与同〔批：语不明。并在"为与"旁打问号〕，曾数习章草，亦觉其非易学。宋仲温所藏肥本《兰亭》，本人有章草跋数页，甚爱之。二体《千字文》，儿误以为唐宋以后人所书，终以其运指似今人（唐宋以后人），而运腕不及前人（唐宋前人），由运腕运指而得之结体不同，字形自异，故有疑焉，望父亲指正之（运腕运指，由于起居不同。宋以后坐椅伏案，故运腕不灵。唐人尚席地而坐，几矮腕高，故自然易于运用。今日本人起居尚如唐人，故日本人字有唐味）。二位祖母甚安康，勿念。三叔说父亲或有回粤讯（未必），闻之甚喜。平津近状不知如何（我看无要紧）。故宫古物南迁，是何意思，岂不吓人。各位在平想皆安好，至以为念。馀容后禀。专此，即请金安。儿约谨禀。二月十八日。

我从前是有故宫出板之《故宫书画集》十册，寄汝否？是黑皮的。我忘记寄与何人，便复我。

我总觉得你对于我来信所问所答，不甚注意，故常常有忽略、懒慢的弊窦，故此我回你信，亦不甚高兴，且不敢多写，防多写你更忽略也。你可勿怪也。二月廿八日。

（四二）一九三三年三月八日陈约来函 十九日批复

父亲大人膝下：

敬禀者，即接二月廿八日付回儿十八日原信，奉悉。勿念。故宫画〔"画"上添"书"字〕集十册，现在儿处，又故宫廿册，在四姑姐处。儿俱得揽阅。镇海楼碑曾已〔圈去"已"字〕见过，甚纯熟生动。关于运指运腕一事，若不得父亲〔"父亲"圈改为"大人"。下两"父亲"同〕解释，梦想亦不以为缘于起居之不同，心总觉何以后人运腕指法不相像前人，今始恍然大白。镇海楼碑，亦不出此例。昨报载晦闻先生有南返讯，前信云友人邓君书法甚为〔"为"圈改为"有"〕时誉。（若用为字，则"时"下应有"所"字。）父亲在侧批一"奇"字，儿不明白。邓君现虽为友，前实儿〔圈去"儿"字〕师也。诗词歌赋，俱所擅长，陈述叔老师亦每以为佳构。其字儿常说太露锋芒，然彼云出锋亦有好处，则儿不知矣。希文世伯一回粤，便来信问父亲地址，云曾接父亲书几本，即欲回信，多谢云云。儿将住址寄去后，以为必先儿有信父亲，故儿前信尚算为补白，真疏忽也。最近汪老伯来信云，现患神经衰弱病，精神甚不好，须竭力休养，儿曾到府上问〔"到府上问"圈改为

"踵"〕候,适遇其外出,近况又不知如何。现热河又失守,平津自是危险,甚为慰念,国亡无日矣。三祖母尚能与谈话。五祖母真是老人成嫩仔,东一句西一句,讲讲笑尚好,系统之谈话,他老人家不耐烦矣。大概是素少运动之故,年来多处房内〔"处房内"圈改为"在"〕床上蹲着,非高兴厅亦懒出,老态甚露矣。然甚思念父亲并各位也。儿前日在双门底书坊铺得〔圈去"铺得"两字〕见李北海《麓山寺碑》(有正珂罗板),颇爱其雄阔浑厚,索价五元,现未买。习大字有此格局,妙极矣。省中各人均好,勿念。平中各位谅都平安,馀容后禀。专此,即请金安。儿约谨禀。三月八日。

字甚有进步,但写家书用此等笺纸似乎可惜。三月十九日。

(四三) 一九三二年四月一日陈约来函 一九三三年三月十九日批复

〔以上原缺〕汉兄自南回后,今来省,始得相见。父亲送他之赵《千字文》，儿得见，甚爱内里〔"得见"圈去，"内里"圈改为"其中"〕之钟鼎及章草，现尚未舍将之〔"将之"圈改为"得"〕交还汉兄。

博兄宅遭火，利姊不知有受惊否？

省中祖母并姑姐各人均好，勿念。平中各位谅皆安好，念念。馀容后禀。专此，即请金安。儿约谨禀。四月一日。

此系去年来信，阅之不胜感慨，今改过一二字付回。廿二年三月十九日。

（四四）一九三三年三月十九日往函

祢翙云医生寄来海珠桥照片，甚为伟观，可感也。此公汝认得否？我来平廿年，而此公之贺年片（且皆先施）未尝断绝，其厚意如此。但信皮尚写翊教寺，奇也。我今年有故宫月份牌（托人挂号）寄之，未知有收到否耳，又不好意思为此小事去信问也。

汝近来信，能有四笺，可喜。我虽懒回你信，但甚愿见汝有长信来，一可以知乡事，一可以知汝国文。三月十九。

（四五）一九三三年三月二十一日往函

前日寄回一函，想已收入。即日想起一事，听见汝从前好似想教书，有此话否？昨接门人刘君秉钧来信，知其在圣心中学当训育主任。此人与让儿在辅仁同系同班，亦新会人，未知能否托他招呼一些钟点。听见说圣心校长亦辅仁同学，则亦余弟子也。我以为能在圣心教几点钟，不错。未知你能教甚么，便中开单告我（中学程度），俾得问刘。假定可以，则现在预备到暑假后，即可上台，亦不至蹉跌也。

昨谈祢医生事，即日接他来一汇单，信嘱代购《故宫周刊》，前寄他之月份牌亦收到，不必打听。幹侄南返，托他带归《故宫》数册，又《故宫书画集》数册。近来《故宫书画集》出得多,《故宫》出得少,从前适得其反。你这些《故宫书画集》,无用可否一并(随你意)放在生生。因近来《故宫》不甚出,故不能多寄回,《故宫书画集》每册书皮皆本有浮签,因系易培基所题,此等字不甚雅观,故每册均撕去也。又托幹带回相片一,交祖母,后想起祖母眼目不甚好,未知能看见否,细读照片之字与他听可也。余来平时,祖母五十五岁,余今年亦五十四矣,一无所成,虚度光阴,思之愧怍。少壮真当努力,年一过往,何可攀援!又我近选有古文十馀篇极欲寄汝一读,日间印起即寄汝,或者可为下半年圣心课本也,一笑。打算寄汝二分,一分你点过后寄回我,看你点得对不对,即知你国文程度。如果寄到,即子细点好句寄平,分一次二次寄均可。有错再改过寄你,则不啻上国文堂了。要注意注意,大约一礼拜后才能寄粤,今不过先说定。此示约儿。三月廿一日春分。

(四六)一九三三年三月十四日陈约来函二十三日批复

父亲大人膝下：

敬禀者，八日奉上一函，想得察阅。即日汪希文老伯〔"老伯"圈改为"丈"。并批：不宜称为老伯，因渠尚有父亲在也。见面称伯，写信称丈，甚合〕寄来一信，转致父亲〔"父亲"圈改为"大人"〕，现特奉上。老伯〔"老伯"圈改为"丈"〕本知父亲地址，其所以〔圈改"其所以"为"乃"〕由儿转寄，实不可解。关于老伯〔"老伯"圈改为"丈"〕在粤运动续娶事，颇〔"颇"下添"有"字〕趣致。四姑姐尤知其详，相对人为汪霞公〔"公"圈改为"丈"〕十一女，然彼人〔"人"圈改为"美"字〕略不介意，事实难□，事之开端，早在大前年，至今老伯〔"老伯"圈改为"汪丈"〕此念未息，时有信来问及，以此故，老伯〔"老伯"圈去〕尝一度与儿书信甚密〔圈去"一度"，并批：

既曰一度,则不能日密;既曰甚密,则不只一度〕,最近回粤后寄来两信,亦有提起此事。四姑姐等非不欲成其美举,曾力助之,然事之不谐,实非人力所能及。此次来信,转儿寄父亲,想必有另一意在也。近日广州市开一市展览会,内古物馆之一部,古玩书画,多所陈列。于此儿略得见古人笔迹,颇开眼界。北平故宫既现不能到,有此亦慰情,聊胜于无。(我愿你将《故宫书画集》全置在生生)

平津近况如何?至为慰念。省中祖母以次各人均好,勿念。馀容后禀。专此,即请金安。儿约谨禀。三月十四日。

与汪希丈来往信要注意。渠系读书世家,父兄曾游幕,说话尤须谨慎,切切。去信上款宜称○○世丈或○○丈尊鉴,下题称侄陈○。普通信不必称愚侄或世愚侄,只称侄便得。信内自称亦可称侄云云。称自己父亲为家大人或家君。对人称四姑姐为"家四姑",称四姑则"梁四姑"以别之。对人称九公为"家九叔祖",称三叔为"家叔"或"家三叔"。写信体裁及称呼至要紧。从前北关人最讲究，对汪希丈尤须注意，免为人冷笑也。廿三日。

尤不可去信托人情，令人讨厌。余生平非万不得已，不求人。古人所谓介介，所谓有守者此也。切切！

（四七）一九三三年四月一日陈约来函十日批复

父亲大人膝下：

敬禀者，即接三月十九、廿一日来示并儿原信，敬悉，勿念。儿无时不思念找一些职业，服务社会，又须能有时候造儿所想造之事，而与本身职业不相违背，以为莫如教书，此素愿也。今接来示，云希望能在圣心学校找些钟点，乐何如也。至问所能教，则实深惭愧。儿每感自己之不通，未尝不刻刻思向上，然根基不好，功倍而事半，一无所成，何敢教人。其所可自慰者，则此为大众问题，盖较儿不通者，尚大不乏人（孔子曰，无友不如己者。今以有不如己者以为自慰,系大错误。若自己境遇不好,可以拿不如己者自慰。学问不好,不能作此想也),国有此情形,至堪累〔"累"圈改为"虑"〕也。如能在圣心找得责任不重,又为法科所曾学,或能支持。教国文则真不敢(选科犹可以),儿现正欲以此为学,大人云将有所选古文十数篇寄来,儿日夜之愿望也,胜如儿自向暗中摩索多矣(即日已寄二册,我的法子,即系叫你自己点句。将一册拆开,点好几篇即寄来,以不过平常信重量为限。有不明白之句,可以函问。我得闲即改即答付回。此即函授法之意,必大有得益也。要用墨笔点)。圣心方面,果能插身,儿则更安于所学,即或不能,仍望大人另为设法,务于暑假后有一职业。无职业,固人之所鄙,其味深尝矣。

昨接博兄信云,平津在在可危,曾电大人等离开(空白太多),此处各人亦深以此为累(虑字两错,注意),常要儿奉信请大人等离平。儿前信云祖母老,正欲触动乡思也。平津近状如何,至为以念。

幹弟闻数日后始到步，云因病停学，不知所因又是何病（大约因身体不甚佳，学医怕太辛苦耳。无甚病也）。

广州《市民日报》日刊有晦闻先生诗集，内有志大人得白沙先生书心贺诗卷一首（十年前购，四百元。十一年返粤时曾带归请汪憬吾老丈题跋。汝当时幼，未曾见也）。白沙先生书法真迹曾于市展会古物馆见之，神化之至。又前游西潮山，山顶某村，有先生所书陈氏宗祠数字（太祖祠有追远额，白云居士祠有富山书院额，均白沙书），力量甚雄阔，今知大人亦有其手迹，将来望能得一见。

前五舅父（桂芬）来云，有大人老友简清吾先生欲得大人地址，一通讯息。初不知即为修志事，儿不识简先生，五舅父又不常来，故前日博兄来信问起，亦无从寻找，如一有消息，即禀大人也。

祖母以次均好，勿念。益兄近况，不知如何，闻其失一大女，年来家运殊坏，无益兄住处，未能问候（可写西单堂子胡同翊教女子中学）。馀容后禀。专此，即请金安。儿约谨禀。四月一日。（十日付还。）

刘秉钧信，可亲送去。如不在，则封口留下，面递则不用封口。迟数日再去。此人亦新会人，从前曾得过肺病。初友不必太密，钟点事更万不可提，提则寒尘矣。须要稍熟之后，微示之意，看有可为否。切勿急，勿勉强，能做到他先开口更佳。往来数次稍熟之后，只微表示想教书则可矣，亦不可开口径求人也。切切。见后，有何情形，复我。先为友，慢慢再讲教书事。你在何处会刘，假如他来找你，你在何处见他，告我。此信阅后三数日，可即付丙。

（四八）一九三三年四月十九日陈约来函 五月四日批复

父亲大人膝下：

敬禀者，四月一日奉上一函，想得察阅，念

念。(我有数函寄汝,介绍见刘秉钧,何以只字不提?)儿以清明回乡十数日,前数日返省,以前幹弟所带粤各物,照片一张,故宫五本,故宫书画集九册,均已得接,勿念。祖母见照片,甚喜,惟只见一个个人,辨不出何者为大人云。儿近亦为祖母照得一像,在乡时又为三祖母照有一张,神情甚酷肖。谨奉上一阅。连日报章频载平津为(此字不明)危,此处祖母以次各人均甚不安。大人等何不即离此地,以慰众人。临书不胜忧惧,望以祖母故即为避地(故者旧也,所以也,死也。此字家信要小心用,断不能用在人名之下。好在老人不忌,若拆开信时忽然见此字,令人心打一惊。你亦太不子细了。"故"字凡家信及电报均不可用,用容易吓着人。此是大毛病,不可不注意,你此次又受了大教训也),实所至愿。

博兄在上海,现久不得其来信,未知是否因嫂嫂分娩而事忙,又所至念也。

在乡时有关修志事之报章记载,想已由三叔寄达（已见），九公意甚愿大人负起此责（此字不识）。

昨四姑姐交儿报纸一则（我未闻此事，粤真多新闻也），嘱即寄大人。

儿入圣心学校果有希望否（既然想，何以前信不复我）？心甚焦躁（所谓热中，所谓寒尘）。省中祖母以次各人均好，勿念。专此，即请金安。儿〔写高的移右一行。并用箭头指示应与"金安"同行〕约谨禀。四月十九日。

南中觉得北平甚危险，其实在北平之人，不甚觉得。公家搬家，有公款可支，有公地可借。私人无钱不能搬，亦无地可搬也。

今日有故宫信片一盒寄归，收到后可送去老刘。此完全为你结纳之用，即管先相识，圣心事仍然未可讲出口，慢慢来，总要暑假后也。不能急，由人开口更佳。种种要照前信所授机宜。五月四日。

此信字太颓放，一不小心，即现原形。小心者，古人所谓敬慎也。

（四九）一九三三年四月二十六日陈约来函 五月六日批复

父亲大人膝下：

敬禀者，廿一日得接十一日付回儿一日原信，并转刘先生〔"先生"圈改为"君"〕信一封（称呼要有分寸。对他自然可称先生，对我则不必了）。二日收到国文读本二册，四日收到《佛教能传布中国的原因》十本，勿念。刘先生〔"先生"圈改为"君"〕信翌日送去，知先生〔"先生"圈改为"渠"〕以结婚故，告假未回，信留下。昨日始获晤面，谈笑甚洽，并留儿在校中晚膳，自下午二时相见，七时分别（古格言说，丑时骂尽恶言，好了有甚颜色。好时说尽知心话，丑了有甚颜色。不可不知。初见不宜太熟），得友如此，甚慰。先生〔"先生"圈改为"渠并"〕问候大人，似甚熟我家平中各位，云多曾见面，知儿未尝到平，以为憾事。平中风土人情，处处值得留恋，不似广州，大有愿即回平意，以为此处不堪久居也。先生〔"先生"圈改为"刘君"〕亦住河南，然多在校中睡宿，要探儿。以校中教员有与儿相识者，已先知儿住处，此事甚烦。儿现在同福新街二号，以前居拆马路牵及，当时急未找得合宜住处，故暂迁此。屋主邓姓，本乡人，微有亲戚，母亲住书偏，儿居三楼一小阁，不异与人同居，出入必经主人。儿爱三楼静而高，住后反不欲别迁，如非十分相识，以为不足以见人，以此心烦。刘先生〔"先生"圈改为"君"〕诚能相知，虽以此相见，谅亦不怪，儿固愿其不来也。先生〔"先生"圈改为"渠"〕有名姓相同一人，亦为让弟友，前曾肄业南武。儿前曾闻其名，初大人介绍先生〔"先生"圈改为"刘君"〕，儿以为即此人，现亦回粤，与先生〔"与先生"圈改为"二人"〕甚相善，将约与儿一见云。则又多引出一人矣。欲入圣心之事，承命不敢提。亦以与先生〔"先生"圈改为"渠"〕年纪相差不过一二岁，人且已为校中领袖，儿尚一无所成，私心惭愧，以为早得近大人，必不至中途失学数年（近者亦不过如此，断无有写信改信之事矣），且时受教诲，虽不能如人猛晋，亦不会潦倒如斯。既自知其蔽，人家不提，儿实不好意思开口，望大人及时设法。讲稿五本（不过想以此等你多与刘见一面耳，此稿殊不足观），已交到刘先生〔"已"下加"照"字，删"到"字，"先生"圈改为"君"〕。四姑姐爱两本，培基世伯一本，儿留一本。阅过《佛教能传布中国的原因》，得以明白，而所说诗人书画家，为中国人，其所以能惹此等人注意，想又有因（你问此等人，指诗人书画家，抑指和尚？不明白你问意），敢以问。此外尚多馀一本，儿留以赠人。国文读本曾照书面六项造去，（中有圈声之字，如使、如质、如数、如度、如间、如予、如合从、如造、如征、如遗、如乡、如辟、如莫、如数、如称、如从等，明白否？）恐此信过重，另寄。虽有所问，然以为书中时有至关重要，不识高深，自算明白，竟而忽略者，望大人指示。(《荆轲传》有秦法二条,《信陵君传》亦有当时法令一条,"将在外"三句是也。汝学法律,知否?)

近日北平天津消息又更紧,大人等如何,至念至念。前奉一函,并五祖母、三祖母照片各一张,想已得接,念念。今年旧历闰五月（此处批"闰历"二字),五祖母岂不造二次生日,可喜可喜。两位祖母均甚康健,勿念。薇三姑有病在脚,行步惟〔"惟"圈改为"为"〕艰,然三祖母竟能至罗江探问,后,回石头。如此路程,儿等亦要半点钟,竟〔"竟"圈改为"今祖母"〕来回自如（两竟字),其健步如此。

举国不安,不然,儿愿乘暑假行行地方（未免太舒服了),以为游览,最增智识。经刘先生〔"先生"圈改为"君"〕一提,心更跃跃欲动,奈何。省中各人均好,勿念。馀容后禀。专此,即请金安。儿约谨禀〔批:何以要写在另一行。并将箭头指向前行"金安"之下〕。四月廿六日。

(五〇) 一九三三年四月二十七日陈约来函 五月六日批复

父亲大人膝下：

敬禀者，昨日奉上一函，想得察阅。现在想起，该信日子，有两处漏去"二十"二字（不明），发后始觉，今特更正。兹奉上点读《史记》列传三课，诸多不明处，望大人暇时指正。今日阅报纸消息，似缓一步，然究不知平津如何，至念，馀容后禀。专此，即请金安。儿约谨禀。四月廿七日。

昨付汝转交刘结婚故宫明信一盒，内有我名片，不知有失落否？今再写一个，如前者未失，此不必用也。

(五一) 一九三三年五月十五日陈约来函 并批复

父亲大人膝下：

敬禀者，昨日得接四日、六日付回儿四月十九日、廿六七日原信领悉，勿念。近日报载平津极其险恶，昨到铺与九公商量，即已发一电大人，又与三叔信亦有谈及此事。省中自祖母以次，各人皆不安心也。宋人法书明信片一俟寄到，即持往见刘君。自初会后约两星期，儿曾作第二次之探访，以为居处终难见人，婉辞示意，刘竟未来。又以结婚，曾告长假〔圈去"曾"、"长"，"假"下添"稍久"，并批：北方人辞职，谓之告长假。改"曾告长假"为"告假稍久"〕，校事堆积，须得清理，甚为忙碌，故尚未有信问候大人，请为原谅云。此次会面时间亦极长，仍留晚膳，又值大雨，自下午二时许到校，夜九时始分手，盖是日适为假期，故渠得如是空闲。不然，儿恐碍人公事，早借故辞行，彼亦苦留，以此得作长谈。间及读书事，云在广州，此事实无可能，稍完备之图书馆，亦不可得，愿因大人介绍，得识此处之藏书家。儿现虽未敢须此，然可得参与交结，增广耳目，于将来或有用处，亦甚得计也。大人有相熟此等专家，请为设法（广州新近藏书家，首数莫天一先生伯骥，即十七甫仁寿药房东家也）。又谈及人生，刘君多慷慨之言。儿亦以为"仓廪实而知礼节，衣食足而知荣辱"，以此皆觉农业为要，彼欲在馀暇小试为养鸡等〔此处添"事"字〕云。确乎必有生产，然后世事可为也。在言谈中，刘君面目似甚相善，事后忆之，始觉其多有与汪希文世伯〔"世伯"圈改为"丈"〕相象处。关于教书事，终未尝提也。

即另寄上所点读《后汉书》。此书儿前未有看过，其中人名事故，儿皆不识。只得将各篇中有关系之人事检出，《后汉书》略都读之，始渐有头绪，故久未点起奉阅（奉字连上，阅字空格）。处今之世而读《后汉书》，〔"感"字上添"真"字〕"感慨系之矣"，正是"千秋万岁，何时复见此君"，甚想念当时诸公也。

儿前信云欲乘暑假行行地方，儿不会措词，儿意广州不可久居，愿有机会能暂离此数岁，且明知事未可行，暂为空想耳。人处乱世，实不敢苟安也，望大人明儿本意，宥儿说错。

昨阅报刊有杨云史先生感事诗廿绝。诗人如杨先生，亦世之有心人欤。

省中祖母以次各人均好，勿念。平中各人想皆平安，念念。久欲寄奉益兄一信，然不知作何说，迟至今未行也。馀容后禀。专此，即请金安。儿约谨禀。五月十五日。

（五二）一九三三年五月二十四日往函

十四日来电，当即复回澜桥，想已收到。南下之人，必须有钱而无事。若余则无钱而有事，一时何能即走，故迟迟未动身也。请九公及祖母各位放心，余自然见机而作，勿念。

昨日接圣心中学寄来《圣心》一册，汝见过否？其中佳作，美不胜收，尤以岑仲勉先生史地研究诸篇为切实而难得。粤中有此人材，大可喜也。可惜其屈于中学耳。又见有张国华、马国维、沈谷生诸先生文艺之作，皆老手。又有黄深明先生才廿三岁，词采亦佳。谁谓粤无师友，如此诸人，不过在圣心中学，推之其他各校，则粤中实大有人在也。谓粤中无大图书馆，则岑先生又从何处阅书耶？如此看来，汝欲在圣心谋一席，恐不容易。汝如未见此册（非卖品），当即觅一册阅之，即知其内容也。《后汉书》诸文已收到，所点大致不差，暇时改过后即寄汝。唯有一二小节汝须学者，即勾股法及圈圈法①（试另纸圈来我看看）。又引书之引号应在曰字下为之，汝每连"传曰"二字划在引号内何也？此事要注意。余近日晚上写字不甚清楚，老眼无花难矣。

又今日来信，北平之平字，草法实不可用。似曾言之，犹不检，何也？平字草法不通俗，今日来件，邮局旁注有"试北平"三字，可知检信邮差不识平字，而另问一人，乃写"试北平"三字于旁也。如此岂不累事。难怪阿铭说，阅你信要查字典也。此大毛病，今将原件剪还一阅，嗣后宜切戒。廿二年五月廿四晚。

---

① 援庵在此处作了打勾及圈圈之示范。

（五三）一九三三年六月三日陈约来函 二十五日批复

〔以上原缺〕见过，随即送刘君，适不在〔圈去"适"字，"在"圈改为"遇"。并批：粤俗以人死为不在〕，留交。后以无甚缘由，再未作第三次之探访矣。《圣心》未得见（廿四日已寄汝一册），既知之，必取一阅。儿早自知才薄，每一念此，未尝不心惭欲绝。顾所以至如斯者，当最应苦学之时，自己疏懒，无人看管，以至停读数年（人不必一定要读书，不读书之人多矣。只怨自己失学，不必怨人，怨人就是怨我。我根本就不一定要你读书，家中百数十人，读书者有几人乎），及后醒悟，常思戮力补过，故年来颇知自爱，然岁数已大，人事日繁，思虑一多，心何能专，（即此更不必读书。又想读书，又多思虑，一肚俗气，何能读书？读书要挨得饥，抵得冷，并受得世人讥笑，方能成学。今又想读书，又想谋利，有是理乎？）

事倍功半,虽怀志向,实无所成,来示云"欲在圣心谋一席恐不容易"(因圣心多老辈),事固必然,非谓大人不能提拔,自己实学不足,将难以见人也。广州多亲戚故旧,应酬不免颇须时日。儿不能除俗,闭门攻读,朋友少识,本不为难,而亲戚之人,岂能久事生疏?每每自维,常思暂离此地,(未免太俗气了,奈何!此何能读书,何必读书?)苦心造就,一固根基,事自迎刃而解矣。然天不从人,偏值国家多故,欲至平者数数而终不可得,(越说越远,怨天尤人,何以为学?)起念至今,早三年矣,亦尝思毅然离粤,又恐责备,且大人常云"到平自有机会",儿日夜望之,竟而不临,顾无可如何也。此为儿个人之事,在斯多难之秋,本不许谈而志有所结郁。大人复言有关此,故为陈之。圣心事果不能胜任,则将如何(到现在,可向刘一探,云"圣心有乜野钟点,我可以帮忙。志不在修金,志在练习,请兄留意也"。对刘如此说便合,至紧,不可作寒尘乞怜语)。大人亦将许儿如愿来平乎。虽执贱役,惟得近书本,若不嫌也。儿甚恐惧一过此夏,事又不定,必须待之明年,奈何奈何。(何急至此?是否无饭食,要饿死?)

《文选》数篇已点读过,即另邮奉上。最爱《太史公报任安》一书。儿以为为文固要词句美好,此所以须多诵古人佳作也,然如是只可为应用之文耳(应用之文要紧)。其至重要者,实未在此,必其人一生之行事,有异乎凡庸,超越众鄙,可惊叹服者,然后为不朽矣。浮词之文,虽可传世,要不足重(浮词与应用是二事。浮词可缓),徒备一格耳。阅太史公之文,益以为然,儿实慕此。太史公之为文为学不到矣,然太史公之为人,可得而知也。儿愿学古人之为人,古人之为人,有文可纪,于是儿诵读古文。(浮躁之人不能读书。何谓浮躁?如三日来信至十七日再来信,乃云前奉一函,前者何日也?此所[谓]浮躁不经心也。又收到莫氏藏书序,只云收到,不言几本,浮躁不精细,令人不能看重也。老实说,我信你有细读否？如不细读，则我自后不给信你。因我写一信甚不容易也。既不经心，我又何必给你信？)

儿书虽不多，既有志于学，儿之书室（读书之处）愿得大人为改一名，将永以为用也（可仍用励耘书屋）。

平津消息，如构成和局，我国自是受亏，然当地人民得不离灾，亦一幸事。弱国在政者，以为至上之计谋矣。然敌不可测，或求此而不得，此信到日，不知又如何耳，至以为念。专此，即请金安。儿约谨禀。六月三日。（廿五日付回）

（五四）一九三三年六月十七日陈约来函 二十五日批复

父亲大人膝下：

敬禀者，前奉一函（前者三日也），想得察阅。祖母病尚未愈，惟较前好，似日有起色，精神则常觉困倦。三叔等各人都曾来省，二姑姐留此未去。计祖母自病至今一月有馀矣，此处各人操心不少。三姑姐素弱，惟至接近祖母，彼最难能（为我谢三姑。余在外，令三姑等偏劳，余心如割也。书此为之泫然）。四姑姐体魄强健，虽通宵抵夜，神气不减。大姑姐回来日居多，返男家时少。馀各人都日夜侍候（为我谢各位，至紧）。祖母多福，疾患自消，勿念。祖母甚挂望在外各位也。

寄回儿所点《史记》、《后汉书》，并莫先生《藏书序》（有送一册与刘否？）得接，勿念。《文选》数篇，前曾奉上，以后请仍照旧选篇寄儿（昨寄回《文选》数篇，并《圣心》一册，中有教员表，可看其年岁并所任课目），至能读书自立为止，最所盼望也。三叔云，大人是年多能回粤，得闻之下，喜何可知。益兄亦有返省讯云。

平中各位想皆安好，至念。专此，即请金安。儿约谨禀。六月十七日。

三日来信说祖母病，应该过三二日即再来信。今乃等至十七日方来信，有是理乎？

余自接祖母病信，日日盼第二次信来；又因未有电信，知无大碍，心稍慰。又接三叔九日信，稍慰。而等你第二次信，则今日始到也。廿五日。

（五五）一九三三年八月陈约来函　并批复

父亲大人膝下：

敬禀者，当日别后即乘午车返省，现在计程，大人料已平安抵步矣。关于儿读书事，最好能指定一种工作，于一期间内为之，彼〔"彼"圈改为"俾"，并批：又写白字，如何如何！〕有限制，得分段落也。《后汉书》便中望能寄来（无单行本）。自大人去后，有平一信寄生生，昨日交来，今特转上。又容先生有信来，问大人所借之书，留下抑带平，已覆答。

你的字一潦草就令人不欲观，屡诫不改，吾亦末如之何矣。

（五六）一九三三年九月十四日，往函

接刘函，知汝教初中国文一班。初教钟点少的

好。我前数日登报招考中学国文教员，到考者二百馀人，结果取录二人。题目为"学然后知不足，教然后知困论"（语出《礼记·学记》）。到考有老者年过六十，有少者年廿一二，亦有前清进士、候补道等，亦可见谋生之不易也。然我所取者系一年廿五至卅五之人，既凭文取录，又面谈一回，然后定夺。国文所要者，系教授法，如何得学生明白有兴趣，能执笔达心所欲言，用虚字不误，不论白话文言。白话必要干净流利，闲字少，的字呢吗等字越少越好。文言至要句法，讲文时必要注意造句及用字，改文必要顺作者意思，为之改正其错用之虚字，及不达之意，与乎所写错之字。非万不得已时，不可改其意思。又学生作文须用薄本，预计一学期作几回文，用若干纸，即可订成一本（不可厚）。每课文必另纸起，不可连前文写，必点句，但不必一篇相连，每文可分几段，另行起写。如此则教习可检查其旧作及旧错而告诫之，若散篇则不可检查也。又教习须自有日记，记某生佳，某生劣，某生有何毛病，某字错若干回，有可检查，方能得益。至于讲文，最要紧注意学生听懂否。如有一二人不在心，是学生之过。若见全班都不在心，则必定教者讲得不明白或无兴趣，即须反省，改良教法，务使全班学生翕然为妙。至于批文章，尤要小心。说话宜少，万不可苟且。学生家长自有通人，教习批改不通，易贻人笑柄，必须慎之又慎，不可轻心相掉也。今寄回《字学举隅》一册，中有辨似、辨异等字，读法、写法均相差无几，容易闹笑话。自己读书尚可，教人则要另用一番工夫也。至于所选教材，不知是由教习自己定，抑学校公定？此事亦须注意，太深太浅均不宜。所选、所讲者何等文，散篇抑课本？可即告我。

慎公世伯女公子未来见，到时自当指导一切也。上堂要淡定，改文不可苟且，但不必多改，最要改其错用及错写之字，批改宜少而不苟。因我见汝所来信，一苟且即不佳，其用心者尚可过得去，故以此为戒。又打圈之法，学之一分钟即晓，不学则六十岁亦不晓也。见信可打一行来,不然,必见笑于学生家长。此示约儿。九月十四日。

中圈直下,故从右至左。西圈横行,故从左至右。二者不同,各取其便也。①

(五七) 一九三三年九月七日陈约来函 十八日批复

父亲大人膝下:

敬禀者,前月曾奉上两函,想得察阅。培基世伯女公子〔此处加"端仪"两字,并批:此处不提端仪二字,下文忽然提出,似是另一人了。小说家所谓为下文张本者,此也〕前拟来平读书,故先曾有信提及此事。昨到生生,始知端仪姊忽改往中央。四姑姐嘱儿即奉书再〔"再"字删〕禀明真相,免大人以为何总不见此人来也。圣心处已到〔"到"字删〕上堂数日,前定初中二,现改初中三。教书

---

① 援庵此处作打圈示范。

已是初手，值此班明年又须会考者〔"者"字删〕，儿学问浅，无师承，心〔"心"字删〕甚惧焉〔"焉"字圈改为"不胜"〕，然惊〔"惊"圈改为"颇"〕怪学校不当轻与初来者〔"初来者"圈改为"儿"〕以此重担也，虽欲自勉力，亦将见其难为矣（焉、也、矣、也，四字连用，何不省一）。今人以〔"今人以"圈改为"想系因"〕大人任〔"任"圈改为"关系故委"〕儿重〔"重"后添一"任"字〕，不然想〔"想"圈改为"谅"〕不如斯也。望常有以教之，力〔"力"圈改为"为幸"〕，己〔"己"后添一"力"字〕不足，所凭者〔"者"后添一"又"字〕在远，如何如何！博兄数数〔批：数，音素。并圈去一"数"字〕来信问此事，一似如能成就，则彼心甚慰者，曾去信云已得关矣。祖母安好，勿念。容弟近状若何（甚佳），深以为念。专此，即请金安。儿约谨禀。九月七日（九一八付回）。

　　注意同学，注意家长（尤其批改文），前函已言之。

《字学举隅》常看,《康熙字典》常检,至紧至紧。

《孟子》、《论语》宜熟读,文气自畅;曾读过之古文,亦宜常温。此古文也。至于今文,吾极欲汝看一家好论说之报纸。天津有《大公报》,其社论极有法度。未识粤中有此类好社论之报纸否?宜留意。今付来《公牍要旨》一册,收到复我。

对学生宜和蔼亲切,多奖勉,令其有兴趣。

佳句宜注意。能背诵固佳,不能(因国文外尚有其他功课也),亦须能记其佳句。

(五八) 一九三三年九月十八日往函

人不请你,说人不请你。人既请你,又怪人轻与你以此重担,何也?讲书态度,要稳重安详。最好有时自照镜一观,即知检点。学然后知不足,教然后知困。教亦学也,学教人亦学也。勉之勉之。临事而惧,好谋而成,教学相长,必大有益。前付

《字学举隅》，又寄三叔转寄一函，收到否？收到即复。九月十八日。

（五九）一九三三年九月二十六日陈约来函 十月九日批复

父亲大人膝下：

敬禀者，昨日得接由三叔转来手示，领悉，勿念。儿自入圣心，且一月矣，虽觉为难，然尚胜任，不过要另造一番工夫。盖以前读书在会其意，今也一字之微，不敢轻放，为此〔"此"圈改为"之"〕数年，必有所造也。课本学校定商务之《国语》（第五册），书为十年前出版，以复兴国文至今未到而用此云云。课外儿欲选散篇若干首，前大人所寄，洽为合式矣。对学生，以初入此途，自不知教学法（本有几部教授法及管理法想寄汝，但要再听信乃寄），幸平时尚能涉猎，不致材料过枯，学生似感微趣。至改文，实所最〔圈去"所"字，"最"后添一"麻"字〕烦者也，自己本在

〔"在"圈改为"是"〕半通，何能改人，故真不敢苟且。月前购得《马氏文通》，略为看阅，亦有所获。又《中国文学史》（顾实、谢无量）二本，穷多日之力，一气读完，始稍知文学来势。望大人时时指示，免儿自误误人。

同学李君，儿之善友，前应县长试，得列入榜〔"列入榜"圈改为"中选"〕，闻便将放任。昨日谈起，到时必邀儿帮忙，此实两难也。所放县不佳，事固当焉（当焉二句不甚明白，"焉"改为"然"），且不为意，然去不半年，结束（束。先生错了）回来，实在望内〔"望内"圈改为"意中"〕。时圣心已辞，便无后路。而李君至相得，即与儿同开事务所中之一人，李一去，所亦拟暂停。儿即不偕行，一人之力，必无能为也，唯有随之歇息而已。人不能无群，数人皆去，儿将失此一群矣。然为官非所望〔"望"圈改为"愿"〕，固不论或小或大。今为律师，亦所以〔"所以"圈改为"不过"〕从众，而稍备后来也。究以人情难过

〔改"究以"为"此次被邀"〕，是以至今犹豫，事又迫于眉睫，不知所从矣。矧自设事务处以来，虽无大作为，勉强尚可维持，藉此得一去处〔"去处"圈改为"地方"〕，出入有所，今一旦失之，颇为可惜。又前因音乐院学费事，与信三叔，始知大人除无存款在彼〔"在彼"改为"外"字〕，并为代垫〔"为代垫"改为"借去"〕数百元（此款前星期已寄还），音乐非急务，况于斯世，暂且置之。而由〔"由"改为"因"〕此儿不能无感也。圣心款少，果不足以维生（款少至若干，始终未告我），则将附尾而出县〔改为"搴裳弃去"〕乎？明知固犯，智者不为，奈何奈何。

祖母自经病后，精神无复〔"无复"改为"不如"〕往日，然尚无大碍，勿劳远念。三叔小女甚趣，仍在生生。前得博兄寄来侄女莲波相，可爱之至。平中各位想皆安好，念念。馀容后禀。专此，即请金安。儿约谨禀。九月廿六日。

《字学举隅》，以数日来未到生生，不知已收得否。

有心机写时，字的确佳，唯末行一忙，遂至马爪尽露。此吾常言之，人当注意于匆遽之间也。用心写时的确可爱。十月九日

（六〇）一九三三年十月六日陈约来函 二十七日批复

父亲大人膝下：

敬禀者，九一八付回儿七日原信，敬悉。《字学举隅》、《公牍要旨》亦已得接，勿念。儿自得前信所示（示字至少应空一格），数日来不离《论语》，自以为有所悟也。孔子一生唯学，后人但知学之要，而不知学之意。本意一失，则学无所附矣。为仁则泥于仁，为孝则泥于孝，此盖〔"盖"圈改为"似"〕乎有得矣，然只得其一耳。学不如是其几也。孔子曰：吾道一以贯之，学仁则义、礼、孝等皆在其中矣。闻一而不能〔"能"字删〕知十，举一隅〔"隅"后添"而"字〕不以三隅

反，此不能贯而已〔"而已"圈改为"之之过也"〕。如能贯之，岂忠恕云乎哉（两句对举，上有而字，下亦应有而字。上有能字，下亦应有能字。有则俱有，无则俱无，此之谓句法）。学有所积，则能一以贯之，形之于外，是为中庸，以之对人则为礼，对事则为义，对亲则为孝，对万物连自己在内〔圈去"连自己在内"〕则谓之〔"谓之"圈改为"为"〕仁。以其所对之不同，而异其方而已〔"异其方"圈改为"其方亦异"，"而已"删〕，岂更有他哉。弟子问仁问礼，夫子每答不同，固在其本，不在其式也。本者，学是也，多闻多见则多能，多能贯而通之则为道，以道入群则为立，立而正，则权是也。儿初疑孔子何斤斤于为政，后知政与学古不分离，能政所谓能立能权，盖有学有道之士，每欲避世避群，而人固有形，何得隐焉？故学而得道，尚须能立能权，因以中庸为处世之方。过与不及，皆非中庸，中庸又非生而能之。刚毅木讷，天成之矣，亦只近仁，以其未学，不得便是仁也。为学日益,为道日损。颜渊一箪食,一瓢饮,孔子最称焉。物质须减至最低(要知足),学业须进至无穷(要知不足),故曰发奋以〔"奋以"圈改为"愤"〕忘食,乐以忘忧。人既曰生,则不能无动,饱食终日,无所用心,难矣哉。动不能无所之。其为学乎?学只是人生一种动作耳,除此非更有他求也。实无所为而为。进则进矣,逝者如斯,不舍昼夜,水岂有他求哉?四时行焉,万〔"万"圈改为"百"〕物生焉(引成语不可任意改字),天岂有他求哉?进则进矣,一种动作耳,无私意存乎其间也。学不与仁期,积学而仁自至;水不与海期,积水而海自成。为湖为川,水为本也;为礼为义,学为本也。期者求也,岂求为孝为信哉?盖学则不期而自至者也。儿自以为得古人之意,欲为一文曰"读论语后",然终觉学之积也不厚,为之必不文,言之不文,行之不远,又恐悔其少作,惟留诸异日。今奉上所读《论语》上下册,书头多有感悟之言,(奉字何以空格?何以读书不读序?

又何以有点句有未点句?）就以指正〔圈改为"谨以就正"〕，亦所以见儿之志也。《公牍要旨》已略阅看，古者"政事与学问不分"，即在〔"在"字删〕此〔"此"后添"可以"二字〕知之。《字学举隅》亦时有翻检。本市无好社评之报，惟天津《大公报》则时得读，此处有卖也。自大人回粤时言及，即便〔"便"圈改为"已"〕注意之。

祖母以次各人均好，勿念。平中各位如何，念念。专此，即请金安。儿约谨禀。十月六日。

寄回误本《论语》二册。《论语》眉批字太小，余目不能看矣。十月廿七日。

（六一）一九三三年十月二十日陈约来函十一月二日批复

父亲大人膝下：

敬禀者，即接由博兄转来九日付回儿前月廿六日原信，领悉，勿念。李君之事，儿本无意，虽云人情难过，然不能舍己所好，而强为其所不好。彼等约下月中旬起程，至时自为辞却之。圣心处每月二十馀元（每周有若干钟点？此数确少，我以为有卅馀元也），实不足用，望大人时周儿急，（我实无法，一猪母只有乳十二，奈何！）俾得一心向学，拜赐良多。教授法之书籍，儿极待用，请早寄来，其馀以为应读者，常常指示，当可得事半功倍。前六日奉上一函，想得察阅。儿近来因须预备课本，又要改文，想再细读《孟子》而未有暇。《公牍要旨》已看完，颇得其意。

辛姊云，即有一信大人，述其近况。辛姊自结婚后，未尝见其有一日开眉，其志则甚难能，自作自苦，终日不懈，数年于兹矣。儿心痛极，而力不足以救之。辛姊非不自爱，然误之于前，欲自拔于后而不能。非不能也，无有援之者耳。愈穷愈不敢见人，其气之馁，直似非吾家之人。越疏于家人，则越孤零，苦矣辛姊，常对儿哭泣，实不忍闻，然于别人，则未尝不强为欢笑，盖对人告诉，适足增羞而已。今厚颜而告诉于大人，儿庆其得人〔"人"

圈改为"体"〕而嘉其勇于自过（自过二字不甚明白），望大人怜而拯之，辛姊得益，儿等亦慰矣。（有何善法？我接渠信后，心中打一个特。爱莫能助，如何如何！你有本事，请你想想法子何如？你说唯有读书高，高到怎样？）然与以金钱为计甚暂，此外当设一法以善其后，则大人得问之辛姊本人，果能自振，何惧无助己之人。助辛姊可以，而及其家，如辛姊实有此求，则未免太过乎（此语不明。写家信与作文不同，如不能达意时，只可写白话，胜于令人不明白也）！

祖母平安，勿念。平中各位，谅皆安好。馀容后禀。专此，即请金安。儿约谨禀。十月廿日。

父亲本是一个穷儒，素不善谋生，且亦不愿专于谋生。从前叫你们不要读书，本是有鉴于我，不愿子弟学我，且子弟亦不能学我。因我虽穷，我能处，你们不能处也。既不能处，何为要学我？我故曰：生计问题不解决，不能读书。而你又偏学人读书，又不能挨饿，所谓南辕而北辙也。我前在粤借铺三百元,已还,已告汝。但昨接三叔函,仍欠三百五十馀元,且系港纸,吓我一跳,原来你的。正月一百四十元,三月一百零九元,五月一百元。如此岂不要磨死。此三百五十馀元,请你自己想法也。十一月二日

(六二)一九三三年十一月二日往函

同我问四姑姐①,我前有书一包寄生生转苏心愉医生,谅已收到。又叶医生近状何如,完全恢复健康否?又汪希文先生在粤抑北上,便幸告我。此示约儿,并代请各位大安。十一月二日。

(六三)一九三三年十一月十三日陈约来函 二十一日批复

父亲大人膝下:

敬禀者,昨接二日付回儿十月廿日原信,领

---

① 援庵四妹珞卿,医生。

悉，勿念。四姑姐云，前寄来书一包，早交苏先生。叶先生已恢复健康多时，常有见面。汪先生返南京逾两月矣。又云祖母畏冷，前说买皮之事，请早照办（本月十一日曾寄道济①狐皮一件，价洋九十五元，收到即复为盼），以轻暖为妙。祖母因冻，已少下床，然尚平安，勿念。此处各人并问候平中列位安好。

辛姊至如此，由来非一日，"听讼吾犹人也，必使无讼乎"，深有感焉。今则惟有力者为能助之，儿独善其身之不暇，遑论他人，儿知勉矣。

君子固穷，岂不知之，以为年尚未立〔"未立"旁打一？号〕，未敢有以异乎人。饮食衣着，不失其分，以同于俗。僻乖之行，实羞为之，于世无补，适足离于群而已。年来用度，或过分外，然自知非妄用也。儿无不良之嗜，择交尤慎，凡所与游，皆过儿者，虽友实师也。必恭必敬，固弟子之礼，物

---

① 道济，援庵三妹在广州所开诊所，援庵生母居此。

食为贽,虽不足表意,然在所不免矣。儿初为律师,不知厉〔"厉"改为"利"〕害,计其所入,不敷所出,在在须应酬也。今幸脱此。律师果可为,亦非其时,惟待异日。前所用去三百五十元港币,为数不少,儿实无力,望大人谅而认之,以观后效。儿既不自异于俗,然有为人渐知者,则儿未尝有儿女私情。人非草木,唯不在斯,而志于艺,老死为之,固所至愿。若迄尚一似无成者,限于年月耳,不敢妄自菲薄也。圣心处每周五点钟,每点五元,除人情及不时之税("税"改为"需")外,月约廿元,月来竟未出度外,深知事在人为耳。然此指日用而言,廿元颇难维生也,一有急,无处诉,仍得大人知而时周之,始有可为。儿不愿久处广州,既不得命于大人,惟冀年稍长,有所建竖,亦必作远游,以解孤陋也。

《最新学校管理法》及《论语》二本得接,勿念（我寄书与汝,怕汝如水过鸭背,故不愿多寄）。书须求善本,故愿大人时为指示,免入迷途。前年大人曾寄儿笔砚，写字固不必要笔墨精良，然广州所卖笔，几不可用。（那有此事？）有便，凡大细字笔（紫毫尤妙），请多寄来几枝，至盼至盼。

平中各位想皆安好。三叔小女仍在生生，磅过欠二两是七磅，颇趣致。博兄女莲波，虽未见其人，然寄来照像，足知非凡美矣。馀容后禀。专此，即请金安。儿约谨禀。十一月十三日。

昨见东塾小手卷一轴，写《抱朴子》数则，凡卅九行，跋云："壬辰闰九月，余将与计偕北行，硕卿侄以绢素索书，为书《抱朴子》外篇语数则。硕卿宜玩其词，庶不负余之意。书法拙弱，不足观也。兰甫并识"云云。壬辰为道光十二年，时东塾仅廿三岁，新举孝廉，预备入京会试也。其字极秀雅，不似晚年之苍老，然其词则不似廿三岁人。因观约来书有感而书此，并以告博。此卷绢本而残，取价十馀元（假定纸本而不残则甚值），未购到手也。十一月廿一日。

单以字论，以约年纪与东塾廿三岁时书似差不多，然论学论文，则相去远矣。前给博之皇六子、严修能甚佳，幸宝重之，不易得也。又及。

（六四）一九三三年十二月十六日陈约来函　并批复

父亲大人膝下：

敬禀者，昨日得接〔此处加"某日"二字〕来示，敬悉，勿念。儿常有习《圣教序》，但觉非常不易，不知时日不够还是天分低。儿最忌写行书，终不得其行笔之法，觉楷书还似容易（写罗汉易，写鬼更易，以罗汉、鬼皆人所未见，奇形怪状均无不可。写人难，写犬马亦难，以人为人所习见，一望即知其是非也。行楷人所习见，自然觉得难写。但行书最大用，楷书次之，故愿汝习行楷也），只要有心机。汪容甫先生临《圣教序》，有机会一看，或能得益。《故宫周刊》儿曾看过，有书有画，正合儿现在所学。如仍有出刊，请父亲多寄些来。儿前数信字迹颓放，自知错误，以后改过。汉兄南回，已抵步多日。父亲托带祖母之茶叶已得收多日，祖母异常欢喜（此系故宫里拍卖的，真从前之贡品也，好丑则不得而知矣）。儿前信以日本逼人太甚，故以一时之气，作过激语，而实际仍读儿所读之书，造应造之事，未常或懈也。（对！）不过彼负责者太不负责矣。报载天津仍混乱，未知北平如何（北方一时未得平静）？至为念念。省中祖母以次各人均好，勿念。馀容后禀。专此，即请金安。儿约谨禀。十二月十六日。

凡回信应声明接某日信。

（六五）一九三四年二月三日陈约来函

父亲大人膝下：

敬禀者，廿二日奉上一函，想得察阅，念念。刘秉钧兄忽报辞职，儿之去处，心颇踌躇，未得示下，不敢妄为。儿自与相识，日渐相善，其为人可得而知矣。切心所业，曾不逾职，位为训育，生徒遵服，年来校风亟为一肃，百举待兴，遽遭变局，诚堪痛也。且事不早于冬假之前，竟迫发届满之日，卒然临之，与人不备，当局措置，似失长者之宜。夫既不悉职，又主教素重，则事之由来，不易为外人料矣。一训育，一校长，其轻重之不同，投鼠忌器，将其以此而见退乎？事因人成，亦因人败，贤而得道，怀才终谤，后之来者，宁勿戒心？苟或不然，校中风尚，能不沦降者未有也。今职且逼辞，虽钟点反增，延至暑期，仍危不保，即亦何能为觍颜之事，以观校中人之耳目，而登坛讲授乎？淹留不舍，徒重患而离尤，飘然引退，有志者之当为也。上有父母，下而家人妻子，竟以一朝变故，彷徨无之，苦矣！昨与晤面，自云不日走平，依附大人，虽钞胥小役，愿而不辞。校事如斯，孰能无变，他日当有思我者。其志可嘉，其语亦豪矣。

连日南风，天气转暖，祖母平安，勿以为念。二姑姐事，想三叔已道其详，不再赘述。平中各位想皆安好,馀容后禀。专此,即请金安。儿约谨禀。二月三日。

(六六)一九三四年二月十二日往函

数次来信,未有复汝,因来信充满怨望、要求、不满、不足、怨怼等意思,故不愿复你,待汝自省。然防汝终不知自省也,故今隐忍言之。又屡次来信,都无心得,营营于污浊之中(衣食使用之谓)。所有寄汝书物,除收到外,绝无一句复述,及阅后何如,有何所见,每以轻心掉之,殊不注意。如寄汝《学校管理法》,何尝见你有一句提及其中如何,如此尚望再寄书物乎?

老实说,某君本不是一个正派可靠之人,其人自来好用小手段,颇有聪明,不诚实,同学多不满之。此次因为你要谋馆,既有此一路,姑介绍你。此实不得已,又不便先说明此人如何如何,待你自觉,然心总不安。又听见你前来信,说与他颇密,知你已上他当。聪明不及人,无见识,又受此人愚弄矣。此人往日即有此小手段，我以为你一定会觉着，不怕。且此人有肺疾，未全愈，尤不宜多往来。久欲告汝，又欲托博转告汝，然终不便出口。今既发见此事，可知此人又为人不满，小手段又不行矣。天下人非尽愚人，岂能长弄小手段，而不为人所觉所厌之理？他来快信，云要在平谋事，我已去快信止之，令其忍耐。此间谋事甚不易，此人人缘既差，尤不易。即使谋得，如素性不改，亦不能久，所谓"到处都碰钉"也。到此时，我不便不告汝，各人做各人事，各人尽各人本份，不必因人，只要好好尽自己心力，忍耐做去。此人要渐渐疏远，他说北来，亦不容易。总系有你此次因缘，领过他一点小人情，他又有所藉赖，甚难为情耳。我当初叫你去，以为总有三四十至五六十，后来信说二三十，我已觉领此人情不值得，总系累事，我并不问，不便多说，不忍不告。你要绝去浮气，潜心做人。我说的话，不可当为水过鸭背，则或有盼望耳。

(六七)一九三四年二月二十二日陈约来函,三月二日批复

父亲大人膝下:

敬禀者,昨接十二日来示,领悉勿念。刘君大人所介,犹且委曲如斯〔"斯"圈改为"此",并批:此仄斯平,此处应用仄,故改之〕,馀可想矣,宁敢不慎。前信之发,承刘邀请,其间造词设意或稍迁就,盖为人谋不得不忠也。至来平之事〔"事"圈改为"说"〕,乃彼急遽之言,今钟点见〔"见"圈改为"既"〕增,生活稳定,昔时〔"昔时"圈改为"前此",并批:昔时太久〕之〔删"之"字〕愤气,亦将已弭平〔删"已"字,并批:五字句不如四字〕,安身有地,自不更求。

聪明如刘,不知轻重,以坠厥职,惜已失信于人(三句不甚明白。词贵达意,不能达意,不如白话①),

---

① 白话:此处指广州话,下同。

流连不退，又非所宜矣。月初举家他徙（是谁徙？不明），以后见面自稀。谨承所训，各尽其分。本人尚尔，曾何足因以言去留（此句又不明白）。然得此席，究为所荐，迟至暑假，岂能不变？不善其后，固将不免。儿前任初三，今调初二，相差一年，讲授较易，惟旧同学接洽既熟，刻又须从新再造，所言加文学常识一点，因亦不得，仍每周五小时而已。（写得不明白，总令人看得不痛快。何不写白话？更何不点句？如此令人瞎猜，何为？）初春气候忽暖如夏，祖母〔此处加一"本"字〕畏寒，用是〔"用是"圈改为"因此"〕反安，精神稍振，勿以为念。二姑姐妥办女事后已于旧历年底来城，日伴祖母以为欢乐。昨接博兄转来益兄一信，云欲儿北上帮忙，能为设法，（大炮又来了，此人好车。①蚁蚀观音，自身难保，又何能保你。不记得去年为祖母做生日之大炮乎？）此事如何，

---

① 车大炮：吹牛。

尚希示覆。另益兄一信烦代转交。平中各位想皆安康。馀容后禀。专此，敬请金安。儿约谨禀。二月廿二日。

家信贵明白。与其半通不通，不如老老实实写白话。现既学文，何不点句？

幸勿水过鸭背。三月二夕。

（六八）一九三四年三月二日往函

我接你信，即电阿益，问他是否有意同我作对？因我叫你不要来，他偏要叫你来。他说不知到我意思，故叫他来玩玩云。我说："你要同我作对，则我要与你断绝关系。"须知益在平，与我几个月不见一回面，平日绝无只字来往。因他不是讲学问之人，文字太劣，亦不愿来往也。在平多年，气我之事亦不少，不过我无法记得，遂逐渐忘了。今又糊闹，我只有照前办法，断绝来往而已。因此特告你知照。

（六九）一九三四年三月一日陈约来函　并批复

父亲大人膝下：

敬禀者，无求高品，古之明训。事焉借人，必为所薄。然未有为儿子不求其亲者也。彼上惟察其所以允与所求，庶几其可造就耳。而竟或不然，以儿为累，清夜自思，岂知其故。设令与世同流，不知进退，仍为商老铺；或当职中行，安居乐业，冉然至老，无求若是，又将如何？舍而不恋，宁从所愿，盖道不相同，义不强为也。果以其志为可，则不宜又以其人为累。累可之间，其实难为，必也。放乎斯累，衡而观之，然后中情可得，志趣始见。因而栽之植之，亲而教之，其不自爱，不能擢拔者，固咎由自取，末之如何也矣。更以子之于亲，必敬必诚。奈何刘君之事待发而告，亡羊补牢，虽云未晚，而前此乐与周旋，殷勤相见，渐之染之，得无沮志？（谁教汝交浅言深？）岂不以大人所介，不能怠慢耶。（为学问道德而介乎？为谋钟点而介乎?）屡欲来平，知非不许，其密而不白，亦将待或事之发耳，纳于葫芦，宁能不闷夫？儿居处广州二十馀年矣，既不愿致利于前，又未得成学于后，进无所展，退不能守，固以年轻不肖，然因进无由，提拔乏人，此其故又岂小哉！环顾兄弟姊妹，其中遭遇一何外也？抑是命与？即无所怨已，能勿自伤乎？所谓怨也、怼也、求也、不足也，如斯而已！伏维谅詧，不胜恐惧以闻。祖母平安，勿劳远念。二月廿二日奉上一函，想得察阅。馀容后禀，即请金安。儿约谨禀。三月一日。

家信要明白，最怕半通不通，如此不如说白话。此信非寄汝转约，乃专寄汝一看耳。此等信吾不能留，留之贼恩之大者。只可待其觉悟，不悟亦无法。（此批语为写与博者）

（七〇）一九三四年五月十五日陈约来函　并批复

父亲大人膝下：

敬禀者，自大人未离粤前，儿已觉不适。送船返省后，即找〔"找"圈改为"请"〕医检验，云肠胃积滞，有鞭虫卵，嗣由叶慧博世伯调理直〔"直"字删〕至于〔"于"字删〕今，稍见效，而〔"而"圈改为"尚"〕未复原。加已〔"已"圈改为"以"。并批：已、以注意〕渐近天热，一发瘦弱，差幸精神尚好。圣心处不得已曾告过数日假。昨秉钧兄云久未得大人信，心极惶恐（假使不因汝要入圣心，我就省了此等麻烦耳。得他廿五元，要负此回信责任，甚不值），儿慰以偶未暇不〔"不"字删〕及此耳。事实上大人想亦甚忙也。前时信中必有祖母消息，今其一已矣，此调单矣。儿欲再唱客途秋恨，要谁听之？真不复弹此调矣。然愿大人保重，无为祖母事过悲。儿既不克自制，而舍此更无慰词也〔"也"字删〕。三、四姑姐尚哀毁未已，见面时无复往时言谈〔"谈"圈改为"笑"〕，不知者将因此而生疏，相对默然，亦无以相慰也。平中各人想皆安好，念念。馀容后禀。专此，即请金安。儿约谨禀。五月十五日。

假定来信不骂我，我极愿汝常常来信。若终日不满，终不改革此心，则不必来信了。

(七一) 一九三四年六月十一日陈约来函　并批复

父亲大人膝下：

敬禀者，前月十五日曾奉一函，想得察阅，念念。自经大人此次回粤，当面教训后，顿悟前非，深知死读书无补于事，以后不敢再提矣。读书人自有读书人品性，他项人物不得侵入，无根基之人罔谈读书，多见其不自量。（真读书则读书矣，不必将"读书"二字日日挂在口头也。犹如今人好言科学方法，而所做出东西，并不合科学方法。又有人口不谈"科学方法"四字，而所作皆合科学方法。此二人谁对也？）年轻之人，本无定性，偶然如此，翻然如彼而已。今既知无力为此，不得不另求所安，惟一愿望，得不冻馁足矣（先治生，后读书。或一面治生，一面读书。无专读书而不治生之理）。性本平庸，体质素弱，寸进未加，而病态已增，实无益而有害（叶世伯不肯收医药费，年尾不知何以为礼）。最近一病经月，自知更明（要病就病，要不病就不病，应有此精神）。医云胆汁过少，以致胃肠力弱，营养不足，因而贫血，此所以常现萎靡、多疑、恐惧、精神不足也。不健全之身体，强求任重致远，焉得不败？儿前此上大人之信，所为多隐约之词者，多疑也；不能达所欲言、尽情吐露者，恐惧也。大人不知（又怪责我了），求以健全之人而格之，儿于是更恐惧矣。儿既不能与于常人之康健，不敢自苦，多求激刺，但得安分守己，免于饥寒亦已矣。偶尔开卷，唯消遣时日（口头笔头，日言读书，而所读何书，从未提及），非欲有所成而跻于士人之列，究以此种嗜好，较胜其他，不忍舍去也。圣心下期，不知如何，即幸得仍旧，亦止廿五元。七月分薪已知全体发一半耳（有无不足较矣。吾初以为有五六十。若早知如此，我不领此人情也。我所失大矣。然知治生之难，则尤不应浪费）。昨到生生接寄来汪容甫先生书札一通，五页多，谢谢。此虽通常琐事之信（信中刘端临、汪剑潭二先生亦负书名，然未尝得见），汪先生书法自是逸品，间或未纯，想是早年所写（汪剑潭名汪端光，有书名。书学米襄阳，《洪北江集》有《送汪剑潭南归序》，词甚丽。刘端临名台拱，经学家，无书名）。《圣教序》笔意最深，而以李北海偏锋之势出之，唐以后书家如宋之苏、米，元之赵，明之董，皆杂以偏锋出奇，大底如此也。儿临帖亦消遣而已，无所用心，难望进矣。平中各人想皆安好，祖母在乡平安，勿念。专此，即请金安。儿约谨禀。六月十一日。

闻汝病甚念。但每来必有不满语，所以不愿复也。即如此信，亦有怪我语，故此怕接你信。信以结欢，乃以增怨耶？

（七二）一九三四年六月往函

我不是要儿女得我欢心。但假使来信不能得人欢心，则信之效力失矣。此就汝一方面说，非在我一方面说也。曰然，则如何然后能得我心？曰讲读书内容，而绝不提及"读书"二字（此系汝毛病），则我必高兴矣。近汪孝博常常来信，皆讲学问内容，绝未提及"读书"二字，我无不即复之。不似刘秉钧之来信，专讲谋事也。

曰假定专来信言读书内容，而生活费无着则何如？曰苟能得父亲欢心，见其所读者果有内容，不是只系口头说"读书"二字，则一月廿五元之生活费，绝不必靠圣心也。

王夷甫（衍）口不言钱，何尝饿死？但不愿出诸口耳。

曰身体不佳，何能言学？曰身体佳不佳者，精神作用耳。要佳则佳，无此信心，精神振不起也。

最怕是父亲境况太不佳，则无法接济。苟汝能不怨父亲（口不出怨言），及父亲境况非绝对不佳时，则年中尽可有点缀，不必靠此廿五元了。但必有以上二条件乃得，一不出怨言，二我境况非甚不好。其实得父亲欢心一语，要父亲自己出口，惭愧惭愧。然不说，汝又不能自悟，又无人旁人说，奈何！

(七三) 一九三四年七月十四日陈约来函　并批复

父亲大人膝下：

敬禀者，七月一日得接来示，敬悉。儿适于是日下港来沪，七日抵达。此次因病后疲惫，圣心又虞不稳（所谓患得患失也），藉暑假远行一步，转转环境，碰碰机会（此等舒服为余少年所未受过）。现寓博兄处，连日得见书画多种，眼界顿开，受益不浅。昨又接寄赐东塾先生书札〔"札"圈改为"小楷"，并批：以十元得之〕，一发得意，果能到平一行，则文化集中之都，当更心迷目眩不暇给矣（万不必作此想。日子甚多，福要慢慢享）。但不知得大人允许否（绝对不许）。儿以太瘦，在此仍请医问疾。据云心部细小，营养不足，南方卑湿，北地为宜。儿以此病与生俱来，反不自觉如何,惟兄嫂一见即断有病征矣。馀容后禀。专此,敬请金安。儿约谨禀。七月十四日。

来信言病,言生活,无甚意思。偶一言之,未尝不可。如果要做读书人,应言读书事。但不可误会只言"读书"二字,而不言读书之内容。

(七四) 一九三四年八月十二日陈约来函　并批复

父亲大人膝下:

敬禀者,儿到沪至今已月馀,屡承博兄教诲,获益不少。闲散之日居多,然有时抄抄稿,校校书,均感趣味,渐渐染染。他日返粤,或会有一新途径,不致似以前呆板矣(以前只知"读书"二字,而绝不读书)。博兄云,大人欲儿读严氏《通鉴补》(此是一时随便说的话,随便举个例子,非谓非做此不可也。要做之事甚多),不过此书太大,费时日,收功难,即偕儿到图书馆翻看,儿略翻序文,稍知内容,果有时日,未尝不可阅读。但儿自知所急在速有收获(无此便宜之事),因数年来，一无所就（不读书何能有所获），此大病也。博兄教儿造目录工夫（真是要紧。假如一个人熟读《四库提要》，并无他能，亦可以吓倒人），正是此意。严先生亦四十一岁始研究《通鉴》，则来日方长（此语又错了。人家引此鼓励你则可，你自己以此为安慰则谬矣。同是一句话，要问是何人说，即此谓也），现愿择其易者为之（择其少者作一种练习则可。若图易，则天下无易事，易必不能长久。松柏一年不长一尺，蒲柳一夜可长数寸，然则其寿命之长短亦如之。为学何独不然），大人以为如何？近日益兄屡有信要儿上北平，若为事实，未始非一出路，大人当不会以别故而阻止之。但不知益兄是否真能援助耳。馀容后禀。专此，即请福安。儿约谨禀。八月十二日。

假定此信无后数行，岂不甚善，何苦一定要讨人发气。

讲读书自有书之内容，如近日与博之来往函是也。不是只讲"读书"二字。

（七五）一九三四年八月二十七日陈约来函

父亲大人膝下：

敬禀者，儿既知不得到平后，极其不安，即于廿二日南返，冀仍有望于圣心。调查所得，变动颇大，除已前知岑先生在暨南外，刘秉钧亦已离去，儿自不免。失业之人最畏见人，一见九公、三叔问偏及此，实无以对，自惭而已。不知者尚不知如何说法，总是难堪，不易处也。今北平方面既有一线希望，奈何大人忍心固不之许。若竟为因母亲原故，则儿能自信无他。盖父子有父子之情，且知法之人，岂不知忌法，儿不愿长倚父兄，今竟失业，无所措手足。体弱不堪一击，因以老病复发，首尾必长，不幸而走入歧途，又岂大人所望欤？儿读书不得其法，一无所成，此后亦不能独自妄为，再蹈前辙。在沪时每欲久留，冀接近博兄，有所受益，然以不知博兄生活真况，不便仰不去，虽不我厌，得不自疑乎？望大人怜恤下情，俾力有所出，月有所入，得以安心，得以维活，人生始有意义。不然，惟父兄是赖，虽曰爱之，反以害之。北平一切环境，均较适合于儿，故十二分愿来。大人宜捐去微嫌，为儿设想，到平后愿负责自己一切行为，安分过活。儿得圣心讯后，懊丧之馀，几至于哭。初未尝不欲遵命，暂仍在广州，现既已矣，儿乱矣，若有所失矣。人生至此，趣味云何，诚惶诚恐，谨以奉闻。仗维亮察，临书震慄，不尽所言，专候来示，以为定夺。专此，敬请金安。儿约谨禀。八月廿七日。

再者儿年来甚少到生生，因相隔甚远也。如蒙赐示，请寄河南小港路深坑梁雄福堂，儿收便妥。

（七六）一九三六年四月十一日陈约来函　并批复

父亲大人膝下：

敬禀者，昨接博兄信，并得见大人示，内云"约有来信否？有何议论？近来书教得好否？余实无日不念之,但前年激得我太利害也",语重心长,自取其咎者闻之,曾不知涕之何从矣。忆前年一时狂妄,出于胡为,其实并无若何具体存心。自后思悔,天良谴责,不能自容,固不敢,亦不曾有何再多嘴,独深惭于大人"无日不念之"之中。不知自爱,以伤大人之心,不肖不敬,轻举妄动,孤负一片慈祥之意(此后来信,不可再提此事,令人不快)。承问教书近况,则为此至今且三年矣。除稍堪糊口,知觅食之不易外,其最可悲伤者,信如博兄云"学问无少进耳"。年来时思奋发,奈心情不定,有罪之下,志衰气馁,忽忽焉,郁郁焉。亦以根基浅,陋杂不专,无从起首。博兄信云"《宋会要稿·刑法》一门……未知约弟有志为之否耳?弟苟有志,父亲必乐于指导也。"(此事非先略通历代刑法不能下手,现时可暂缓。因既系教书,即要好好教,免误人子弟为要。教中学甚不易,教中学亦最好练习。今北大史学系教授钱穆先生数年前亦教中学国文也。詹毅人先生为詹谷似之父，教广州中学四十年，今仍在中大附中。余意圣心是一立足地，不可骛外，专心教好之为要。现担任钟点若干？教第几年级？入息有多少？定国文教员及历史教员之权在何人？现同教国文者有几人？是老先生抑青年？教历史者何人？即复）既有一机会，不自量力，强欲尝试，不敢冀有所获，惟能有门径以入学问之途，身心得所寄，于愿足矣。谨望大人设法维持之，庶使长大之年、闲散之心，不致沦落，迷而不反也。《大公报》沪设分处，似不寻常，不知只关乎营业之扩展，抑亦有避地之意欤？总之，华北戍边系首当冲要，所为系念者也。遥想大人起居万福为慰为祝。馀容后禀。专此，即请金安。儿约谨禀。四月十一日。

　　十日前有一函寄圣心中学，未知收到否？有信寄圣心，好否？十九。

　　近来最感觉生活与学问不能打成一片。但尔现时境地，倒可以做到此节。因所教者系中学国文，而自己国文却仍然要用功。教学相长，即是生活与学问打成一片。单教国文，钟点恐不能多，必要伸张到能教中学历史。如果急起直追，补回此两年功课，当先从文与史下手。一可保持现时钟点，二可希望下年新钟点也。粤中中学未识需用白话文否？如不需用，可暂缓；如需用，则要白话与文言并治。白话最要紧是简净、谨严，闲字闲句少，时人白话当先阅胡适论著。有《胡适文存》等书否？即复。文言目前最要是学改文，因为教书，即要改文，如何改法，非下一番功夫不可。此事要有师承，师承不易得，最好将《后汉书》与《三国志》同有之传，如董卓、袁绍、袁术、刘表、吕布、张邈、张鲁、臧洪、公孙瓒、陶谦、荀彧、刘焉、刘璋、华佗等十四传，以《三国》为底，与《后汉》对照，看《后汉》如何改作，即可悟作文及改文之法，于自己及教人均大有裨益。故今第一步先宜为此，未知粤中有《三国志》及《后汉书》否？即复。

（七七）一九三六年四月十九日往函

凡复信，要逐节看清楚，那件应复，那件未能即复。均细看，不可忽略。

粤中有何书，便可开一单来，以免重寄。《和文释例》有未？此书小品文极佳。

《才子古文》有否？是何板？木板抑铅印？此书所批文法极能启发人。

刘秉钧近状如何？有来往否？不可太密，亦不可得失。家信不可与人看。

（七八）一九三六年四月十九日往函

范改陈志，有增有删。应从删多增少者做起，将《三国》本传找出，点句，分段，提行，用文章格纸钞好，再将《后汉》本传找出照改。

宜先华佗，次陶谦，次臧洪，次刘焉、刘璋、张鲁，次荀彧，再次其他，式样如另纸。

做好一传或二传，先寄平一阅。一次做不好，应再做。

（七九）一九三六年四月二十九日陈约来函 五月七日批复

父亲大人膝下：

敬禀者，寄圣心手示先已得接，稍候，昨又接由博兄转来十九日示，并儿原信，敬悉，勿念。《后汉书》、《三国志》儿有商务四史本，即承教试造，初竟不知有此趣味之事，改好一二传时，当呈察阅。教国文最难是改文，年来素为此件操心，多曾请教前辈，奈无所得，只勉强为之耳。圣心凡十三班，国文教员共七个（万不可与人争钟点，免招人恨），四个与儿年纪相若（内吕家廉为辅仁毕业生，岑公棣为仲勉先生公子）（岑先生不断来往信），三个老先生（内张国华鞠普先生相识大人云）（奇也，江苏人何由识我？或者识吾名耳。如果有交情，应称老伯也。有最近圣心同事职员录可寄一册来），分任高中并初三。儿则任初二两班,每星期共十二小时,每时五元。全校实权在朱校长,然大事需问魏主教。两位以大人体面,儿颇见优渥。教务主任张氏定钟点,其人深官场气味,私人多得重任(何名字?何处人?及岁数。家信外,万不可对人如此说,切切!)。初中历史教员乃张氏之甥,占钟点全数。去年暑假前,校长曾言方分两班与儿(不可争人钟点。须要听自然,孔子曰不患人之不己知,患其不能也。又语云,君子能为可贵,不能使人必贵己),及自日本回,即以是故不得手。广州文言、白话并重,而暗中仍趋向于文言。《胡适文存》现有一、三集,其论著有《中国哲学大纲》、《白话文学史》,馀则在《大公报》、《独立评论》时得散见。书籍年来稍有添置,开单一事,不知应全部录出,抑只关文史者?《和文释例》、《才子古文》二书未有。数月来曾阅《中国近代史》(陈恭禄著)、《中华二千年史》(邓之诚著),自己便欲伸张,能教历史也(先求自己能教,不可争人钟点,切切)。惟散漫欠读书之方,粗有概念而已。刘秉钧君近兼广东教、忠二校高中国文史地,月入约百七十元云。因大家有工作,见面不多,而彼对儿颇要好,久久即相访。儿独于教书事与有研讨,馀避不愿谈。想其以有家室之累,需急常求济,亦有还,数则迄今未清耳(不清亦好,省得再借)。交情始终具相当距离,遵指示也。大人赐示就请寄圣心为盼。儿现居处未入警区范围,投递不易,转瞬又是暑假,圣心钟点当无大变,最好能稍得历史钟点(可有此想,不可运动,最要紧自己是否能教,好好预备,明年亦未迟)。学问受督促,更不得不自奋勉,生活亦好维持,专心半工半读,不使外骛矣。前数日报载大人赴京,现想已平安反平(有粤报关及我之事,应剪寄我,注明某报某日)。祖母居乡甚康健,惟服侍常不得适当之工人,至以为念。馀容后禀。(九公拜寿做戏事,何以一字不提?)专此,即请金安。儿约谨禀。四月廿九日。

家信可留者留。有妨碍及伤他人感情者,阅毕记之,即须焚毁,免伤情感也,切切。五月七日。

(八〇) 一九三六年五月七日往函

即日由邮挂号寄《文渊阁藏书全景》一部,作包裹寄,照章邮局送收件人一单,盖章往取,收到后打开细阅一回(不知书有碰坏否,覆我),即送去朱校长,云家父自北平寄来,物虽不值钱,但在广州或者算是第一部。因刚印好不久,市上尚未见有出售也。另名片一枚送去为要。

又《和文释例》一部二册,可自订为一册。熟看汉文再看和文,由浅入深,于汉文、和文均有裨益。又林熙鼙课文二册,同一包寄粤,此系大学一年级作文,可看原文,并改处、批处、格式种种。批与改均不必多,以扼要实在为上,尤以顺原文稍改易其字句,不可大改也。

夹有《大公报·图书副刊》二张,适有一张说到陈君近代史者。

自后来书可分开家事与学问之事。因家事阅毕即毁，学问之事，则可留阅也。

（八一）一九三六年五月十六日陈约来函　并批复

父亲大人膝下：

敬禀者，数日前寄上《华佗传》，昨又寄上《臧洪传》（均已付回），事属初试，定多错格，必应再造，现陆续钞改奉阅。范改陈志，深慕其剪裁，然则〔"则"字删〕苟不失其〔"其"字删〕实，尽可削减。如洪答琳书，多有真情婉转之句（陈质而范文。范尤注意于声病，故范文自较陈文为好读也。范改陈，系精益求精，不能比中学教员改学生文。凡学生文可以不改即不改，改以少为好，令其易记为要。多改滥改，徒费心力，学生不高兴，亦不易领受也，切切），即因此删去。古无标点符号，割裂处不知后人将何以明其原本。若陈志已先有减损，则再经数手，岂非只馀几句实话？裁剪工夫，盖亦难矣。陈志不为时讳，堪称实录，然尚偏于魏；又似不若范书之真。儿多经钞改，知其门径，改文自较易，惟眉批尾批，仍甚棘手，因套语万不宜用，且多虚泛（眉批以少为贵，要切实指点、容易记为度。尾批是批全文，字亦不宜多。由四字、八字至十馀字，通常不可过十五字。宜奖饰、劝勉，使其有兴趣。从前八股先生有《批语秘本》，多空泛不足学）。儿固未有一根本主意，以为肆应，执简驭繁，请示其法。（有十二点钟国文，不算少，不可妄想增钟点，要听其自然，尤不可妄想夺人钟点也。至紧至紧！）

前几日九公闰月生辰，一时陈家〔"一时陈家"四字删〕高兴异常，请安贺寿，送礼设筵，纷纭热闹。有自港来，自乡来，更远而〔"远而"圈改为"有"〕自沪来者，足足饮宴几日（此页三而字均不稳）。九公老当益壮，笑逐颜开，饮酒不少，亦一时盛事也。

秉钧君近欲侵入襄勤大学，彼云另自有信父亲而〔删"而"字〕屡属儿为通声气，难却难却。但大人必云又为儿事被骚扰矣，心甚战栗（此等话有何用处，只令人生厌而已，切戒）。而彼苦追，故冒昧为一言。平中各位想均好。馀容后禀。专此，即请金安。儿约谨禀。五月十六日。

昨见辛姊，形容暗淡，自云能教生理卫生。前年石室明德女中学校（与圣心为兄妹行，巍主教主办）（是否即圣神改名？）拟定辛姊为校医兼生理教员（太好），后为人捷足（奈何），抑亦辛姊当时得过且过，懒于应酬也。机会一逝〔"逝"字圈改为"过"，并批：凡"逝"字、"故"字，家信应不用〕，迄今未有着落。又禀。

有何善法？今已迟矣。先存此心，好好预备，有机会再说。明德校长是谁？由今年起预备，一年后当有机会，仍是我"患其不能"之老话。总要充足自己实力，免有机会上台时要塌台。女子写字亦要紧，汝之于圣心，字大有关系，不可不知也。

（八二）一九三六年五月二十二日陈约来函　并批复

父亲大人膝下：

敬禀者，十六日得接七日示，并儿原信，领悉。廿日到邮局取得《文渊阁藏书全景》一部，完好无损。细读一回，略知内容，由朱启钤先生之跋并后记，见其本末。大人于整理此书之工作，亦大费精神矣。翌日送之于〔"之于"圈改为"与"〕朱校长，见之〔"见之"二字删〕甚为欣悦，云当亲函大人致谢。即时相与共阅，儿以先曾过目，稍为解说，朱先生特爱其照景，拟配以〔"以"后添一"镜"字〕架而〔批：而字不稳。并圈去"而"字〕悬之。继及校中事，逾一小时告退。廿一日接寄回所改陈志，另书一包（《大公报·图书副刊》二纸，《和文释例》一部二册，林熙嚄课文二册）。林君课文，即一气看完，甚善〔"善"圈改为"喜"〕其纵横跌宕，磅礴之才也。大人批改之法，儿倾心得之，以后略无烦滞矣（余不甚好给双圈，此节不可学。如有好句，应给双圈也。至紧至紧。〇〇双圈，〇单圈）。若能多寄几册，更易取则。林君文须奉回否（迟日寄还可也）？儿前在法专，虽有日文一科，然只习一年，教授又不〔"不"后添一"甚"字〕得法，同学略不留意，学校亦等闲视之。儿勉强熟〔添"习"字〕几十个平片假名，今阅《和文释例》（不单学其和文，其中汉文小品亦极可学也。此节要注意），颇似〔"颇似"圈改为"如"〕遇一曾邂逅之人，眼生未能善辨，应另造一翻工夫〔夹行批：应另行；眉批：忽然更端，应另行为是〕。数年来未尝断阅《大公报》，关于近代史质答文，已先得见，但经大人一提，更留意耳。近欲改定上海《大公报》，以其较近，先睹一二日也。

圣心最近教职员录未便〔"便"圈改为"印"〕。（自岑先生去后，未尝有一类刊物。）张国华先生（别号为何，欲寄木刻《西域人华化考》

一部,与之请教)所以〔"所以"删〕识大人是在前清造幕客〔"造幕客"圈改为"游幕"〕时,亦但耳名耳。最记得大人诗两句"热风吹秋不成寐,美人颜色如花红"(余绝不记得有此句。是否余诗,不可知也),是应试诗。"热风吹秋"难为想出云云。为儿言此者,以见其老迈也(既是老人,可以老伯称之。问何以称老伯,则云:既是识家大人,应称老伯)。张教务主任曰之字友沅,籍贯学历未详(约四十岁左右),但入圣心已七八年,算老资格的一位,待人殊姁姁客气。(应另行)辛姊近状不堪,非金钱助之所能了,儿屡欲为找钟点,(能教何学科?)识人少,生活难("生活"句与上下句不接),久而未得。近彼因房捐事,几要入区。剑泉兄多病,入息少,辛姊在家中,以不能请〔"请"圈改为"雇"〕工人,惟理琐务度日。投闲置散,固不如为教员,身分高得多。又自气馁,不敢直言以重累大人。彼夫妇感情,几以穷而屡裂。(奈何!)

《华佗传》仍多错漏，固自己不小心，因大服大人之精细。数日前又寄上《臧洪传》，今日另函《刘焉》、《刘璋》、《张鲁传》寄奉。(《三国》原文要点句，《后汉》文用圈，佳句可用双圈。又此种工作，是自己学作文，不是学改人文，不要误会。改完之后，仍要熟看，比较两家之文何如，于自己作文，必大进步也。) 儿日日有所工作，极感趣味。平中各人〔"人"圈改为"位"，并批：对下称"各人"，对上则"人"字要斟酌〕想均安好。馀容后禀。专此，即请金安。儿约谨禀。五月廿二日。

此信廿八日收到，首尾仅七日。

十二点钟不少，暂不可贪多，要听其自然。先求可能，打好基础，再求发展，否则容易跌下。切不可抢人钟点，尤不可求加钟点。自己做好，不怕人不请，一求人则失身份矣。切切。不患无位，患所以立；不患不己知，求为可知也。

书目何以未开单来？《和文释例》已订为一册未？

(八三)一九三六年六月七日陈约来函 六月十六日批复

父亲大人膝下：

敬禀者，二日、六日接付回二原信，领悉。《和文释例》已订作一册，曾读多课，文章简洁（别有风味），从中略有领悟。

所抄寄陈志范书〔"所抄寄"圈改为"范改"，圈去"范书"〕，经接回几份，承诸方指点，细心阅诵，密会其旨，殊生兴味（各有好处，不同学生之文，不得不改。不可以陈作学生，以范作先生看也，当观其异同）。

而字连信不稳，盖由平日不小心，致养成错用惯习，以后知所谨慎。虚字之运转每苦不灵（多读可悟），以少作文训练之机会也。

书目续钞续奉上。前次迁居，书只顾常用者，馀叠乱未再整理，以故迟迟〔圈去下"迟"字。批：此字不用何如？时人浅薄之作不必看，费时候费钱。〕

接示后，曾往秉钧处，不遇，即留数字相告，迄今未得晤面（不必再去，已有快信介绍其见吴三立先生，能否有效，看机会也）。张国华先生字菊圃，（江苏某县人？）好书，校中人多有其手笔。儿有问难，谆谆教诲不倦。

月来时局更形紧迫，平中各位如何，至为悬念。馀容后禀。专此，即请金安。儿约谨禀。六月七日。

下年聘书已送未？吾因汝写草字，甚防汝对学生如此，家长有说话，则不能续聘矣。何如？念念。

博来信言汝有《书道全集》第五卷，是否？其中最精者为《丧乱》、《哀祸》二帖，皆非中国人所藏。多看自有进益。

石琢堂《孝行图跋》已抄入卷尾未？可先用纸照卷高矮，先写一回，算好行数字数及高低款式，乃照写入卷尾。行楷均可，但仍不宜用草耳。草不可不识，惟普通不宜写，切切。应比原卷多留天地头，前加题目"石琢堂……"末写"年月某某录"。

暑假后收信在圣心,便否?尚有其他便处否?以快得见者为便。

前书"谆谆(此字不雅)教诲不倦"一句,"谆谆"误作"敦敦",又禀。

刘兄来航空信,已寄快函介绍,直接寄渠面交吴先生。今将渠来信删去数字寄汝一阅,阅毕毁之。不必留,亦不必交刘兄看,不过借此学作信札之用而已。中有不妥之句,已删改,细看当有益。凡看改文,必要看原文好,抑改文好?不改何如?细细参酌,自知门路。汝懂音乐,应懂作文声病。范蔚宗最擅长,故其文琅琅可诵。最近二次寄回之范改《陈志》,因草字未看,此次之《张鲁》末页则已批看也。六月十六日。

(八四) 一九三六年六月十六日往函

前两次来范改《陈志》,因太草不能看,已付回。各传中有整篇文章者,应另钞出。如《臧洪传》有洪"答陈琳书",钞时应另行低格。他如《袁绍传》有"上献帝书",及"讨曹操檄"、"刘表谏袁谭书"、"审配献袁谭书"。《袁术传》有孙策"谏袁术书"。《张邈传》有袁术"与吕布书",《公孙瓒传》有"劾袁绍疏"、"告子书"。《荀彧传》有曹操"上献帝表"、"荀彧书",均为范所加。改至此应另录出,不必夹在传内。如此则不至小字太多,看不清楚也。余旧藏有《两汉策要》,写赵孟頫体,曾见及否?又旧时我之书籍,今存何处?内中亦时有佳本,能读父书,自是美事。惜粤中潮湿,藏书不易。藏而不阅,等于毁弃。仁寿莫先生何如?豪贤老少汪先生何如?有何所闻?告我一二。九公今年六十,信义今年系百周年,汝知之否?

(八五) 一九三六年六月十日陈约来函　并批复

父亲大人膝下:

敬禀者,八日奉上一函,想得察阅。昨日教

厅令各校提前考试放假,尽六月廿日以前结束。圣心即出布告,十一起考试矣。暑假期间,到校日少,以后如有示下〔"示下"圈改为"手谕"〕请赐寄广州河南新港路九十六号二楼为盼〔"盼"圈改为"幸",并批:顷有一函寄圣心,即去询问可也〕。

《和文释例》,小品文佳妙〔"佳妙"前加"之"字〕,信如所言("所言"上添"来谕")。内容反覆辗转,曲直是非,惟所欲言。阅至"醉说",先已惊其善辩,以后每出新意,纵横屈折,虽千变万化,又似有一贯之理存乎其间。至于《招月亭记》、《刚庵记》,始知作文之道,苟执定主意,则无往而不可(所选皆日本有名之汉文家,汉日文兼阅,甚有益。从前祢翱云医生甚好之,曾自己出钱木刻一部《日本文钞》)。或奇或正,如意指挥而不离其宗。其馀妙句连篇,新辞满纸,前此〔"此"圈改为"所"〕未见,每觉趣致。又服其人善读中国书,不为所囿,翻陈出新,时入化境。真叹观止焉〔"焉"圈改为"矣"〕，多〔"多"圈改为"甚"〕谢大人给儿以〔"以"下添"此"字〕快乐也。

刘焉等传昨已接回，细阅一过，多见自己之疏忽，后自〔"自"圈改为"当"字〕留心。范晔，刘宋时人（此四字下得稚气，等于说"哥哥是男人"，谁不知之？可笑），文顾声病，乃当时〔"当时"圈改为"刘宋时"，并删"刘宋时人"〕风气，则人每不知觉间〔"则"上添"然"字，"知"改"自"〕多少须受时代之影响。馀容后禀。专此，即请金安。儿约谨禀。六月十日。

（八六）一九三六年六月二十五日陈约来函　并批复

父亲大人膝下：

敬禀者，十六日寄下第一二函，先后得接，领悉，勿念。《荀彧传》不合，异日再钞改奉阅（不必）。

暑假拟不远去，多以时日进修学业。圣心每年八月始送关（太迟）。昨见朱校长，云儿之钟点，有加无减，理由说是教得不差，学生悦服。实则即有增加，皆大人情面，儿焉得不晓（万不可常去，失身份，除非有事乃可去，少见面为佳。提携是靠人，上去之后就靠自己，人不能帮忙也。自己果用心教，不误人子弟，焉得不悦服？单靠情面是不行的）。

秉钧兄或有机会入勷大矣（少见面为佳。站得住否是靠自己）。儿无学问，不及觊觎，然不无引起上进之心（好！有心即成），冀一二年后能入研究院〔批：哪一个研究院？告我。并圈去"二"字〕。仁寿莫先生、豪贤汪先生，即以自己无所表见，乏缘拜谒（能阅《四库提要》及《书目答问补正》即可见之。家中有《四库提要》否？此间有多馀的一部《四库简明目录》，若要可付汝）。若得入研究院，有益于学业固不论已，而多识一班朋友，更免孤陋〔在"陋"字旁打一圈，示意漏字〕闻，联想及此，心怦怦焉。

江十一小姐结缡仅过期年,旬日前以病逝世,希文世伯再有悼亡之痛,伤心不已〔批:伤心即痛,何必同用。并圈去"有"、"之痛"〕。

石琢堂《孝行图跋》,前窃窃欲钞入,终以心歉,恐糟蹋,不配,费装潢,迟延不敢。今既承命,当假日恭以行书录之(万不可用草书)。

《丧乱》、《哀祸》二帖,每每临阅(《奉橘帖》亦佳),以太过神化,曾不得皮毛(必要多读),洵难能可贵。独《游目帖》,始终怀疑其不真(眼力不错),无论结体章法,都不及上二帖万一(摹本非元帖)。非云其字不美,而以相比,大觉不伦(是),至极亦为善临者所书(摹),观其行气不能收束放纵可知矣。

你字甚佳,可惜生迟数十年,不然可有状元之望,为之一笑。

《书道全集》十八册米帖有伪者〔不止一帖〕,能指出否?看看你眼力。米《乐兄帖》极精,亦非中国人所藏。从前单影本一张,售洋五元。由此帖可见米字全由右军出，可与《丧乱帖》比美也。知你有《书道全集》第十八册，故及之。

信义百年仍巍然矗立，家人精诚团结有以致之。独"琪记"不以信义本名，另树一帜于上海，微见分异耳（忽然说法帖，忽然说家事，颇觉不伦。往后能分二函或二纸则好。写俗事可另纸作副函或附件，起首加再者二字）。

九公生辰在乡，恒叔、森叔请饮；闰月在广州，彦叔、三叔、汉哥、德哥请饮。儿初无以为礼，因加入此组（好），致敬意焉。

明德新办不过一两年（校长陈姓女子，名待查），与圣神不同。圣神落后，一蹶不振（省立其他女校亦可。打听有机会，即来信，看看有熟人否）。昨见辛姊，云另自有信大人，详告己事（有此意就好，有志竟成。一年不能，第二年亦可，先要自己预备，至紧至紧）。

平中各位想均安好，念念。专此，即请金安。儿约谨禀。六月廿五日。

我不盼望你加钟点，盼望你得高中钟点耳。

来书目甚好，但不写册数，太外行。不写册数，何由知其书全否？又何由知其书是木刻抑排印？往后注意，古书目最要卷数，今书目最要册数也。许多书店寄来书目，在我处无用，今寄汝。

（八七）一九三六年六月廿六日陈约来函 七月三日批复

父亲大人膝下：

敬禀者，昨奉一函，想得察阅。大人旧日书籍，博兄离粤时多有带去，仍存此间者，具见近所列书目。其留铺未经博兄运移家中者，早残散无馀。（可惜！）

九公云，信义开张至今为九十年。三叔云百年，是据彦叔。彦叔未知所据。想一时记错，有见存正铺之"多识簿"（到正铺一时找不着此簿）内明书"光绪（儿按：应是道光）廿七年开张"数字，可为确证。又云"我三岁丧父，今年六十。

海学公寿六十八岁，除三年，共一百廿五年。若信义今为百周年，则海学公创办时年仅廿五，旧时未有如是年轻而能开铺立业者，故断定非百年，而为九十年，始为事实"云云。馀容后禀。专此，即请金安。儿约谨禀。六月廿六日。

海学公①生于嘉庆辛未，西一八一一，卒于光绪戊寅，西一八七八。九公生于光绪丁丑，西一八七七。海学公卒时，九公才二岁，非三岁。便可向九公更正。传说不足据有如此者。

开张于道光廿七丁未，则至今为九十；开张于道光十七丁酉，则至今为一百。应以多识部为证，查得后告我。

（八八）一九三六年七月三日往函

来书目不写册数，至为遗憾，前函已道及。又有重复者，如《书道全集》，前云有五、十八、十

---

① 海学公：援庵祖父。

九，今又云有五、八、十八、十九，究竟是有两部，抑写重？《日知录集释》亦二部，何也？

所来书目，俗陋板本不少，大概非线装者。又法政书甚少，可知此道未深究。而时下不相干之文学作品甚多，阅之徒费目力。中有胡怀琛其人者，最鄙陋可哂，能看出否？七月三晚。

（八九）一九三六年七月一日陈约来函　并批复

父亲大人膝下：

敬禀者，《孝行图卷后序》已试为录出，谨呈察阅、改正付回，然后入卷。事属初次，心慊手拙（可随意，不必过矜持），又有错漏，冀将来正经钞入时能较好行气，无有遗误，庶几可以藏拙。某某录数字不落如何（无此式）。

彦叔云多识簿所载，信义道光十七年（西一八三七）开张，则九公之说不确，而九十八年乃为事实云云（今年系西一九三六，正正一百年，何以云九十八？不可解）。馀容后禀。专此，即请金安。儿约谨禀。七月一日。

九公系两岁丧父，非三岁，曾告九公否？

（九〇）一九三六年七月往函

我藏有墨迹数件，久欲寄你一阅，于作文改文，大有补助。其目如下：

徐琪撰《刘瞻神道碑》。俞曲园（樾）先生改。

端方《请恤贵州提督潘万才折》。杨子勤先生改（即著《雪桥诗话》之人）。

又《请平满汉畛域折》。端方等改。

阙名《礼终集要叙》，又《守拙赋》。王芑孙先生改。

若欲阅，可寄归。但均未裱。

写信要讲究行款，折信亦要讲究格式，对上对下不同，不可不知也。横折便当，对下或对平辈，当勉强可用，对尊辈则颇嫌不敬。应先直折，然后按信封之长短，稍屈其脚，较为合宜。今用此函表其式，当注意。此亦常识之一，教科书所不载者也。

（九一）一九三六年七月廿二日陈约来函 七月二十九日批复

父亲大人膝下：

敬禀者，一星期前，承同事约往从化温泉一行，昨日回来（何以临行不先来信说明？令我久望。此又系不通人情）。先后寄下五函，均已得接，领悉，勿念。

《袁绍传》已钞改一大半。以前《董卓传》即自觉杂乱难看，故未奉上，今得新法，当依样再造，迟日寄阅。《后汉书》声韵之讲究，承指示后益见鲜明（陈寅恪先生有《四声三问》一文，寄汝一阅）。我国语言为单音，若无四声，同音字更多。当时出此，亦自然之势，惟至今日，虽广用四声，弊未能免。

前书目间有错叠，乃一边整理，一边钞写，又属初试，以致如是。《日知录集释》则确有两部，一为木刻，一为石印。至于"俗陋板本不少"，"时下不相干之文学作品甚多"，正见以前之错用功，渐亦稍稍自知，今得大人教诲，必循轨道而行矣。

所用格纸，为自出式雕板印成者，尚馀千数百张，想写完再可改善（可）。

大人藏徐琪等墨迹，欲得一阅（即寄，阅毕三数星期后寄还）。但广州裱工不好，不裱又易拆散，不便观览，而心仍愿先睹为快。

《乐兄帖》洵精，自是四家之冠（前函是问真赝，以觇眼力，非问好丑，此为未中所问）。米字固由右军出，而其成就，宁说近献之，得《地黄汤帖》十三行笔意，较右军为放纵。其《龙井方圆庵记》，逼近《圣教序》，几能乱真。"三枝"一章亦佳品也；"诗跋"一章则古拙可爱。儿尝以为字要有拙意，而一矫一踔，则书家所难能。《乐兄帖》之"法"字即见工夫。

蔡哲夫先生闻名而不识。《陈氏承先裕后堂

记》迟日反乡拓之，但不知如何寄送（缓缓不迟。大局变，他们职责亦或有变。但拓时碑首篆文可以不拓，因篆得太坏也。存好我前寄汝之蔡先生来片，拓好后可加一说明亲送去）。

圣心已接关，钟点如旧，本愿上高中耳，加钟点非所甚急。高中之上不成，正是"不患人之不己知，患其不能"之好教训。又自来教开初中者，极难在同一校转入高中（此感觉或许有），岂俗所谓"本地姜唔辣"欤？今惟深居简出，以求其"能"。而研究院之入，为此后亟务，资格不好，每易受亏也。广州只中大有研究院〔"研究院"圈改为"之"〕，历史文学系，主任为朱谦之先生主之〔删"主之"〕。旧京、新京之研究院可望不可即，未敢作太高想（研究院资格，似大学毕业乃能入，可查真）。前信"冀一二年后"一句，大人圈去二字，可知除非自己不努力，不然则一年便有希望（你的法政及音乐，我以为都可更求深造，以至成家，有意否？孔子曰：日知其所无，月毋忘其所能。能实谓好学也已。有机会时，可表示不愿意教初中，所谓以退为进。若他处有机会，可并表示辞去，但必须有把握方能说此话，到底仍然在能）。

多誌（用此字）（"识"音色，去声则音志，与誌通）簿已得见，开张确为道光十七年，今据大人所考，信义正一百周年。铺人虽不之知，而忽于近日扫灰水，填高铺面，使齐街道，无形中有焕然一新之气象，似亦有所暗示，寓庆贺之意（幹兄由日本回粤，曾晤面否？我之《书道全集》第五、第十八册，即托他代购者也）。

九公事已代告明，笑云，自己事连自己都错。

寄下书目，并容著《中国文学史大纲》收到，邓之诚《中华二千年史》原为辅大〔圈改为"各校"〕讲义，商务出至卷四，不知明清以下已编印讲义未（似未出）？欲观全书，谨〔圈改为"所以"〕有此问。又教国文科之工具书，有应备者，请指示（一时想不出）。应用事件，如近所教折信纸等教科书所不载之学问，请随时训诲（教科书绝不会有。教是有人教，育是薰染培育，非由于教，此所谓育。见惯了自然晓得。古所谓"工之子恒为工，商之子恒为商"，是育也，非教也。细观我信，应复即复，应问即问，或者有益）。若有此类专书，愿得一二册，有时以为不打紧之事，至易闹笑话也。

平中各位想均安好。馀容后禀。专此，即请金安。儿约谨禀。七月廿二日。

在日本书摊，曾见过有博文堂印南唐拓《澄清堂帖》否？一册。来书目有此帖，是博文堂印本否？售价若干？即复。

又寄来书目，有《圣教序》，是何本？有怀仁集王，有褚写，怀仁中又有各本。单写"圣教序"三字，不合。日本博文堂有北宋拓《圣教序》，集王书，须十五元，曾见否？

（九二）一九三六年七月二十九日往函

你有佳砚，常用否？不可常用水洗。有墨积，当先用水一二滴发透，然后横断旧信皮约五分阔铲去之。既不伤砚，又不费墨，此法最善。想起就告汝。

林文收到（七月十二日）。今付粤写本五种，印本三种，共一包，挂号，收到即复。印本不用寄还，写本过三数星期后可以挂号寄还。

我欲汝学篆书，学画。篆书可自习，数月即有可观。用方格，照黄子高《续卅五举》，先学下笔次第，比写行草容易，不可不学。习画则须有人指点，且缓图，先学篆可也。七月廿九日。

（九三）一九三六年七月三十日往函

共信四函：

一呈伦达如先生。

一呈张远峰局长。

一呈林励儒先生。

一呈陈友琴先生。

前二函寄辛处，因重，分开寄。收到此函后，即通知辛,共商进行。七月卅夕。

(九四)一九三六年八月八日陈约来函　并批复

父亲大人膝下：

敬禀者,前〔圈改为"某某日"〕奉〔"奉"后添一"上"字〕一函,想得察阅。八日辛姊接大人（某日）快信,而寄此间之第二函,九日乃到达。两者均较平常件为迟,非始料所及。连日因此事奔波,适新旧交替、局面转换之际,尚无结果,然辛姊深感大人体念隆情,心怀畅适,事之成否,反不在意内。

昨刘君来晤,因询其近况,据云日间自有信与大人,圣心钟点则知始终未接关书。

刘君得罪校长（在主教前说校弊政,又有谋位之传闻）（忌之矣）。大人前次反粤时既有所闻,即以此见辞。刘遂在外另寻出路,此去年事也。今年求大人介入勷大,在未得实讯之先,闻广东教忠钟点都不稳,乃求主教转达校长,欲仍入圣心。某日儿遇校长，校长碍于主教，因询其近状，露重聘之意。刘得闻，因要儿同见校长。当时彼此颇释然，然至今未接关也。平中各位想均安好。馀容后禀。专此，即请金安。儿约谨禀。八月八日。

（九五）一九三六年八月十四日陈约来函 八月廿六日批复

父亲大人膝下：

敬禀者，昨接廿八日付回儿原信，敬悉，勿念。《澄清堂帖》此间所存为南唐祖拓（珂罗版有正书局）〔改为"《澄清堂帖》，此间所存为有正书局珂罗版，亦称南唐祖拓"〕。在日时虽常到书摊，而所获只《书道全集》（第几第几等）三卷耳，《澄清堂帖》、《圣教序》等均未得见。《圣教序》为〔后加"有正珂罗版，亦称"〕崇禹龄藏宋拓怀仁集（有正珂罗版）〔删"（有正珂罗版）"〕。米帖不常临摹〔圈去"摹"〕，难辨真赝，请指示（214、218至221、233，伪之尤者）。

对于篆书，颇有兴趣。虽不常写，但时〔圈改为"每"〕翻阅《说文》。近三叔叫〔"叫"改"命"〕为九妹写墓字，即用篆文〔删"文"〕，因嫌〔加"画"〕幼，故〔删"故"〕已另写去。〔加"此"〕其不合式者，谨呈一阅。又"今在乐园"四字亦不合者，以颇自称意，顺附。

圣心高一国文教员有缺，即托人关说，"愿上高中"。校长以为教开初中，妨学生不满，果中前言。而自己无能，要为主因，别处亦未有机会。虽经此事〔改"虽经过此次"〕，觉不好意思，亦只得靦颜仍旧造下去再算（此所谓忍颈也）。近汪希文世伯〔"世伯"改为"丈"〕有信来云，刻颇活动，愿为儿找些事造〔删"造"〕（或法院或教育界），此方如成，应否离去圣心而就之〔批：不一定靠得住，不宜离。并删"而就之"〕？又别校如大人有熟人，请转接介绍（人情不可托，于复辛信详之，阅后交去可也）。圣心一住三年，未有进展，于学问有碍，似宜更求生机。

年来为求生活,于游艺之能——音乐,几几隔绝,闲心一去,一旦不易引还〔"还"改为"回"〕。至研究法政之趣味,远不如文史,即就商之子恒为商而言,亦愿去彼取此。

容《文学史》,史家风度,叙述其发生演变及影响颇详。尤其持客观态度,辄引胡、傅二先生主张,彼以为现白话时代,故言古文简之又简。对于文、白之意见如何?愿得明教(白难得简,文难得真)。

近阅冯雄译《世界文化史》、夏曾佑《中国古代史》,增智识不少。日前大人曾提及《才子古文》一书,愿得一读(从前有之,不知何在)。知大人有书一包寄下,甚喜,日盼其到。

(某日寄下)书一包,大小八册,今日得接。《四声三问》,即时看完。范晔深研声韵,先于沈约,则《后汉书》铿锵可诵,固其宜矣。容肇祖先生于四史,极赞司马、班、陈,独范则致微词,岂其响韵清雅外,馀无足多?〔"多"后加"耶",并

批：文章好丑，各有所好。非如算学之答数，万人所同也。〕

前信言研究法政不如文史兴趣，然研究法律史，乃所愿也。学不成家，终日徘徊门墙之〔删"墙之"二字〕外，最为心怯。研究院资格，早托人查，未得报，若必要大学毕业，则亦已矣。年来对人对己，事事都感异常缺乏（自己写错字涂去，当用点。若亦用大圈，则与塾师改文无异矣。"除、对"二字是汝自己涂去者），缺乏正是一种刺激。时时刺激住，弄到忽而颓丧，忽而兴奋，然务求克服之，期待有成。

南粤王烧炮〔"烧炮"改为"放起身炮"〕请教习事（原文不明），于三叔处得知此笑话。儿又闻人言，学海书院早有大人名号，则更不待本人愿否，便强之加入矣。

幹弟回国，互相访，迄今未得一面，彼远住石牌中大，是以不易找。平中各位想均安好，念念。专此，即请金安。儿约谨禀。八月十四日。

（九六）一九三六年八月廿六日往函

我改一信，颇费苦心，未知汝领受否？亲近我之子女，无此教训也。寄来陈范异同，我不能细看，大略阅之而已。又文稿作信寄，甚无谓。即日已改作文稿寄回一部，只费一分。收到即复我，免望。

来信改过批回，取其便当也。总要做到全信可以不改，不寄回，汝就是大进步。但我近来观察汝对我改回之信，似不十分重视（应该一个字不肯放过）。果然，则我亦懒得复也。八月廿六日。

（九七）一九三六年八月廿五日陈约来函 九月一日批复

父亲大人膝下：

敬禀者，十四日奉上一函，想得察阅。连日得细看徐琪等墨迹，不但于改文方面有所进益〔圈去"得"、"所"二字〕，于作文亦有领悟（自己涂改之字应用点，以免与我所涂者相混）。杨子勤先生改端方折，删去甚多，而文更见简明大体，原文则不厌求详，一作一改，俱为能手。曹子建有言："世人之著述，不能无病，仆常好人讥弹其文，有不善者，应时改定。"盖文章而经改定，即已受批评与欣赏，所以更佳也〔"也"字原圈去。批：此"也"字有胜于无〕。至于改文符号之运用，前感缺乏，今无难矣。此等卷〔改"卷"为"册"〕折，有钱亦无处买。得大人赐观，开眼界不浅（可以多留一二月，细看数次，乃寄还未迟）。

尝闻国语难调出入声，而粤话则除若干字外，调四声甚易。岂真如陈寅恪先生言，入声自为一类欤？抑四声固由转读佛经而已自变化成另一体？国语难调入声，粤语易调，则礼失求诸野之意欤？将与音乐有关欤？清时名伶，常受宠异，京腔风行，而入声不能拉腔，不得不变平上或去，以为延长，于以影响民间欤？儿不得其解，心甚疑焉（《东塾集》有《广州音说》，甚精，不可不读）。

《孝行图》卷后序，照黄庭经度录入，书法大约如平日，而稍见拘束。颇自慰者，则章法行气，较〔"较"圈改为"尚"〕整齐，且无错漏。

近常学篆，摹吴清卿《说文解字》建首（学吴清卿似不如学邓石如），有时偶要翻检，此间只置〔"置"改"有"〕段注《说文解字》，事不易易。坊间一本较大字《说文》，售价不菲。大人有多馀板本请锡一部（段注繁，初学宜读一篆一行本，今寄汝。"锡"字可用，但普通仍用"赐"字为宜，免人说你写白字也）。

《切韵与鲜卑》一文得读，不想〔添"后魏"二字〕孝文帝之迁都，于语言风俗有若是影响者。

近顾颉刚先生有地图底本出版，此间无处买〔"无处买"改为"无售处"〕。此图如何，若尚合用，请寄归一册（未见）。

圣心昨寄来教员拟定时间表一纸，则知改任初中一年国文，（原任初几?）两班十点。"你要向上，偏降低你"，当局之暗示至显，无能而空头求进，不免重跌。前日大人信〔"信"圈改为"谕"〕

云:"我不盼望你加钟点,盼望你得高中钟点耳。"即以此生勇气,藉有机缘,便欲尝试。本来希望愈大,失望愈惨,不进已矣,况更下落!月薪减十元,尚属物质,激刺不深,而精神之〔圈去"之"〕苦闷,乃所以青年入世渐久("乃所以"三字,嫩),壮志日消磨欤〔改为"壮志消磨或即因此"〕?儿独不然,以为今日求之不得,尚有明日;此地求之不得,尚有别地,端在乎自己之努力,大人之教导,则何愁无出路。况今后预备功课,阅文改卷,均较容易,为人时侯(此系"侯"字草法,与"候"字异,可检《草字汇》)少,则为己时候多,正一进修之机会也。五十元之事,找之不易,现亦非谈气概之时,以是隐忍,不敢轻放。

入中大研究院,有大学一般程度之专门学校毕业者,亦合资格。(但)必经考试(云)。(有考否?)平中各位想均安好。专此,即请金安。儿约谨禀。八月廿五日。

此信有两白字(别字),即"菲"与"候",

写成"匪"与"侯"。降低班数,以此欤?改文有别字,容易为人指摘,慎之慎之。

(九八) 一九三六年九月一日往函

我想汝写篆,最要知下笔先后,可看《续卅五举》。今付归一篆一行本《说文》,附通检,多写自然有味。又附归邓石如篆小四屏,无挂号,收到即复,免望。我想汝每次来信,夹篆文二页,一页寄回,一页留下,以觇汝是否有恒心,是否有进步,何如?如以为可,即实行可也。

圣心降班,我亦替汝不快。但亦要反求诸己,既答应人,尤要用心去教,不可存消极之心,对人不起。有机会时再说。九月一日。

(九九) 一九三六年九月六日陈约来函 九月十三日批复

父亲大人膝下:

敬禀者,昨日得接八月廿六日付("付"字照老规矩,应空一格)回两原信,敬悉,勿念。每次收到此物〔"此物"圈改为"信"〕,即如获异宝,必从头细看,揣摩玩味,知其中必有所得。大人曾费苦心也。今次示云"但我近来观察汝对我改回之信,似不十分重视",则儿于谨慎从事中,定犯疏漏,致为观察所及。望谅其本心不如是,指示其疏忽,时时教导焉〔"焉"圈改为"为幸",并批:"焉"字不甚稳。我所问必要答。细看所批,有须答复者必复,即为重视,若随随便便,便不重视也〕。

附转辛姊一示〔"一示"圈改为"谕"。并批:"一"字可省〕,详阅后亲交去。人情不可托,近〔"近"圈改为"今"〕竟破格为之,足见关怀儿女,靡所不至,只自己有不听话耳,大人未尝一刻不爱我辈也。至于林砺予〔"予"圈改为"儒"〕先生不接见辛姊,照当时情形,自有为难之处,观今日勷大纷扰未定之状可知(此事此间全无所闻,何不详细告我?说话及写信,均要替对方设想，不能因自己明白，以为人亦明白。如勤大之事，我全无所闻。你要报告乃得，剪报寄来亦可）。

《袁绍传》"讨曹操檄"、刘表"谏袁谭书"、审配"献袁谭书"，《三国志》本传不载，（惟）裴注则俱补〔"则俱补"圈改为"载"〕之，与范书颇有异同。他日当钞改一翻。数年前，大人反粤时，曾教儿钞改《史记》、《汉书》异同。然只在匆匆之中，口说一次，以不得具体方法，心不领悟，未能照造〔圈去"只"、"之"，并批：我亦忘记〕。今既明白，俟毕陈范异同后，欲一为之。

研究法律史（极有趣味之事）应如何入手，宜断代抑通史？（先断代或各史《刑法志》。汉晋魏隋两唐旧五代宋辽金元明凡十二史皆有《刑法志》，先读《元史》何如？）甚愿指示路径，介绍书籍。

"白难得简，文难得真"两语，儿甚悦服，顿〔"顿"圈改为"颇"〕有所悟。文言以古时〔"时"圈改为"代"〕语说今时话〔"时话"圈改为"代语"〕，又既曰文，自多修饰，是以难得真（切实谓之真）。白话加一文字成白话文，自须点缀以词藻〔"点缀以词藻"圈改为"起草"〕，不能赘如说话〔"赘"圈去，"说话"下添"随便说出"〕，是以难得简（去重复支节，并少用"吧"、"吗"等字，谓之简）。二者虽有不同，究是一贯。观《大公报》之社论，既简而真，亦白亦文，其庶几乎！

圣心校长、教务主任，俱非熟人，虽数年宾主〔"宾主"改为"主宾"，并批："主"仄"宾"平，此句宜用平，细读自悟〕，而叙集至暂，联络少，更无交情可言，其能一留数载，地位稳固则〔"则"圈改为"者皆"〕大人面子，主教之力也。其间未尝不欲削儿钟点，即此次降初一，想亦为减十元耳。儿入校之媒介为秉钧君〔"君"圈改为"兄"，并批：下文称兄，自以兄字为妥，况"钧"、"君"二字同音，不便〕，自彼去后，便无相熟〔添"之人"二字〕。今夏彼求主教复入圣心，而儿又有想升高中之事，校务主任刘祖禧者〔"者"字删〕，校长之婿〔校长前添"为"字，"之"字删。并批：从前未闻此人，不可因刘而与之得失。待人贵言忠信、行笃敬，至紧〕，校长以经营商业，不能偏颇校务，为制教务之权，特开此职使监之者也〔删"者也"〕。其人青年蓬勃，与秉钧君〔"君"圈改为"兄"〕不相洽，必欲排挤之，不与送关，闻非校长决意，实其力主之〔圈去"决"，"其"圈改为"彼"。并批：此层未可尽信，或刘以此自解耳〕。以儿与有关系，因并〔"并"圈改为"连"〕及焉。此教高中所以不成也。〔添"前函言降初一，今"数字〕得主教一言，亦未〔添"实行"二字〕降下初一，现〔删"初一现"〕仍任初二两级国文，乃不幸中之幸〔"乃"改为"实"。并批：初一与初二是否薪金不同？前函言降初一，今应述及前函。所谓文言每不如说话之明白，难得真者，指此〕。然深感世事不常，私情为重，能力虽云要紧，抑亦其次耳。〔添一"现"字〕秉钧兄不能回圣心，而得〔删"得"〕入明德（明德是何种学校？我不知），主教意也。主教因大人情面，待我辈时见优渥，想辛姊已自言之（辛来航空信，收到，甚慰。但主教代缴学费事，大不妥。我不暇复，晤时代达可也）。既感谢之，亦多拜大人之锡矣。

平中各位想均安好，念念。馀容后禀。专此，即请金安。儿约谨禀。九月六日（十三日到，即付回）。

两次用一分邮票寄回陈范异同，收到未？又一篆一行本《说文》及邓石如篆屏收到未？

前函老汪事，未见下文，何也？凡前信说过未完之件，后信必须提及。

你自己有别号否？告我。

（一〇〇）一九三六年九月十三日陈约来函 九月廿一日批复

父亲大人膝下：

敬禀者，九日得接一日付回原信，领悉。十日收到邓篆小四屏，（《说文》十册已收到未？）文稿亦于今晨寄到，勿念（此信折得太短，应短信封二三分便合，此信短信封一寸多）。

《广州音说》曾细看，陈氏辨音最为精审（兰甫先生极通音乐，为近代大儒。汪宗衍有《东塾先生年谱》，见《岭南学报》，甚佳），真非自私其乡者。至云"上声之浊音，他方多误读为去声"一层，即广音亦不能免。如"聚"、"户"、"雉"、"士"、"祀"及高下之"下"，此处人皆读为去声矣。儿前信云国语难调出入声，将与音乐有关欤？近阅吴梅《词学通论》，论平仄四声一章云"句中用□派作三声"（此事我外行了，汝可究心学之。孔子曰："月无忘其所能。"汝之音乐，宜求进，不宜令其退也），盖歌唱之词，难为入声，词曲流传已久，于以影响北音乎？广州无戏剧，（此言何谓也？）戏台上唱白，皆半咸淡官话（亦无入声），是以南音能保留其入声之易调乎？

中大研究院考期已过，儿自知未能，盖外国

文（英文）根基至薄，只有中学程度，当时实不敢应试。入不得研究院，惟有自己读书矣。望时教导焉。

大人促儿学篆，殷殷之意至感，当努力向前，以副所望。只近日开课，事事稍忙，便先停顿，无卷交上，自己惭羞，更不婉辞辩说矣。以后当陆续夹上二页，勿念。为稳基础，不能不熟写《说文》部首（写部首常感无味，不如每部写数字或十数字较有生发），因常摹吴清卿本，大人谓学吴不如学邓（先学邓，后来可学《秦诏版》，全用方笔，笔尖向内，略如隶法），则若有邓篆本（无）请寄下一册。又习篆之笔宜刚抑宜柔（清以前无羊毫，乾嘉以后始兴用之）？儿写字一向用紫豪，以为羊毫写楷行草，俱难得晋唐意而易藏拙，然写篆想不如此，敢请教（篆更无用软毫之理。包慎伯以下不足法也）。

《书道全集》第十八卷米帖所指示其伪者，甚是（米南宫写草头特别，一看便能分真伪，如上图□真□伪)〔此处有援庵手绘图形〕恨儿无此眼力。二三四页以下草书帖真赝如何？何日本味之重也（此帖见三希堂，何由有日本味？看错了。此数叶甚佳)？"菲"、"候"二字错得利害，多承指正。

圣心不过一中学校耳，而其间变幻似一切人情世故，赅括靡遗（到处杨梅一样花。之一邦则又曰犹吾大夫崔子也），俨然社会缩影，令人有难为应付之叹。初辛姊以其子在圣心无学费交事，因秉钧君介见主教（大大不妥，辛更不应与刘往来），求免费。情形如何，不知其详，辛姊想有明白报告。儿入校多年，只某次在道上得拜识主教，介绍人仍是秉钧君，当时同行故也。偶及儿近状，命有暇去见，遂于八月末谒主教一次，降班事得以挽回（无压迫之心，有压迫之嫌疑。宜少去，更不宜用主教力压迫当事人，令人不快。语云"买上不如买下"。与其求主教，毋宁敷衍教务长以下），相谈不及半小时也。主教不知儿欲上高中（即知亦已迟），以为想加钟点，盖其姊既以免费事来见，乃度其弟生活亦苦（姊是姓罗的，不能以比例姓陈的），言之校长，开课后圣心续招新生三四次，于昨忽多添初中一一班，即以国文五点增儿，月多廿五元。无补于学，且时间编得不好，颇见费事，便欲告辞。转念人家一翻好意，又未请教大人，不敢妄动，姑先上堂，听候示下，私心则窃窃不愿因此数钟点，而牵累大部分光阴也。尤有进者，由初二升高中已如是其难，矧更下落一年，将来欲求上取，岂不更为艰辛乎（此层则无关，全在自己学力进步）？然则此事固宜告退，而人家不与尔事则已，今与尔事，若其辞去，转见自己诸多作态。虽所与非所求，不能强我以难，然人家既示好意，终不以是相谅也。不幸因此反生隔阂，则更非初衷矣，深感应付之难，情绪颇见摇动。（姑隐忍下去何如？）是以不厌累赘而扰清听。

平中各位想均安好，馀容后禀。专此，即请金安。儿约谨禀。九月十三日（廿一日付回）。

(一〇一)一九三六年九月廿一日往函

来书目有《故宫书画集》廿三册,是从何处来的?告我。

九月十日、十七日《大公报·图书副刊》有陈乐素文,已见否?

现在每星期共上几点钟课?改若干人文?告我。

三四姑情形如何?大姑之子入中山大学,现如何?——详报。九月廿一日。

(一〇二)一九三六年九月廿六日陈约来函 十月四日批复

父亲大人膝下:

敬禀者,廿二日得接十三日付回原信,领悉,勿念。刻已向圣心图书馆借得《元史·刑法志》(此间有一册散印的,日间寄粤),应如何读?望早日指示。图书馆之书,不能钩勒,抑关于此项书籍,由大人分别寄下,如何(我何从有此类书)?

儿法学程度浅，观前列上书目，少此种书可知，广州法政专门学校在当年已是落伍者，况儿是夜班生，日间又在中央银行工作，是以虽毕业，而只学得写几句禀而已（我意只是孔子所说"月毋忘其所能"之意。既已学过，不可失丢。不独法律然，即音乐亦然）。似此学程，能否研究下去，或者凭一种兴趣向上之心，与大人之指导，尚堪造就，则毕生之愿矣。

勷大前因归并中大、易长、教员索薪诸事，顿呈纷扰之状（此间完全无所闻，应早告知。早知如此，则不去信也），报章虽少有登载此项消息，而事实则林砺儒先生不干（现陆嗣曾长校），索薪事已有头绪（林既不干，然则伦老伯之世兄有守何如？又我介绍刘往见之吴辛旨何如？便可打听复我），归并事如有所闻，再奉告。当时林先生不接见辛姊者，想正以自己忙于交代耳（据此则难怪）。

希文丈前时自己出心为儿谋事（不宜常接近，

易见轻也。总要充实自己能力为上），后以叶夏声氏不接任法院，彼即来信告儿以不成矣。儿深感其眷顾之情，而本无求（删去）作吏之意，未尝为此事留心。前函偶尔提及，后便忘记再报（少年何亦善忘也？）。

刘祖禧为校务主任事（是否奉教？复我），在上学期中，突如其来。至于秉钧兄所入明德女校，则前信已言之（我近来记性更差，且来信阅毕即批还，故每不记得），乃巍主教主办圣心之兄妹校也。初中二国文十二点，初中一十点，差十元，儿现有十七点钟。（月共有八十五元，是否？）写此信第一页未完时，益兄忽来，载喜载惊（此间接三叔信始知），连日聚处，除一部分时间彼独往拜访当局贵要外，未尝稍离，甚乐也。藉知各位近况，大人身体平安，大慰。彼承四姑姐约，今日游从化温泉，拟今晚回乡，日间即北反云。馀容后禀。专此，即请金安。儿约谨禀。九月廿六日（十月四日付还）。

（一○三）一九三六年十月四日往函

我有江慎修永先生（雍乾间经学大师）篆书一册，极精。本欲寄汝，但尚迟疑不决。非有所吝惜也，一防汝未必学，置之可惜；二因粤地潮湿，藏字帖易蠹蚀，不常阅必遭毁弃也。至于来价不贱，尚是第二层，故屡欲寄而辄止。且江先生书比王西庄先生书尤难得而可贵。此间只有此一册也。

（一○四）一九三六年十月四日陈约来函 十月十三日批复

父亲大人膝下：

敬禀者：九月卅日得接廿一日付回原信，领悉，勿念（前月寄粤一篆一行本《说文》十册分二包，何以久未收到？即复。来篆渐有进步，不过笔画粗细欠匀，可注意。但恐太忙不能常写了，当系游艺，亦好消遣也）。《故宫书画集》廿三册是大人数年前寄下，但先一次大人反粤吩咐并送与四姑姐（彼处另有《故宫》一套）（我记得《故宫》好似寄三姑，《故宫书画集》则寄四姑，是否？查复），则以心之所爱，又大人初意本是寄我，与其交四姑姐收藏，宁留此处，每有暇日，得以观玩，故敢不照谕送去。一片私心，尚其原谅。

博兄《毛诗六帖》、《宋初三馆考》二文，既先后于《大公报》得见（名誉渐起，可慰也），彼又另自寄下数分，嘱分送亲友（送某某人，告我）。博兄能专心做文章，时有发表，仰慕之馀，益形惭丑〔"丑"圈改为"愧"〕。

三、四姑姐近况较前尤佳，身体康健，可为告慰。

益兄北反，当有详细报告（久未见面）。前时儿到四姑姐处颇密，一行作教员，则二三星期始一至。三姑姐处更疏，几数月一回。大姑姐之子——表弟恩现在中大文学院，明年毕业，久不久〔"久不久"圈改为"时"〕有见面。

秋天〔圈改为"高"〕气爽，忽动佳兴，颇弄琴弦〔"琴"圈改为"丝"〕。大人每提儿勿丢生音乐（日知所无，月毋忘所能），要为一有力暗示，其实未尝不知人到疲倦时快弹一曲，足以移情（诵诗读书，亦足移情。余近日暇即读《孟子》，青灯有味似儿时也），而一向便少闲心，计年馀矣。儿前数年曾有意习画，亦以此放下（是雅事，但嗜好不能太多矣）。前手谕说及，又有悠焉遐想，此愿未偿，一憾事也。

每星期儿上十七堂（初二每六，初一五），每班约五十生，两周一课文，不下一百四十馀篇，平均每日须改十篇，费二小时许，（我今年五十七，每周授课八小时。不授课，无饭食也，奈何！）此事心烦。本来有专为人改文者（多为前清塾师）（此等人思想多旧，文理未必佳），各处国文教员课忙，赶不及，必交此辈，已成惯例。其人既以是为业，责任所在，乃满批满改，每致原文面目全非（此法不妥），不可辨认。或竟全篇更作（更无谓），然后算好手而生意盛。儿虽不以此法为善，然有时急迫，无可如何，惟此是赖，〔"惟此是赖"圈改为"亦请人帮改"，并批：三句不明，是否亦请人帮改？〕平日则皆亲自为之。既以为人，为自己时候便少（为人何尝不是为己）。月来更见显然，几无一二时间自修，生活与学问，能否打成一片？实有疑问。然"天下无难事，至怕有心人"，岑仲勉先生为圣心教务时，何尝不忙，而成功若彼，其勤奋良足景仰，则知惟在自己黾勉，只有前进，更无可疑。

承指示米之草头特别写法，辨别真伪此最为简要（此诀本于翁覃溪）。"艹"字便是草头，执以驭繁，了无困难。儿于字画先后，每每留心，临池不知此，必不易"势"似。如此。虽近只求其形式，然能入神与否，要为第一步。家有《堦砖帖》一册（忘记了），大人于平常人不注意而每误其先后之字，必为点出。儿一初即见此，故受影响甚深，近且以之教人，亦收效果（有时不一定，要以能合行书写法先后为要。譬如"有"字及"右"

字则先撇,"左"字则先画。初学习惯,则将来学行书易。最怕起坏头,费大力乃能改正也。慎勿误人子弟)。圣教序"艹"头先后与米全不同,虽书家写法各有特创〔"特创"圈改为"习惯"〕,而一偏旁便能定其真伪,重要可知。馀容后禀,专此,即请金安。儿约谨禀。十月四日。

(一〇五)一九三六年十月十日陈约来函 十月十七日批复

父亲大人膝下:

敬禀者:昨日得接四日付回原信(此信甚快),领悉,勿念。此学期多任一班,月得八十五元(想是毫洋)。最后所加钟点,时间表编定始通知,故颇费事,因而在家时候较少。陈范异同不能照曩昔日日为之。自己又觉有兴,于是易钞为对读,印象虽浅,只〔改为"但"〕亦有进益。每有日子则〔"日子则"圈改为"闲日"〕钞校仍无废离。或以其时习篆,篆自己所好也,即大人不常常提着，亦自临摹，但总不似得大人指示督促之为有家学而〔圈去此四字〕快见效。江慎修先生篆书一册，因粤地潮湿难藏而不寄，此层到是。若谓防儿未必学故屡欲寄而辄止，（一篆一行本《说文》到今未说收到，是否寄失？）则虽不敢确其有成，独愿每日规定一时间为之，本来学得已是自己受益，况大人如是教训，焉有舍此不务之理？北平戴月轩名笔，欲得紫毫中楷一二枝，小楷五六枝（稍暇购归），半以赠好书友人，半则工欲善其事，必先利其器之意〔"之意"圈改为"也"〕。广州紫豪小楷尚寻得出，中楷则难乎其难。此事久要言之，恐费神，便存心至今。改回篆字一页，多谢指正，不匀处、斜处、中空处等等，此不易自觉者也。

勷大迟至本月十一日始开课，林先生不干校长，而有长文学院讯（本来系师范院长），有守世兄在彼，闻无变动。吴先生消息待查。

本名约字，若〔"若"圈改为"是"〕大人所改，则别字还望费神赐下。单名朋友间难称呼〔圈

"难","称呼"下添"必连姓"〕,早有此感。在彼觉不顺口,自己亦觉不顺耳。无已,则如胡适先生加一"之"字,若何(好!以"之"为名是南朝习惯,如王羲之父子是也。沈休文是大文豪,本名约)?又张载说"读书先要会疑"、"学则须疑",就改"任疑"如何?然曰"约"而又"任疑",滋人误会更甚。曰"约"字"耐诚",相称已,而嫌"诚"字通俗。结果自己怕改坏,仍是大人起一个好。

《和文释例》汉文佳。祢翩云医生女友(是"友"字?是"支"字?不识)真在岭南大学,本相识,前时大人谕云彼家自刻一部日本文钞,昨日相见,因求借一阅。书分上下册,题日本二十四家,对过题目,多有相同,惟未细读,其中当有许多妙处。谢求生先生教日文,极有经验,讲义新颖合用,以《和文释例》之和文较之,自有新旧之别,然以为参考,亦一助也。

刘祖禧校务主任为〔"为"圈改为"系"〕教友,

闻在高师毕业，约卅岁（何处高师？"高师"上应有二字。应稍为敷衍，以善意待之，不可有得失）。

学生例两星期一课文。儿每十日左右奉上一函，一次写二小时许，正似课文，只难为操心批改耳。平中各位想均安好。益兄料已平安抵步（闻已到，但未见）。馀容后禀。专此，即请金安。儿约谨禀。国庆日。

篆用九宫格写，每半页九个字，大个的似易进步。未知粤有九宫格卖否？太小撑不开也。十七晨。

（一〇六）一九三六年十月十四日陈约来函 十月廿三日批复

父亲大人膝下：

敬禀者，一篆一行本《说文》早经得接（此书此间买要十元八元），时适在益兄回来之前数日，心中谨记发信即提收到。而该〔"该"圈改为"是"〕次之信，竟分几回写。完时匆匆，便尔漏去，尚不自知，以为覆妥矣。今日接寄下书五册，包纸上问及此事，然后觉又有不懂人情〔"不懂人情"圈改为"疏忽"〕之处，极为恐惧。如是善忘，实不能自赦〔"赦"圈改为"恕"〕，况该〔"该"圈改为"此"〕书接得后多曾翻检乎。误事于不自〔圈改为"无"〕意之中，又甚乎明知故犯。江慎修先生篆书屡欲寄而辄止者，即因此类矣〔"即"圈改为"想亦"，删"类矣"〕。（此函两用"该"字，公牍上常有之，寻常文宜少用。）

近日自觉不能通一种外国文，为学业上一大缺陷。以日文接近本国文，较易学习，因以夜间入谢求生（前中大勷大日文讲师）日文学校。冀半年后能略阅该国书籍。大人先日寄归之《和文释例》，（此书汉文佳，学和文未识嫌旧否？）实激此动机，而圣心颇有同志转相介绍，遂成此举。

前儿曾自号曰"若真"（八九年前事），博兄以"若"字有多解，易滋人误会，不雅驯，自后便不用，亦未更起别字（别字要自己改为好。若系双名，则可名号合一；单名不能不改一别字，以便于朋友的称呼。不然,则人每每连姓呼之,似有不便。若在外国,则不拘;在中国习惯,似乎不便也)。今日大人提及,甚愿为改一个,其意义瀋永又自不同矣。

文稿廿四日收到(九月九日寄下一分),勿念。

《四库提要中之周亮工》一文,曾细阅第三次稿,对自己之文亦不惮删改若是,做学问工夫真不易也。

十一日挂号奉还徐琪等文稿五分(廿三早尚未收到)。

月前曾为慎馀丈书丹一文,就石上书写,事属初试,因呈一阅(后人学古人所谓书丹,未必即书于石。犹之称顿首者,未必叩头至地也)。黎贯诗为〔"为"圈改为"亦"〕博兄寻与慎馀丈者〔"与"圈改为"得",删后四字〕。馀容后禀。专此,即请金安。儿约谨禀。十月十四日。(廿三日。)

拓本写得甚好,第一不俗,行气亦佳,可喜也。惟文是谁作?

付回笔九枝,收到记得复信。

(一〇七) 一九三六年十月廿二日来函 十月卅一日批复

父亲大人膝下:

敬禀者,昨日得接十三日付回原信,领悉,勿念。篆书之学习既渐有进步,微见头绪,颇具决心练至流利,稍得规模始罢(篆书比行书易见功,行书写一二年不能示人,篆书数月即成模样矣。行书是书之最进步者,篆书则初民作品,故较机械而古拙,比行书容易见效也。学邓学杨沂孙都可。《秦诏版》拓本迟日寄回)。虽有不暇,仍使不间断。前谕云先学邓,后来可学《秦诏版》,《秦诏版》未得见,心愿大人察儿习至相当时期寄下。江慎修先生篆书,若能一并赐寄(可以),藉以对临玩味,当更易领悟,但不知可有此福。

学画一年亦可以示人。辅仁美术专修科一年生作品可以展览,若字则写一二年断不足展览也。由是可知画入手亦易于字，与篆同。

《故宫》在四姑姐处，《故宫周刊》合订集在三姑姐处，记得甚真，因两者都曾借阅。

博兄最近文章《宋初三馆考》、《毛诗六帖》代分送汉兄、雪妹、（施家）恩表弟等。德芸丈处已通知博兄自寄上。丈在岭南大学，时有晤面，尝询博兄状况也。

"字画先后要以合行书写法为要"，多承指示。别帖不知，独《圣教序》临摹为日不少，自信略有心得（《圣教序》独体佳，行气不属，大为董香光所讥。汝见之《圣教》是何本？告我）。此帖行书至妙，以之教人，想不致误。若夫"有"字、"右"字之先撇，"左"字之先画，则不特合于行书写法而已，规之于篆，更有意味焉〔"焉"圈改为"也"，并批："焉"字常用得不甚妥，何也？宜常读《孟子》〕。

朱校长昨与儿言，圣心欲得一大学为后盾。辅仁同为天主教所办，近年每夏招生，已稍见联络，若能作更进一步之衔接,假以优待,某种分数以上准予免考直升(无此法。在辅仁附中毕业,亦要考,不过少考一二科而已。因入学试验系部定),即不能而但为其他有关联办法,亦圣心厚愿也。嘱为转达,看大人意思如何,然后正式商量(我极赞成,待与同人商量。但我不甚愿汝过问此等事,于汝无益有损)。

大人所著书,此间(此间指何处?告我)多有(有数种),《敦煌劫馀录》以为儿合看,请寄下一套(此是佛经目录,于汝无用)。"敦"照《康熙字典》,应读为徒浑切,音"屯"(要知到便了,不必照读),同"屯"义,而此间人皆读都昆切,音"墩",读为"屯"反认作不合(最好知而不读)。教本常有此字,究应如何读法(应照普通读法,不必立异。有时约定俗成,则积非成是也)?

颜书是否仍须用刚豪写?(明以前无羊毫。"写"字写得不甚好,何也?)

平中各位想均安好,念念。馀容后禀。专此,即请金安。儿约谨禀。廿二日。

寄汝"双钩东方象赞碑阴"已收到不?

来徐琪等作收到。当印刷品寄,照邮章不应封口。粤有好画师否?画要名贵,不以粗头乱服为上。总要有士夫气,不俗为佳。卅一日。

(一○八)一九三六年十一月二日陈约来函并批复

父亲大人膝下:

敬禀者:十月廿三得接付回双十原信,卅日得接康篆,卅一日得接十四日原信,领悉,勿念。儿月薪八十五元,是毫洋。刘祖禧校务主任闻系旧广东高师毕业。

素来欲起而未起好之别字,一旦得大人指定,喜何如之!别字之使用,不甚明了(字系预备人称,己不能称字,除非以字行。称人称字,自称称名),只知古人相称以字(平辈),至何时应用名

（对尊），何时应用字（对卑），又为人写墨之下款及朋友间通信，能否用别字？希为指教（对尊大不敬，对平辈亦不能，对卑辈或可）。

"写篆用九宫格，大个的，似易进步"，甚是。广州虽有而不合用，故宁用白纸，伸缩亦易，以后当为较大者。

笔九枝收到即覆，多谢多谢〔"多谢"前添"先此"二字，并批：写信时似未收到，则当加"先此"二字〕。

康篆放纵磅礴，敢观而未敢便学，以开眼界，固甚有益也（陈东塾篆收到未？连王觉斯字，各送三叔一轴。顺便有人到港托带去，因邮寄甚不便也。东塾此篆略仿《天发神谶碑》，曾见过否？）。

"后人学古人所谓书丹，未必即书于石"，承教。而前寄拓本，的据石以红朱写之，石不若纸之能上下移，故篇头字长，篇尾字肥，不自意行气，亦佳也。石成，未尝闻人说字好，有即大人耳（的确系好）。文为慎馀丈自作，本已倩人写好，以不合度,某日与相见,临时引至石铺,为之钞上(甚似《黄庭经》,故佳)。

昨秉钧兄来,因送与博兄所为文二纸。谈次,知吴辛旨先生仍在勷大,勷大闻又有风潮,蕴而就发。

剑泉兄一向在粤汉铁路供职,前调往汉口,因病折回。现续请假,病虽稍差,若告假过久,即有失业之虞。便复原,看情形亦难再往汉口。辛姊更苦矣。

《清华学报》、《燕京学报》等有名刊物,此间求之不易(我亦无之),而常欲得阅,几费转接借来,数日又须依限交还,真苦。

平中各位想均安好。专此,即请金安。儿约谨禀。十一月二日。

王觉斯三轴,尚有一轴,想送谁?告我。

东塾篆有人想要,可再寄。裱不裱,并说明。未裱者甚多。此间裱一张,大洋八角。邮寄有损坏否?

（一〇九）一九三六年十一月八日陈约来函 十一月十五日批复

父亲大人膝下：

敬禀者，三日得接紫豪笔大小九枝，四日得接博兄转来《记许缵曾辑刻太上感应篇图说》二三次稿，《四库提要中之周亮工》二次稿（大人已先寄来第三次稿）。六日得接付回原信。江慎修先生篆书同日寄到。而"双钩东方象赞碑阴"，早在数日前收到，前信已有提及。几日之中，得如许珍品，不禁起我何德而有此惠之感，快乐之极，至于忘形，亦人之常情也。

平日儿所临之《圣教序》，为有正珂罗板。亦称崇禹龄藏宋拓怀仁集，董讥其行气不属，诚然。而〔"而"圈改为"但"〕每字结体之佳，无出其右者〔圈去"者"〕。而不善学者，习焉不化（连有两"而"字、两"者"字，不妥）。常〔"常"圈改为"每"，并批："常"平"每"仄〕见坊间旧书篇首之序，或楷或草，又杂以行，混为一处，自以为学《圣教序》已，而〔"而"圈改为"实"〕是谓死学，难怪为董所讥。董所讥者，想正指此。《圣教序》本身既曰"集"，则非一时写成，以至非一手写成，自不能以此相讥。

江篆曾赏玩一夕，其渴笔甚多，以不识篆，不知是好是丑（亦间有坏笔。因是自己临池的，非为人篆的，故有坏笔，亦自存之）。而由此窥见其下笔之次序，驳接痕迹婉然（学古人书贵有墨迹者，正为此也），则得益已非浅鲜。儿前写行书，每苦下笔不稳，后得见《丧乱帖》及褚临《兰亭》等影印真迹，即敢放胆写去，若有把握，便觉今日览阅江篆，有同样意味。因临摹一翻，自以为又有寸进矣（用方笔，笔尖要斜向本身，略如隶法。《神谶》便是如此）。

有心学画，而苦不识此中〔"此中"圈改为"其"〕人。"粤有好画师否"，更不之知（便可打听打听）。

许周两稿,曾再三对阅,颇了增删转接之势。待再阅读,然后奉还(不必寄还)。

"篆要笔画均匀",此层最难,亦最机械处之一(易学在此,不如行草亦在此。行草是进化的,篆本是笨法子。篆一年半年可示人,行草不能。是机械的,故易学)。自己学未上,反思疑江先生管笔锋甚短,求其合力压下,便易均匀。其多渴笔,岂亦与此有关欤(笔尖斜向写字人本身,行草则笔尖向外。渴笔因纸有礜)?

康篆则反是(康笔尖不向内),似将笔开透,故均匀不及江,而摇曳差过之,判若两派。而(二"而"字!)求其平正,不失规模典雅乃所愿,则学江。盖学康一失,则不可救药矣。

前信云"大人所著书,此间多有之","此间"指家中而言。(是木刻,是排印,何以来目录不见有?)

圣心欲与辅仁有所衔接事,已将大人意思转报朱校长,并请其直接磋商。"过问此等事,于汝无益有损"〔圈去"于汝"二字,批:引文此二字可省。并批:招人忌也〕,承教。

魏主教处从未再去拜候。平日无事,又已隔多月,应不应到彼一行?人家有好处相惠,连"道谢"亦未曾说过,问心有歉焉。而去则苦于无题目,只有候机会。平中各位想均安好。专此,即请金安。儿约谨禀。(某月)八日(十一月十五日)。

(一一〇) 一九三六年十一月十六日陈约来函十一月廿三日批复

父亲大人膝下:

敬禀者,旧歷〔"歷"圈改为"曆"〕十月十日为大人诞辰,而坚属勿为世俗之礼,则止有以寸心示敬,伏维福体安康,是祷是颂。同月廿三为祖母生日,特提前前日(十四日)回乡祝寿。祖母精神矍铄,老当益壮,谈言说笑一如往年,可为告慰。皮衣一袭,当日收到。祖母一见,被身,嘻嘻大乐,唯问"你估亚垣除此尚照往年有银寄回否"？盖皮衣是一身之喜悦，而有银则能与众同欢，此老人家心事也。

《承先裕后堂记》已拓出，尚应否送去蔡先生（且缓）？

八日奉上一函，想得察阅。内"痕迹宛然"之"宛"字，误作"婉"。平中各位料均安好。专此，即请金安。儿约谨禀。十一月十六日。

又寄回东塾篆二轴，（邮政有损坏否？）一轴送九公，一轴送慎馀丈何如？但必须其喜欢始可送。否则明珠暗投，知交按剑矣。

文静孙女佳否？喜欢何物？告我，当寄归。

汪希丈有何新闻？十一月廿三。

（一一一）一九三六年十一月廿六日陈约来函十二月二日批复

父亲大人膝下：

敬禀者，十七日得接王觉斯字三轴，廿日得接东塾篆两轴（一切完好无有损坏），各送三叔一轴，已妥交雪妹请其下港时带去，勿念。（何时下港，岂不太慢？余意打听有何人顺便下港带去也。若交雪，则我亦可直寄与雪，何必你转？）所馀王书一轴拟送慎馀丈。东塾篆有海学上款，适与海学公同名，因欲送九公一轴（有东塾篆，此不必。应送与天主教人，因上款系汤若望也），未知意下〔"意下"圈改为"尊意"，并批：对尊辈，何云"意下"？大误〕如何？《天发神谶碑》虽曾过眼，而印象含胡，今见东塾篆，依稀辨认耳。

廿四日得接付回二、八日两原信，领悉，勿念。家中所藏大人书有多种（另纸），前黄姓友人借去，久未送还，是以前书目漏列。因曾见过，记得有此类书，昨日即往取回（《史讳》、《西域》二种若欲阅，可寄粤）。

周亮工二三次稿，多有改则同改，增删则同增删者，如是即似第三稿不从第二稿钞出，抑在定第三稿时，大人〔"大人"二字删〕同时添改第二稿（是）。此事不明（此等稿只可示子弟，不足示人）。

东塾篆与王觉斯字，同时悬起，厅中焕然一新。王名字历史不详，愿得指教（明末清初书家，甚有名。但此轴□□上款有趣，非重书人也，应送天主教友人）。

大人前时说儿书法似《乐毅论》，今又说似《黄庭经》，然后自信帖味颇深，但不知大人若见所录《孝行图后序》，又将云何似耳。此序章法承大人多所指示，自谓行气胜前拓本远甚，笔势略仿《丧乱帖》，更似高一着。近偶临宋仲温章草，因效其意而为此信，想大人不以草书见嫌，认为不敬，而儿亦实无不敬之心也。将来篆书学成，则于书法一门，颇堪自慰矣（书法贵平正通达。有特别形象，则非正宗。章草因有特别形象，故易仿效，如康长素、张廉卿北魏诸碑，皆有特别形象，后生小子学三数月便有模样，为其有异象可认也，因此遂不足贵。偶作游艺未尝不可，以此见长，则谬矣。二王之所以可贵者，为其平正而难学也。故章草不足贵，尤不可对其他长辈用之，切切）。

写篆笔尖要斜向本身，此事以前不晓，但笔嘴须开大的一层，自以为发透，只有过分，不会不足，而不免专用笔尖。恐是执笔太直，明锋斜向本身后，或能矫正。（笔尖向本身，是隶法。不过要写方笔篆，则参用隶法；若写圆笔，则笔尖不必向内也。1. 笔尖向外右，是行楷法。2. 笔尖向内左，是隶法。）平中各位想均安好。馀容后禀。专此，即请金安。儿约谨禀。十一月廿六日。

吴次山云："前人论文云：文之平淡，乃奇丽之极。若千般作怪，便是偏锋，非实学也。"章草得毋类是。况近日卓某所传宋仲温章草，是赝本，误以为真，已颇为此间识者所笑，何必效之。仍当以《书谱》为正。十二月二日。

（一一二）一九三六年十二月三日陈约来函 十二月九日批复

父亲大人膝下：

敬禀者，十一月廿七日得接东塾篆两轴，史学刊物三册；卅日得接付回原信，领悉，勿念。东塾篆已先后送上九公、慎馀丈，因是格言，除欣赏外，尚有实用，都甚欢悦。前拟送王书与慎馀丈，既送陈篆，便想改赠别人，但一时未定，现暂存家中。前信所拟送两位，适与大人意合，大概不致明珠暗投矣。

希文丈少见面，只去月初在生生食鱼生曾会晤。大家笑他又将再续弦，则不但不否认，且欢然大乐，有恨不得最好又试笑成之意。对象并非别人，江十一姊之金兰〔"江"前添一"即"，并批："即"字少不得，要多读就明白〕，当年同居誓不嫁，江之适汪（删去"之"，改为"江适汪时"），几酿风波之陈氏也（四句为一句。即○○○也，无"即"字何以成句？"即"，是个盖；"也"，是个底，有底无盖，不成其为盒也），不料有此因缘。是以汪丈又大谈佛理。

文静前时体质极弱，初以为其甚鲁钝〔"初以为其"圈改为"似"，并批：初即前时。既有前时，初字可省〕，常常读书〔"常常读书"改为"读书常"〕不升级，其〔"其"字删〕后续〔"续"字删〕渐长大，体渐加健，且转为校中运动选手，而〔"而"字删〕功课亦按步就班，则前时之愚蠢〔"愚蠢"圈改为"鲁钝"，并批：仍用前文，"鲁钝"二字较醒目〕质弱使之〔"之"字删〕然也。其孤僻之性亦日改，近且时有小朋友往来，活泼可喜。闻祖父垂问，即踊跃欢呼，自作一信求改，请为转上（删去八个字，何如？）。

知篆有进步，益自奋勉。眼界要紧，最好能得多看，愿大人充量付下。前时日习数页，每经自选，然后呈阅。近日略无简择，便可奉上，自维〔"维"圈改为"惟"，并批：思惟之惟，从心〕亦至某一段落矣。

王觉斯诗有一字不识，"人穷□〔"□"处添一"星"字〕历涉波澜"，大底明其意，独此字看不出（四首：一述万国来朝之盛，二述海外人物之奇，三述汤若望之道术，四述游宴中之印象。

"万銎"似指鼻,"锟铻"似指灯)。

博兄亟有回粤意,自云就碍于"衣锦荣归"一句,致迟迟不行。

岑先生文已先在《中大史刊》得见,近《东方杂志》廿一号有彼《释桃花石》一文,知"敦煌"二字为译音,则读"墩"与"屯"自无不可。

平中各位想均安好。馀容后禀。专此,即请金安。儿约谨禀。十二月三日。

即阅《大公报》商务告白,有王觉斯分书及楷书《八关商会记》(预定今日到商务一看)。则彼固善各种书法矣。又禀。

末二行写法,除写与我或阿博之外,有何人可以如此写法?写信贵乎人易懂,若要人猜,则费事矣。猜错更误事矣。此所以要戒也。

取银,要携原信皮去到邮政总局,盖与信皮同名之图章。

本期篆暂留阅。九日。

（一一三）一九三六年十二月十日陈约来函 十二月十七日批复

父亲大人膝下：

敬禀者，昨日得接〔添"某日"二字〕付回原信，领悉，勿念。《史讳》、《西域》两种著作，便中请付下。

雪妹在岭南读书，与香港虽有一水之隔，然两三星期每〔"每"圈改为"辄"〕往反一次。是以陈篆王书，仍托其带去为最捷。适此次雪妹以乘脚踏车，不慎伤足，不良于行者几一月。而三婶曾来，篆、诗各一轴早经于此间收到后一日连随转三叔矣。（何以前函未提及？）所馀王诗一轴，拟送天主教友、圣心事务主任陈季瑗先生，先生好藏书画（可。此人曾到北平否？何以能教国语），记得前年曾转儿求大人书法，支吾应之，未敢上闻。后且每每追问，今以王诗送与〔"与"圈改为"之"〕，庶可塞责。彼亦知儿好临池，既以大人不肯为书，初不料是儿未尝代言，乃向其下〔"乃向其下"圈改为"曾"，并批："向其下"可改为"思其次"〕，属儿写条幅多帧。自念虽少作此〔"虽少作此"可改为"素未习此"〕，止得应命，是〔"是"圈改为"此"〕去年事也。近又与儿共研草法，就案头为写数言，彼称是，谨呈一阅。

乡〔"乡"圈改为"本族"〕有宗字派陈永字棉生者（年大于九公），南洋富商也，以本乡小学或开或辍，少能久〔"久"圈改为"苟"，并批：先生写白字了〕延残喘，乃发愿捐款办学，使人商于九公。九公正想今年尾结束明德（经费不足），闻此，以儿现走〔"走"圈改为"从事"〕教育，叫往询问，即为草就组织办法，另代覆一信与本人〔"与本人"三字删〕，稿呈上一阅。将来校长一职，九公要勤叔当之云。（何不叫勤叔回信？）

大人前曾言欲送一书与张鞠普先生，久未见再提，想作罢论。先生〔"先生"前添一"张"字〕

对儿如子侄，不吝赐教，颇感激之。平中各位想均安好，念念。

所教笔尖向外右向内左二法，初看不明，想落大是。王觉斯分书，曾到商务取阅，正是有特别形象者，便无购置。楷书则不得见。专此，即请金安。儿约谨禀。十二月十日。

凡写信末页至少有二行，三行较佳，一行不能成页也。此为大戒，切切。〔超按：此信有四纸，末纸只有"金安　儿约谨禀　十二月十日"一行。〕

关于乡校事，你切勿希冀一席。可以帮忙，如计画等等，但不可受半文报酬，至紧至紧。一受职则为乡人矣。

老刘密否？万不可密。能渐渐疏到不往来尤佳，能敬而远之最佳。不然，终有上当之日，悔之无及矣。十七晨。

彼来函及复函稿，付汝一阅。阅毕即毁之可矣。

（一一四）一九三六年十二月十七日陈约来函十二月廿三日批复

父亲大人膝下：

敬禀者，十四日得接付回原信，领悉。文静款十元，不在总局收取，而在河南分局，分局往来交通较总局不便，十五日始如数收妥，勿念。文静甚喜，问要回覆多谢不（若对世俗人写信，则"不"字要加"口"作"否"），则答以代禀可矣。即为买书包、笔墨、砌木玩具等，得之雀跃欢呼。一来有爷爷疼爱，二来眼见如许多〔"多"字删，并批：若留"多"字，则去"如"字，因"如许"即"许多"也〕心爱品物，自然乐极。文静〔"文静"圈改为"渠"〕远离父母，虽博兄时来信问及，总似有点可怜，以叔代父管束，不免稍为放纵，对兄对侄，不能〔"能"圈改为"得"〕不如此。幸小孩子尚听话，肯相群伴，可为告慰。

"即……也"一句，承教甚明，信乎有底无盖，不能成盒也。删去八〔"八"字后添一"个"字〕字一段，即〔"即"圈改为"更"〕见简洁。为文便苦难去渣滓〔改为"为文苦渣滓难去"〕，历观所改〔"所改"圈改为"改回"〕原信，最领悟是四字句之运用（连平仄阴阳在内），果能深其根柢，自可矫前病，如此则非多读书不为功，想另无捷径。

日文未学前，满以为不甚难，学下去，则明白终是外国语，究非数月能有成就〔"终"字删，并批："终"与下句"究"同意，不能同用〕。况近年汉字日减，假名应用大增，英美德法俄语，尽是译音，通一国文已不易，更加以多国语言之译音，困苦可想〔圈去"想"〕知，是以〔"是以"圈改为"现"，并批："是以"二字累赘〕虽未至灰心，然已感应付拮据〔"拮据"后添一"矣"字〕。

天主教明年正二月间假圣心开〇〇会，故提前考试，多放一星期春假。〔"春"字删，并批：是寒假？抑是春假？〕此〔"此"圈改为"本"〕学期快满，如是半年，真似瞬眼〔"瞬眼"圈改为"转瞬"〕，以功课稍加，不容多所自修，少有进展〔改为"进展甚少"〕，颇觉寒心。欲教高中，捱极捱未上，实亦无机会〔"实亦无机会"改为：一则未有，二亦未能取信于人〕。再忍一二年，加以寒酸气，则无疑为圣心初中地主矣〔"加以寒酸气……"改为：未知何如，姑努力求上进而已〕。

前函提及陈季瑗先生，与陈则参先生有关系否？则参先生现在何处？前六和东家。

平中各位想均安好，念念，馀容后禀。专此，即请金安。儿约谨禀。十二月十七日。

寄回文静北平名胜明信片十八张，可以自用，可以送人。廿三日。

（一一五）一九三六年十二月廿三日往函

1. 眼见　如许　心爱　品物　眼见　许多心爱　物品。

2. 为文　苦　渣滓　难去。

3. 如此　则　非　多读书　不为功。

4. 则明白　是　外国语。

5. 是以　虽未至　灰心。

6. 现虽　未至　灰心。

句之组成,有如此图。

明乎此,则所删去之字,想再加入,无地可容。

第一第四句更显,第五六句尤应玩味。

(一一六) 一九三七年一月六日往函

一、墨迹,二、石刻,三、拓本,四、剥落,五、又剥落,六、翻刻,七、又翻刻……石刻已是二传,翻刻又翻刻,不知经过若干传,其去始祖也远矣。清道人写北碑,并其剥落嶙峋之处亦效之,遂成恶札,此大不可也。廿六年一月六夕。

(一一七) 一九三六年十二月廿九日陈约来函 一九三七年一月七日批复

父亲大人膝下:

敬禀者,廿八日得接十七日廿三日付回两原信,敬悉，勿念。习篆仅数月，便达"可圈者多"程度，私心窃喜，未始不由〔"由"字下添"曾"〕下每日必写之决心所致。而为文尚止至"犹是读得少"阶段，则又甚惭栗。虽二者难易悬殊，总因习作不勤，与乎平日不注意字句。此次来谕，为图明之，顿有所悟。即愿移日必习篆之志，为日读一文，（试专读《孟子》先，何如？）俾至通畅流利，能达己意始已。再有馀时，仍续学篆，篆只临江，恐少变化（墨迹难得）。门径已入，欲多见各家，如《秦诏版》（铜刻，极难得），《峄山碑》（石刻，已残）、《天发神谶碑》等（翻刻者多，隔三四度手，不如学人墨迹。二碑粤学海堂有翻刻），望能寄下。儿志在习篆，无意藏篆，况南方卑湿，而江篆矜贵，拟仍奉还，谨候尊旨〔"谨候尊旨"改为"听信谕办理"〕。又于隶书（暂缓），素少临摹，既书学有基础，欲一并能之。应如何着手，敢求明教〔"敢求明教"圈改为"示知为望"，并批："尊旨"二字，似宜用之较疏之人，"敢求明教"句亦然，家

人用此，总觉不妥。〕

寄下文静明信片十八张，收到。渠大喜，亦有分与书友及表兄弟。

陈则参先生系季瑗先生堂伯，现居香港，为小商人，颇潦倒云。季瑗先生闻未尝至北方，而真有担任国语功课。儿不懂国语，廿六年起部令须用国语教书，临急抱佛脚，明年夜间时间不能不补习以备应用（不学则已，学必学北腔。北腔高亢清脆，不可起坏头也。能购一无线电机，于国语必易进步。中央无线电台讲儿童教育之女子，发音甚佳）。

前函云圣心多放一星期假，是寒假，误作春假。寒假本定十数日，加多个把〔"多个把"圈改为"一"〕星期，近于一月。惟未想好如何善用耳。

书信谦称不能在每行第一字，则已前知〔"则已前知"圈改为"前已知得"，并批：事未来而先知，谓之"前知"〕。一字不能成行，书道本有此章法，独一行不能成页，则不知而误犯，幸得指示。此等处似小事而实关大体，不敢不留心。平中各位想均安好。专此，即请金安。儿约谨禀。十二月廿九日。

未始　不由　曾下　每日必写　之　决心　所致。无"曾"字则"下"字孤。一月七晨。

（一一八）一九三七年一月五日陈约来函一月十三日批复

父亲大人膝下：

敬禀者，十二月廿九日奉上一函，想得〔"得"圈改为"已"〕察阅。昨见朱校长，知下学期钟点略有调动，增初三外国史四点，减初一国文五点，初二国文十二点仍旧，共得十六点，实少本学期一点。（初三与初一报酬同否？）外国史儿不在行，本不敢应承，但是校长好意，教高胜于教低。又忆初进圣心时，亦不识国文而教国文，故〔"故"圈改为"曾"〕经推辞，校长仍属努力向上后，勉强先答应〔"后"圈改为"结果已"，并批："后"字点句，似不合〕。有一月寒假，前未知如何善用，今以为预备时间，亦不少。在无意中，似先知有此一着。半年来颇涉猎世界史，仅有概念。现在最要紧是参考书，请设法指示（我亦外行），课本用商务何炳松编《复兴初中外国史》，（是学校指定，抑自选?）儿英文程度不深〔"不深"圈改为"浅"〕，阅参考书自是困难，而藉此逼迫〔"迫"圈改为"得"〕进修，亦一机会。况尽有译本可读，头一学期教不好，第二学期当有进步。若〔"若"圈改为"似"〕此大胆的尝试，〔添"若"字〕大人以为太危险，误人子弟，则仍可向朱校长告退，私心则跃跃欲动也。又朱校长云，圣心下学年拟改专任教员制，为求基本教员计，不能不要各人多通一两个科目。果然，则将来本国史外国史，儿均有占一席之可能〔"可能"圈改为"希望"，并批：总要自己了解，讲出来，人能懂而有趣味，则可以教下去〕。

秉钧兄不见多旬，先次会面，又试〔圈去

"试"〕借钱。儿无以应,大家〔"大家"圈改为"彼此"〕不欢,近日不知如何。相距过远,往来素少,且兴趣殊异,难接近〔最好借一二次,若不还,则自然不好意思再借也〕。

三姑姐〔添"道济"二字〕不做医生〔圈去"医生"二字〕,儿前不知,近叫为〔"叫为"圈改为"嘱"〕写"陈瑜卿医寓"额,问起原来〔"问起原来"圈改为"始知"〕"道济医舍"招牌已除去多日。

喜逢新岁,地远,未能膝前道贺,谨遥祝百福。平中各位均此致敬。儿约谨禀。一月五日(十三日收到,即复)。

国文与本国史较近,与外国史较远。在中学教国文之人,应兼教中国史,此最普通之事。教历史不用改文,功夫较省。

(一一九)一九三七年一月十三日往函

余藏有孔昭孔双钩《碣石颂》(即所谓一宿双

钩本），极精，不知放在何处，久求未获。日前在旧摊又遇着一部，即购之，幸不贵。此为小篆正宗，但微嫌字体略扁耳。想阅可寄汝。此与《峄山碑》同一鼻孔出也。

辅仁中学有一西史教员，曾作一《西史表解》，可作参考。但系高中用的，不知初中何如耳？

（一二〇）一九三七年一月十七日陈约来函 一月廿四日批复

父亲大人膝下：

敬禀者：昨日得接七日付回原信，领悉，勿念。自经指示字句之分析后，每有兴趣将所读书之繁难者，照例为之，头头是道，纯简明化，得此一助，胜读书多年。今教以专读《孟子》，必有好处，当尽力行之。就平日看《孟子》而言，即觉其气势雄厚，无往不前，自后加工研求，定更领悟。昨〔"昨"圈改为"前"，并批：已是第二次说，应作"前"〕偶起学隶一念，大人便为长谕以告,深味其言,倍自警醒。遵如所教,仍临江篆数时,再算。儿篆书根柢虽浅,然颇有求书之人。缘慎馀丈子尚博世兄为纪念其母,建一医院于从化,托广州书人邓尔雅氏(前广雅掌教邓蓉镜先生之子,容希白〔庚〕之母舅)篆其始末,而不合碑度,不便再托,因属儿为之。书成,众(此众何众也?)称较邓氏有生气。一传,故有求书者。儿以此乃偶尔之举,而自己知自己事,决未敢应承也。昨日同时收到书三册(《天发碑》、集篆四种、陈篆),即流览一宵,多开眼界,受益不浅。儿习篆虽未至应求变化之时,然多见亦一要件。即如此次为人篆碑,便大费工夫,若集篆四种等早到一步,则结体方面,至少多几样装法。但现在亦有现在好〔"好"字后添一"处"字〕,究竟根基不稳,若东一个秦西一个汉,反不如一路是江篆笔法来得整齐。前年赐下陈澧先生手卷(此极难得之品,应宝之),卷内自言书法拙弱,今之篆书何其气势也(不如所篆座右铭远甚)。岂正以其日前之拙弱，而成日后之气势欤？由此知端在自己之努力耳，世事大有〔"有"字删〕可为也。八日得接博兄转下《吴渔山晋铎二百五十年纪念》一稿（第几？应照书皮写明第几稿，因我不记得那一稿也。若是第一稿，阅毕即焚之），曾细阅一遍，书首〔"首"圈改为"眉许"〕多贴有〔"贴有"二字删〕小纸〔"纸"圈改为"签"〕，深谕作法之意，想为博兄而设，但于儿亦大领〔"领"圈改为"有"〕益。《东方杂志》新年号（未到）有《墨井道人传校释》，未得见（未得见何以知其有？复我），必与此有关。图书副刊〔"图书"前添"《大公报》"三字〕之《墨井书画集录文订误》已得见矣（天津《益世报》尚有一篇，所谓一鸡三味）。

　　承教，学国语能购一无线电机必易进步，但此事似未易办到（非日货，每架要若干钱？查明告我），寒假后，仍拟先进国语补习学校。

　　报载十日晚西单商场大火，想远离所居〔"远离所居"圈改为"离米粮库甚远"〕，不曾受惊，为慰。（广九车及民族渡遇险有相识亲友在内否？）平中各位想均安好，念念。专此，即请金安。儿约谨禀。一月十七日（廿四日）。

  虽未至 应求· 变化 之时
  但现在 亦有 现在 好处·
  书眉 许多 小签

  小信笺不应用长信封，寄到时每有折痕。用完后应改用相配之信封也。

  又有一次，封信后闻伦达如丈逝世，在信皮后写了数字，你未注意。〔超按：批在信封背面〕

（一二一）一九三七年一月二十四日往函

  凡为人篆文，（1）须先看文多少字，纸若干大，配好行数款式，先用楷书缩写样本。（2）然后将文中之字一一检《说文》有无。《说文》有者无问题，《说文》所无者，应考求古人如何通借，不能任意瞎拼，贻人笑柄。（3）一一查考后，乃将同样大小之纸打格,先篆一遍,以为程式。(4)然后照式篆之。故打格亦要学也。日间将阿让生前所篆《说文》部首(格是自己打的)六条寄汝。余久藏之,不忍观,今日观之,不觉泫然酸鼻也。一月廿四。

(一二二) 一九三七年一月二十三日陈约来函 一月卅日批复

父亲大人膝下:

敬禀者,十九日得接十二日付回原信,领悉,勿念。昨日收到《西洋史表解》一册,儿正需用此类书,多〔"多"圈改为"谨"〕谢。前日已买张仲和编《西史纲要》,现日日用功,预备应付。关书已接,时间已编,实得十六点,初三与初一报酬相同,月少上学期五元,因较有希望,不以为意。新教务主任梁叠峰先生(多少年岁?何处人?何校出身?)系熟人,前时南武学校老师,昨对儿云:本学期若开春季高一(今年春初三有一班毕业),你有几点。果然,则如愿以偿矣。外国史课本系校定，何炳松编，上学期授上册，下学期自然连下，不知此书如何耳。

双钩《碣石颂》，甚欲得见，盖多看之功，有时不减临摹。近日写篆，纸与间格更张，不如意。"净纯紫豪中书"笔已秃，前寄下二枝，一枝分与〔"分与"圈改为"赠"〕友人，一用至今，请大人再赐多枝（去年闻汝曾寄沪转平十元，可惜沪已寄还汝，不然，将此款买笔，岂不甚妙？）。前谕云"汝字已接近南派"，南与北之分，即圆与方，帖与碑乎（此大概耳）？儿未尝习北碑，自始便从王入手，不知北碑好处（一习北碑，不能再写王），而谈书法者，大抵赞扬北派抑损南派，南果不及北欤（此系一时风气。其实写北碑易于写帖数倍。碑宜于写隶楷，若行草则无碑之可言）？

平中各位想均安好。专此，即请金安。儿约谨禀。一月廿三日（卅日）。

笔或托珍庄带回未定。便打听他何时到省可也。他明后日离平回粤。

（一二三）一九三七年一月卅日往函

你既要学写字，大纸店与裱画店（与裱帖店又另一行）不可不结识一二家。选纸、打格、装裱，均须有熟店（小店劣工不妥，万不可贪便宜）。日前检旧笥，有未裱碑帖多种，如三体石经（甚难得）残字、《华山碑》（隶书）等，要裱甚费事，亦不好寄。不裱寄汝又容易撕毁。且《华山碑》等不看全张，专看剪裱（阮云台重本，最好整张裱）已后之帖，亦不佳（粤俗名蓑衣裱）。故甚愿汝物色一二家裱画、裱帖店与大纸店也。一月卅日。

《碧落碑》一。
《熹平三体石经》残字四。
净纯紫毫中书四。

魏《元始和墓志》二。

魏《元彦墓志》一。

此二种所谓北碑也。有友喜欢,可以赠之,自己不必学也。

(一二四) 一九三七年一月三十一日陈约来函 二月七日批复

父亲大人膝下:

敬禀者,昨日得接廿四日付回原信,领悉,勿念。日来迷头迷脑于世界史,未尝少懈(真迷头迷脑了,何以寄回《碣石颂》及《峄山碑》等,收到与否,一字不提。我悔明珠暗投矣)。《西洋史表解》便是唯一化繁为简之应用书,照现在情形,自觉尚算了解,可以应付。独篆书之学习,无意中停止数日(自以为足耶?恒心要紧)。《孟子》则必日读几页,其语势之雄厚婉转,即白话文尚似未能如是妙达,间有未明之句,现自寻检,结果不识,然后汇集求解〔"解"圈改为"教"〕。

承教为人篆文之法,然后明白此中妙谛。前次为尚博世兄所篆之文，既有邓氏者〔"者"圈改为"原篆"〕为底本，止打格，再以江篆笔路写出，故不成问题（虽学江篆，识者必以为学《三体石经》，黠者对人言，亦必自谓学《三体石经》也）。若"文中之字《说文》所无者，应考求古人如何通借"一层，则将来难解决之处，必在此。"众称儿较邓氏有生气"之"众"，未尝无一二知书者，陈萝生（大年）先生亦谓然。其实除几笔颇潇洒外，自以为整齐匀称多未及之（此自是熟不熟关系）。他日拓得，当并邓篆一同奉阅。

《墨井道人传校释》未得见而知其有者，《大公报》等早刊出《东方杂志》目录也（余未见，奇也）。今并《墨井集源流考》俱得见矣，一样化出〔"化"圈改为"做"，并批：不是化出，是做出〕几样，如许副收获，学者之应得〔"之应得"改为"应得之"〕酬报也。

乡间小学，九公与永伯条件不洽，无办（九公来信，云未通函与陈永商酌，非条件不合也）。

明德则由公尝出一定款项，让与沙富某姓一惯办小学者包办。

广九车及民族渡遇险，有篁边疏外戚数人在内。不生（不甚明白）。

收音机非日货，每架普通在小洋百五十元左右。若非为学国语，则富家之娱乐品也，儿似未易备办（学国语必要买能听到南京中央电台者，于国语及其他常识均有用。若视为娱乐品，则大误矣。应备一架，我可以想法子帮助一半，即法币五十元。购好后即告我，但以能听南京为要）。

昨途遇秉钧兄，有病容，自言预备考文官试，已停译书。以彼教开外国史，得承介绍几本合用参考书。平中各位想均安好，念念。专此，即请金安。儿约谨禀。一月卅一日。

近得一原刻《神谶碑》，剥落虽甚，神气尚存，较之广州重刻本，相去天壤矣。但不睹广州重刻本，亦不知此本之佳也。前付粤之《峄山碑》，除"作"字外，有"墜"字，甚可见草书由篆出，不由隶出也。惟章草则由隶变,故收笔常带隶意。

世界史即管试教,但教国文兼本国史,甚自然,兼世界史则较远了。最好能教本国史,不用改文也。二月七日。

(一二五) 一九三七年二月七日往函

即早见东塾篆六言一对,写《神谶》,甚精,系甲戌先生六十五岁作。比日前付粤之钟山陈澧篆册(此册不可学),远胜之矣。对文亦甚佳,云:欲寡过而未能,恐修名之不立。索值卅元,还十五不售,可惜。虽日写《神谶》,然与影印之座右铭又不同,精品也。可惜可惜。二月七日

(一二六) 一九三七年二月八日陈约来函 二月十四日批复

父亲大人膝下:

敬禀者,二月一日得接书一包(让弟篆六条,碑二本),五日得接卅日付回原信并碑拓本八张,

勿念。让弟篆格局甚具规模,打格尤精,自愧未逮,他日一并裱之,如何(可,但切戒用洋纸裱)?大纸店与裱画店有一二家,识而不熟(三多轩、富墨斋俱在高第街)。昨求鞠普先生介绍,又多知两家,待过旧历年后,便将三体残字、《碧落碑》去裱(《碧落碑》暂不必裱)。一次生,二次熟,渐渐进行,想不困难。去年十元,博兄果移代买笔,而全是小楷,未有中书,故敢仍扰大人也。俟庄弟到,收笔后再奉覆。

梁叠峰先生,顺德人,约四十五岁。曾在清华肄业,当教员已十馀年。

江篆每半页四行,行五字。儿之间格,即自此出。昨晚看《三体》残字并《碧落碑》,则知江篆所从来矣(与《碧落碑》无关)。

平中各位想均安好。馀容后禀。专此,即请金安。儿约谨禀。二月八日。

《碧落碑》系绛州友人所赠,顺便寄汝参考。篆体杂古籀,非小篆正宗,不必效也。此碑从前甚有名，相传李阳冰见而寝处其下，数日不能去，恐不可信。

（一二七）一九三七年二月十四日往函

曹魏《三体石经》与吴《神谶》年代相近，故皆用方笔。《碧落》是唐碑，书者何人，尚无确说。

石经要整张裱，不可剪裱。切戒用洋纸裱，亦不必用绫裱。《碧落碑》暂不必裱。

让篆似是十七岁时所书，可惜可惜。

我有狼毫旧笔，写小字已嫌其秃，写寸篆正合，便将寄归。

日间逛厂甸，魏《石经》尚见过一份，双钩《碣石颂》不再见，不可因其刻本以为易得也。板绝后则可遇而不可求矣。

《峄山碑》系正宗，但因系重刻，入手总不如江篆之便。颇嫌其近于机械，而无笔势之可言也。

元魏墓志三张送何人？告我。非好之者不必送之也。汝现学王，不必学此。

来信被罚，切要注意。二月十四晚。

（一二八）一九三七年二月十七日陈约来函 二月廿四日批复

父亲大人膝下：

敬禀者，紫豪中书四管，已于庄弟到达之翌日（十日）得接，勿念。新笔未舍得开用，旧笔虽秃，尚能写数时也。一枝可用半年，四枝用完时，篆字大概有相当程度。《三体石经》、《碧落碑》已交店装裱，分三幅（《碧落碑》一幅，《三体石经》大带小分两幅），银五元。（是毫洋是大洋？）将来裱起悬之，日夕观玩，亦一乐事。东塾篆格言，与《神谶碑》（广州重刻。《神谶》有原拓本，大不相同）对看，前者略有楷意，后者隶所从出，岂由石之掩盖笔锋，抑古今制笔不同而生此异？钟山陈澧篆册，虽气势雄厚，而不免有特别形象，较之南海篆诗，更见怪异。然颇于此得一暗示，篆书垂直线较可自由伸展，横线已受相当限制（最好从纸背看）。叉线更宜约束，一伸展，其字即散，故叉线伸展须化为垂线，而陈篆册之垂线未免过当（此学《峿台铭》），草书由篆出，确是（如"不"字笔画之先后，纯篆法也），章草由隶变亦然，草南派，章草则近北派。

收音机既得帮助，购买不成问题。但南方卑湿，灯胆易坏；儿晚上又须上堂，故仍待斟酌。且近以道远，出入多，已去〔"去"圈改为"费"〕百数十元，购脚踏车一架矣。

外国史已上过几堂，算混得去，此后尽力自修，以谋熟练。春高一至今未开班，教高中仍成幻想。

平中各位想均安好，念念。馀容后禀。专此，即请金安。儿约谨禀。二月十七日。

连次来信均被罚。此废邮票在何处得来？今将被罚信皮及通知单寄粤，即与邮局交涉可也。如系购买既久，则是自误；如系新购，则应向原局交涉。再有此等被罚信来，恕不收阅。廿四日。

（一二九）一九三七年二月廿七日陈约来函 三月七日批复

父亲大人膝下：

敬禀者，廿四日得接十五日付回原信，领悉，勿念。邮票过期作废，不知，致被罚（十七日信似仍用之），真太不小心。狼毫笔前曾用过一二枝，颇刚健而带粗涩，笔身干后，每收缩卷曲，是一弊，但上下品自有分别。今闻将有数枝寄下，甚喜，若既不带涩，又不卷曲，则打破前此印象，而知直是未尝用狼豪。《三体石经》应已裱好（决非洋纸），但连日春雨潮湿，以致延期，心甚急，而无奈（让弟篆亦待天气转好，然后送裱）。想是学篆未深，眼光未够。（与以上文气不接，何也？）亦以大人之赐，定有来历，以是一见《碧落碑》，其欣悦程度不减《三体石经》（《碧落碑》本极有名，所以有李阳冰寝处其下数日不去之传说，但因其体杂，非正宗耳），抑尚过之。盖一为整幅，一为散落〔"散落"圈改为"残字"〕也。今接来谕,多一番见识,亟欲比而观之,偏未裱起,所以心急。

"《峄山碑》因系重刻(究系正宗),近于机械",诚然。间尝见鞠普先生临此,甚均匀齐整,就只欠笔势。其论书尚钟鼎碑篆(钟鼎系金,碑系石),论笔主羊豪,故只能从反面、侧面得其暗示而已。元魏墓志三张,未送人,因同道者既习南派,又未有与北派者相熟,现暂藏之,以俟将来。

此次全省(广东)春季会考,以教厅用新法计分,千馀人只二十馀人及格,在九五以上不及格,致迄今未敢发表,亦教育上一问题也。

庄带来鱼、菜干、毛扇三柄,收到。

平中各位想均安好。馀容后禀。专此,即请金安。儿约谨禀。(△月)廿七早(三月七日)。

钟鼎拓本此间多有,未便寄汝者,欲汝根基固后再寄汝。金文多出于铸,石则出于刻。金间有刻者,轻器也,重器无不铸者。且其形无定,盖未进化之文字也。至秦则画一矣。故学篆以秦至汉为正宗。

（一三〇）一九三七年三月七日往函

篆、隶最怕起坏首，入错门。宁可不晓写，不可晓写而俗也，俗则不可医矣。书法皆然，不独篆、隶。汝现在写篆，恰巧有江篆墨迹可临，进步甚速。但必须临之百回，根基稳固，再图变化。《秦诏版》久已托人拓得一分，因其字体大小参合，不宜初学，所以留而未寄。今又欲学隶，似不必，应再过数时也。杂则不精，要注意。胡汉民隶书，一生只写一《曹全碑》，亦是此意。

我有杨惺吾守敬编《楷法溯源》一书，数年前就想寄汝，因汝字已接近南派，即圆体，而《楷法溯源》多选北碑，即方体，妨汝纷心，迟迟未寄。今之不寄《秦诏版》及《神谶碑》，亦此意也。分而不专，难得成就。且字最要紧看墨迹，从前英敛之先生最不喜欢米，我谓先生未见米真迹耳。后见宫内所藏米帖，即不轻米矣。徐世昌总统写一辈子苏，皆是木刻翻板的，老始见真迹及影本，遂稍进步矣。生在现在，比前辈便宜得多。二十年前，何能有今日之大观也。

前函言钟山陈澧篆似《崦台铭》，系言其字体之窄而长似《崦台铭》耳，至于笔画，《崦台铭》仍是方的，非圆的。清末多人学此，曾通行一时，今其风稍杀。

近时学问，比前人便宜得多。单是眼福，前人何能有此。携百金而之市，应有尽有之碑帖（指影印）可完全得见，于此而不胜前人，何以对前人也。三月七日。

（一三一）一九三七年三月七日往函

魏三体石经残石，系近年出土，东塾时未见。然因其学《神谶》（吴魏同时），故极相似。吾见东塾篆众矣，如此联尚是第一次见也。以视座右铭尚进一步。汝喜欢学草书，亦好，由《书谱》入（所临《书谱》系何本，复我。已背熟否，亦复我），亦是正宗，犹之行书之《圣教序》，学此断不至误入歧趋也。我有查声山临《书谱》卷，购之多年，无用，亦可寄汝。但临《书谱》必须整页，单片不合格式（每半页六行，仍须留钉装地位）。前人学草书，《书谱》要写百十遍，自然成家。

（一三二）一九三七年三月七日陈约来函 三月十四日批复

父亲大人膝下：

敬禀者，三月二日得接廿四日付回原信，领悉，勿念。庄弟廿七日离粤北上，谨托其带上毛扇二柄（三柄）、菜干并鱼一的。本来另备几种家乡土产，如炒米饼之类，一并托带，一来庄弟未定乘车或船，恐行李多，火车不便；二来闻祖母说，敬文兄不久以前已多少带去，是以留住。又庄弟直至离粤前一日，行程尚未十分定实，说叫起便行，以致煎鱼预备一次又一次，总难合期，到时怕会变味矣（未变，只我一人食，今午刚食完）。

〔加"魏"〕《三体石经》至今未裱妥，间日去催（不必催），裱店说，日来天气更坏，不裱起，正见我们交托得落，自己亦不便太催逼。价为小洋五元。广东未转大洋制，凡说银价，通是小洋，反是大洋始标明。

去年铺头生意有赢，较前两年生息（我正想问三宅从前支长之款，近状何如？即查明告我。我希望既有赢馀，则可拨还公家，不至息上息，至到不了。即查明告我可也），就与广东未改大洋制最有关。此间银水低，各省乐于来交易也。

近日认真比观《游目》与《丧乱帖》，即发觉绝大差异（伪《游目帖》不足观，不能与《丧乱帖》及《九月十七日帖》、《奉橘帖》等相提并论）。《游目》用侧锋写，在其转折停顿处见之，如"蜀"字、"悉"字最明显（"登"、"改"两字其势更现。"冲"字在正锋，必以悬针出之，不作如是收法），其弊处更在"多"字、"时"字（"日"字、"为"字）之最后一点，简直与原字不相称。且全篇俱是一路扫去，曾无弹性，比之《丧乱》之跌宕伸缩，纯是正锋，不同法门（此是第一流，米南宫即由此出）。其章法之散落呆滞，表明是临而不是自书。"事"、"但"二字，如是相接，若非临帖（是描，非临），断无是理。馀如"登"字、"旋"字出锋之勉强，"彼"字（"在彼"之"彼"）、"之"字，收笔之无力，无处不露破绽。

　　篆字章法齐整，大人指示之力也。字画粗细均匀，则至今未有把握，疑与笔纸有关（墨大有关），抑是工夫未到（前信付回草书，能每期照篆书寄一页来否？行书最有用，亦是美术。草书在今日则纯美术也，不能通用）。

　　过期邮票，买自小店，已交涉妥当。只连次被罚，心甚不安。

　　《九月十七日帖》及《奉橘帖》最要能看出其名贵气，多学多看，笔下自然不俗，此为医俗之仙方。看不出他名贵，眼中仍是俗也。

　　平中各位想均安好，念念。专此，即请金安。儿约谨禀。三月七日（三月十四日）。

东塾篆联照片已见否？觉得如何？告我。此学《神谶》而青出于蓝者也。此之谓善学，亦谓之善变。

《诏版》拓本如何？彼以全版作章法，不以一字一字作章法。金多如此，石则不然。

（一三三）一九三七年三月十四日往函

余家自植卿四伯始读书，然只习时文，不得云学。至余始稍稍寻求读书门径，幸先君子放任，尽力供给书籍，今得一知半解，皆赖先君子之卓识有以启之也。至汝等则为三世矣。博能粗知门径，汝又喜临池，皆足补余缺憾，可慰也。勉之勉之。三月十四日。

（一三四）一九三七年三月十八日陈约来函 二十五日批复

父亲大人膝下：

敬禀者，十三日得接七日付回原信，领悉，勿念（十三日收到，十八日乃复，何慢也）。东塾篆联极精，若〔"若"圈改为"似"，并批：若字容易误会为若果〕不经意，而自然超妙，尤其〔此处添一"是"字〕章法严谨，非老年人〔"年人"圈改为"手"〕不办，较之座右铭之尚不免〔"尚不免"删去〕愈来愈大，确胜一筹。鞠普先生亦称之，独以为其运笔用正锋，未合《神谶》（青出于蓝，又何必合），随执笔为证。《神谶》如何以侧锋入，以侧锋出，说来未尝不形似，（寄粤原拓《神谶》二种，收到未？）然未敢遽信，心自考虑，尚须实习过始行下断〔此处添一"语"字〕。东塾先生篆既精矣，惟上下款行书略嫌生硬（不然）。秦诏版有趣，不论行列，不计大小（金文多出于铸，此则出于刻），而自古朴可爱，除一二字稍缺，馀俱明显，宜于欣赏参考，顾如大人云不便初学也（寄粤《秦汉金文》，已见否？卷三新嘉量第二最佳，单一张售十元八元〔指拓本〕，此是石印耳。新者王莽国号也）。

篆用圆笔，易有规矩，而每流于呆滞；方笔显露笔势，然一不慎，即生粗粝，性所习则愿学方体（好），究竟方近挥洒，圆似临摹也。三体石经是方笔，愈看愈爱。鞠普先生以系近年出土，疑其不真（近年出土古物多矣，有真自然有伪。然徒疑不行，必须有证据）。然就篆论篆，亦超脱成格，得以日夕寻味，获益良多，现愿大人再赐一份（不易再找。因此等石新出后，拓数十份即为人购去。石在何处，待查），拟裁出小篆之部，以裳衣表成一册，则可供案上之临摹矣。将矜贵品物如是割裂，未免"伤残"〔"伤残"圈改为"可惜"〕，而为便于学习计，若非价钱过昂，亦勉强之一办法耳（非价钱贵贱关系，乃物品有无关系）。

草书笔法，儿全出于澄清堂帖，（是何本？）习此已多年。近因大人言草必先《书谱》，而家本有有正石印宋拓太清楼本（可用），乃捡出对临，以前虽曾习之，然颇不注意，是以未背熟（亟应背熟）而自有来源。且究竟临过，故任抽一字，即不能个个认出，亦不致离谱。大抵《书谱》用笔过圆，微嫌纤弱（因熟的缘故，不要紧）。虽云草乖使转，不能成字，然点画之分明，尤贵领会。抑或所见《书谱》板本不佳，致面目全非。果然，则是自己看差矣。况澄清堂帖，只管熟临，其中尽有不明不识之处，又何如"《书谱》究是正宗"写得出看得识乎？自经多次教训，从不敢以草书与不习之人或长辈，只闲中消遣，或偶受好事者所属，始游戏出之耳。草书固书法中之艺术，儿颇好之。查声山临《书谱》卷，若得见，当有所益（仍嫌其不甚佳，故迟迟未寄。但甚欲汝见见人家所写笔迹，笔迹总胜于刻石者，有笔锋可寻也。假使无江篆入手，进步未必能如是）。近日以友介绍，得识陈公哲氏及其书法（将在此间开个人书法展览会），平心而论，其楷、行、草虽曾下工夫（工夫要紧，天才亦要紧），但嫌呆滞，缺乏生气。而在此间，固颇具藉藉之名也。儿昨为人草一小幅，稿呈一阅（败笔以红点为记）。

平中各位想均安好，念念。专此，即请金安。儿约谨禀。三月十八日。

前函问三宅支过钱事，如何？即复。

五月初余或往南京，开中央研究院评议会。廿五日。

(一三五) 一九三七年三月二十五日往函

十年前余得王西庄撰窥园图记，江艮庭篆，索值五十元，不能购，后为沈兼士先生所得。越数时，又得钱竹汀先生隶书窥园图诗三首，顾敏恒题窥园图行书一首，以四十金购之，顷已倩友人补图。如果有人能替我补篆西庄文，则大善矣。影片及原文十六午已寄粤。诏版二枚，是刻的，非铸的，久未寄汝，亦因其有直无横，不便于学也。

草书二纸极佳，但纸太窄，须倍阔为度（至少六行半页），此等写法，万不可施于家中不习之人（朋友不习者亦然），自己逞能，令人讨厌也，至紧至紧。

东塾篆联已到手，照片寄汝，精否？与钟山陈澧一册比较何如？恐不止天渊也。此为东塾六十五岁作。

（一三六）一九三七年三月廿七日陈约来函四月四日批复

父亲大人膝下：

敬禀者，廿日得接十四日付回原信（廿日收到信，廿七日乃复，足足一星期，何其慢也），领悉。廿二日得接《神谶碑》一册，拓本四张，《窥园图记》照片五张，《秦汉金文录》五册，勿念。三宅从前支长之款，曾数问九公，未得要领，最后九公云"待我覆垣哥"。闻三叔云，几年来铺头未有数目公报。九公推正铺，彦叔推九公，结果消息是生意颇好，略有赢馀而已（赢馀在何处？）。

此次寄下《神谶碑》两种，确较前寄广州重刻本不同〔"不同"前添一"大"字〕，然其用笔始终未看出端倪（只以隶笔写篆耳，无甚奇妙。所谓隶笔,即笔尖向执笔人心口。所谓中锋,即笔尖向地。所谓侧锋,即笔尖向外)。果如鞠普先生言,则是侧锋,而东塾先生以正锋临之,未尝不逼肖,自己篆柢未稳,未便摹拟,存疑以俟来日。《窥园图记》"篆法朴雅"(江艮庭先生寻常写信俱用篆),"帷"、"冰"二字不识解,(未详。有抄错否?)诚如晦闻先生言。观所附释文末有"后一百四十六年,中华民国廿六年丁丑○月,新会陈○重录"等字,不明其意(廿五日函已详),大抵如《孝行图》后序,教儿学篆一遍,多识几字,但究竟如何,尚希指示。儿好写字,大人竟因此论及家学,似有厚望存焉,实自觉惭愧,计惟博兄为能承志继业矣。顾如字,在一二世纪前自具相当价值,时至今日,实难有立足之地。(何以见得?)儿前时颇好之,后知其无用,废习已久,偏大人为爱书画之人,见儿字有可为,屡勉励之,得以稍稍复习,而仍未尝以正经事视之,纯为承欢计耳(仍要自己喜欢为好,不必勉强。俗语云:"学得系自己得,他人不能得之也")。即如起初学篆,其意不过欲稍通《说文》,实不知有所谓《三体石经》、《天发神谶碑》也。大人陆续寄下各碑,督促学习,始稍求字形之趣,而亦为承欢计耳(专为承欢,不必不必)。盖即使他日成一书家,于廿世纪有何用哉?而大人竟以是为"足补余缺憾",儿实不敢,亦不能承受也。独儿好习字,果足以欢慰大人之心,则无不愿竭诚以赴。亦因字究近个性,故明知其无用而为之,似尚胜于博弈耳。

为学习国语,在广州难得好教师,忽触动数年来未曾去怀之心事,欲乘暑假至北平一次(不必再谈,有机会自然告尔)。儿想见识,想开眼界,一月之亲身观览,定胜一年之书籍邮递(益等在平,常数月不晤一面,汝受教机会比益等多矣,所谓人心无厌足也)。想学国语,接近一月,亦胜似苦习半年。儿前略无所长,今日字成个模样,若以此求得书记一职(一月廿元),或以有四年教学经验,更求得教员一席(谈何容易),能在平逗留一年半载,是所至愿。说来虽似所求过奢,而日日未尝无此想(不必想,有机会自然告尔)。此事不提,屈指已三年馀矣。大人苟以为尚言非其时,则仍怀之以俟来日(不必怀),但一行总该有望夫。

平中各位想均安好,念念。专此,即请金安。儿约谨禀。三月廿七日(清明前一日付回)。

(一三七) 一九三七年四月四日往函

如果想学隶书,现在已有机会矣。前日检出黎二樵隶书一册(来价廿四元),甚佳,可以从此入手(查声山卷卅元,不算佳),渐追汉隶。如篆之由江慎修入手(此册民国初年得,甚廉),可以渐追秦篆也。黎隶本得之数年,久想不起,前日无意中检出,可以寄汝。只怕汝不想学,徒为敷衍我,则不必也。因学得是汝的,不是我的。传曰:"栽者培之,倾者覆之。"以为你可以栽培,遂极力供给你,非于我有何好处也。来信云云,未免倒置。现在隶书已有门路,专等汝覆信即寄。黎册外,尚有数种，为学隶必具之品，有意即寄，无意亦作罢。为我而学，不如为汝自己而学。汝果学好，我只得对人说，我有个孩子写字颇好而已，无他用神也。须知我有我之立场，不能靠孩子光荣我。我亦不如从前人，要做老太爷，我但求自己努力而已。自然你学好，我自然欢喜，但仍是为你，不是为我。来信看错，以为专是承欢，是大误也。我亦不能承受。四月四日。

收到我信，隔一个礼拜乃复，亦不必复，免我望也。

廿五日又寄粤故宫出板物目录一册，内金石拓片有红圈者，皆我所有。从前所谓重器，人间稀见者，其拓片动逾百数十元一张，今不难得。来信常称道普公钟鼎等等，吾家何尝无之，不过不欲汝学此。亦犹《书谱》所谓"何必易雕宫于云处，反玉辂于椎轮"者也。要见自然可以检寄，栽者培之，尽吾天职，不吝也。若谓书家廿世纪无用，则何为有用。我早早想你们在铺做生意，你们不愿意，今又谓做书家无用，然则欲做何等人乎？可明白告我。四月四日又白。

付归：黎二樵隶册（精）。《张迁碑册》（颇佳）。《华山碑》拓片（佳）。汉碑残石拓片六（皆精）。《孔宙碑册》。《峿台铭》拓片（不佳，以从前多人学，姑备一格）。袁篆饶君墓志。陈昭常题名。

右八种一包，挂号。

《隶辨》八册（正宗）。《高中外国史》一册。

右二种一包，不挂号。

袁篆看其软弱如灯草，而亦有小名，则以其翰林欤？

（一三八）一九三七年四月六日陈约来函 四月十三日批复

父亲大人膝下：

敬禀者，二日得接付回原信，领悉。三日得接查声山临《书谱》卷（十八元，表十二元，共卅元,非满意之品也),马君辅临汉碑(有时俗气),又《故宫博物院出版物总目》(专为金石拓片。有○者吾所有,要阅可寄),勿念。查临《书谱》不甚佳妙(是),虽笔迹宛然,因是亦难取法(不美)。一时兴起,自临数页,或纯熟差有不及之处,而点画分明(章草写法),自谓有一得之愚。《书谱》以太熟(一定要由此入),本身已露纤弱(非所强弱者,在乎骨格,不在用毫之软硬),常见临者只有更软,未有能稍化为矫健(要分清楚字之骨格,与毫之软硬无关),心窃疑焉。于是虽明知草书不切实用(此指对家俗人言)亦时时摹习,思有以自见也。王西庄撰《窥园图记》、江艮庭篆照片已得细阅。原来大人欲人补篆西庄文(是),儿不自忖浅陋,窃愿一试(慢慢试之)。因乘兴即拟成一稿呈阅,若勉强相就,则请指点明白(多写数时自佳),自觉则究竟日子浅,多有未识篆之字,须查《说文》(人有底子,比自己另写他文,容易得多),果未能担当,则过些时再算。《秦汉金文》卷三新嘉量已检阅（单卖拓本十二元，至少八元），愈看愈爱，且似曾相识，甚为面善。盖又是《三体石经》一套笔法也。反观儿所篆西庄文稿，真要撕成粉碎，从新再学，想落仍是更临几时，始为大人篆之，如何？计儿学篆日浅，虽未成功，而近日已渐生兴趣。兴趣一生，再假数时，自有可观也。

平中各位想均安好，念念。专此，即请金安。儿约谨禀。四月六日（十三日）。

隶书已找出头绪，前信已提及，想学即可寄。

清明后病至今，人极疲乏。

月底要往南京，一星期返。如果来信，可在本月廿一日以前。过廿一后则须俟五月初始可来信也，注意也。

（一三九）一九三七年四月十三日陈约来函 四月廿二日批复

父亲大人膝下：

敬禀者，昨日得接（某日）付回原信，领悉，勿念。《神谶碑》未能看出其用笔，为以隶（笔）写篆，而〔"而"圈改为"因"〕自己未曾习过隶，习隶之心，早已有之，且曾告上。徒以当时起初学篆，大人不欲纷扰其心，今来谕及此，正合本意，虽篆字仅成模样（仍要多写），而旁通隶法，二者兼进，未尝无益。且为他日学《神谶》地，亦自得计。前日友人求为碑字，理宜以隶书之，无法，强以篆充，自惟苟曾习隶，岂不更妙，于是学隶之心愈切。数年前在（某地）古物陈列馆见黎二樵一隶联，写得甚有味而悦之，以为可法，今闻有黎隶一册（精品，不同查草）寄归，作学隶入手，心之喜悦，莫能自名。其馀数种亦以先睹为快。昨接博兄信云："父亲来示谓弟大有欲做写家之意，似可达到云"，则他日果能成为写家，虽由自己个性接近，实乃大人栽培之效也。至于廿世纪书法究有无价值一点，姑不具论（说不得太长远，百年内不至毁灭）。总之学成一事，亦足自乐耳（宗教、美术、文学、园林、音乐，皆为人生不可少之品)。教书教极教初中,努力求上高中,乃目前想做之一等人。将来有著作,乃日后想做之一等人。譬如写家,苟无学问为本,直一字匠而已。若为名人,书法不必佳(此另是一事),无足而走千里,能不有感乎?前时大人叫儿在铺做生意,当时年少无知,重违尊命,今日思之,心常戚戚,其意非谓在铺即有何种觊觎也(在铺亦可读书,亦可成学),究是祖业,先人所遗,为子孙者义应如何爱护。乃数年间竟无数目公报〔"报"圈改为"布"〕,其中必有事故矣。苟为不可收拾者,将何以对先人经营之苦心乎?今日不能有所问,即问亦无所答,竟如局外之人,是以甚悔不从大人之言也。

平中各位想均安好,念念。专此,即请金安。儿约谨禀。四月十三日(廿二日付还)。

再者,"帷"、"冰"二字无抄错,江篆作□□□□也。

连下读,查字典,"凝"字亦明白。

赵孟頫说:昔人得古刻数行,专心而学之,便可名世。

（一四〇）一九三七年四月廿四日往函

广州越华路、择仁里、九号，电话一二三九八，有山南画社，征求学员，星期一、三、五，日夜各一班，星期二、四、六，日夜各一班，日班上午八时至十一时，夜班下午六时至九时，其主持者为赵浩公、卢镇寰。吾欲查1.二公何处出身，2.各有多大岁数，3.学员共若干人，4.此社开办有若干时。四月廿四日。

（一四一）一九三七年四月廿日陈约来函 四月廿五日批复

父亲大人膝下：

敬禀者，昨晚得接（某日）付回六日原信，领悉。儿既预备学隶，对草书之兴味顿减，诚（"诚"圈改为"因"）已有更好之代替物也。而于草书之意见，又略与大人不同，以为草独体为原则，相联为例外（笔画相联，非谓形迹相联，乃神气相联，前函勿误会）。古语草贵能断、能停顿、能留是也。证之《书谱》，相联者不过十一，独体者居其十九（神气相联，则斜横□入均可。神气不属，则个个正当，亦只如排竿，有形无气也，注意此节为要），且要联不难，写时略快，顺笔作势便成，基本工夫，尤其是临帖，仍贵乎笔画清楚。若"未悟淹留，偏追劲疾"，则虽成联体，反见纤弱耳。而近世书草者，每沾此病，要之计所见如《澄清堂帖》、《十七帖》（《十七帖》亦多散句凑成，非原文），无不独体为形而只间有作势隐隐相联者，相联非草书所尚也。抑或儿所见未深，将有所误耶（所说是。前寄来草书神气不接。今试打一中线，俾自观之。须知《圣教序》为前人不满意，亦是因神气不属，因本系散字集成也。若出于一手写成，不能如此。所谓章法，所谓分行布白，皆指神气相联也）？因是自疑。况大人之言，必有根据，以是暂辍习草，代之以隶，正为得计。

（行书最要，最有用，最美。楷次要。草、隶又次之。篆又次之。此指用处。行、草只宜施之笔札，若擘窠大字，非楷、隶不能镇纸。故学隶亦好。）

昨见心愉丈，云"执笔覆信援庵者再，已成篇而总未结尾，性实疏懒，祈先此致意"。

转瞬又是暑假，辛姊之事实为担心。（爱莫能助，奈何！）剑泉兄因病闲居已半年，辛姊操作服侍，亦日见体弱难支之势。罗家事顾不足扰大人之心，而辛姊可能于暑假后为得一职业，则幸甚幸甚。

大人既南至南京，亦将反乡一转否？甚愿膝前叙乐也。平中各位想均安好，念念。专此，即请金安。儿约谨禀。四月廿日（廿五日）。

我卅晚入都，五月七日可回抵北平，三四两日开会。

草书不可不学，不必因前函而顿止。既有学书天分，正如百尺竿头，一气学好。如此则篆、隶、楷、草无不能，亦大足乐也。我见汝有可能，故以此勉之。若无底子，我亦绝不叫人学做写家也。我有一陈独漉隶条，亦极精，迟日或影寄汝。

隶先从二樵墨迹入，次学《华山》，学残石，均可。比写行草易得多。

（一四二）一九三七年五月一日陈约来函 五月八日批复

父亲大人膝下：

敬禀者，昨日得接廿二日付回原信〔添一"及"字，并批："及"字少不得〕廿四日手谕，领〔"领"圈改为"敬"〕悉，勿念。同时又收到黎隶等挂号件一包，而《隶辨》等一包，则前日寄〔"寄"圈改为"已收"〕到〔此处原有"矣"字，后删。批云：删"矣"字，须加"已"字〕。黎隶信为精品，尝谓书法忌太熟，必要有几分生，然后古拙可爱，黎书便以是见胜。独〔"独"圈改为"但"〕每有落笔头一点，如方宗等字，则〔"则"圈改为"似"〕未免强硬。而〔"而"圈改为"每"〕竖之收处，亦间有尾大不掉之势。而〔"而"字删〕整体观之，瑕不掩瑜，俱〔"俱"圈改为"究"，并批："俱"即"皆"〕皆可法，至少无时俗气，尤为难能。字形逼近《孔宙碑》，想为其所从出。袁篆软弱，学圆体不成之失也。《华山碑》，前时已寄归一套三册（长垣本，四明本，华阴本），此次之拓片，想即长垣本石（是阮翻刻），不过更佳、更清楚。汉碑残石甚可爱。学隶有此等作参考，黎隶作课本，稍自黾勉，不难上手。山南画社事，查明奉覆〔"查明奉覆"前添一"俟"字，并批："俟"字少不得〕，大概大人想儿习画矣。本有是心，果有好机会，学成此艺，亦大快事。大人云江慎修先生篆出《三体石经》（以其形似），又云《三体石经》最近出土（寄归之数片，是最近出土），不知江先生究曾见之否？（当然未见）儿极愿再得石经一分，襄衣裱而习之（闻开封图书馆有拓本，一时不易到手），以求变□谋进一步。近者日夕对壁玩赏，兴致益然，就

〔"就"圈改为"但"〕恨不能置诸案上,以供临摹矣〔"矣"圈改为"耳",并批:"矣"字误用〕。今日学书,他日学画,同时更习诗文,自是一路工夫,但不知诗文又如何入手耳(凡学先专一家则易成,但入手不可误入歧途耳)。非是所望过奢,书画必须文学相辅也。但似言之过早,而实乃心之所愿也(一步一步来)。

廿六日接博兄转益兄十六日来信,知大人十四日起发高热,十五日始渐退复原,计十三日谕"清明后病,至今人极疲乏",则十四日为再起矣(两样病接续来,睡床数日,为廿年来所未有)。昨日来示并未提此,则知已康健如常为慰为慰。接此信当在南京回平之后。朱校长以事十日前溯粤汉平铁路北行至平,将访大人云(余八午到平,未见到),若其时大人南京未回,则不遇矣。

平中各位想均安好,念念。专此,即请金安。儿约谨禀。五月一日(八晚)。

再者昨寄四月分所习篆十一纸,祈查收。

此信文法有不妥处,注意。

又汝所有有正本《书谱》,系哪一种?复我。有正有二种,一价四毫,一价四元六毫,廉者是拓本石印,贵者云是真迹影印。

(一四三)一九三七年五月六日陈约来函 五月十四日批复

父亲大人膝下:

敬禀者,五月二日得接四月廿五日付回原信,领悉,勿念。书法贵神气相联,此章法也(整篇谓之章法。余前所论者系行气。今付回白沙先生诗轴影片,廿八字作廿八画看,全幅合成一字。故"春"、"日"二字明明缩入,而不觉其缩,"头"字明明突出,而不觉其突。此所以神也。此之谓章法)。草书尤要。儿习草不久,现正斲斲求字形之逼肖,尚未暇追其笔迹始末之势,更何能便拟章法行列乎。前以未悟大人之意,以为所见不同,一时颇自怀疑。今接来谕,顿明旨归,实是儿工夫未足，非彼此意〔"意"圈改为"所"〕见有异也。连日学隶，虽未及皮毛（颇有模样，但笔画粗细太分明，应将幼画改大），颇恨习之之晚。盖以篆笔致其骨，隶笔拓其肉。篆贵乎束其中锋，隶在乎挞其全豪，收放方圆之间，固书道三昧。未曾习隶，不知此乐（专习黎墨迹一种，数月后乃他习则易成。目须多看，手要专习，植基要紧，基固则可放肆也。所谓他习者指他种隶也。若今日写篆，明日写隶，后日写草，不算他习）。二日接博兄信，云托大年弟带粤《澄清堂帖》一册，月初即到，故日候一日，以便收后复大人，但迄今未到。博兄又云，阅后挂号寄北平，则心更急（不必急急，听信再寄）。若非此帖太矜贵难得（颇难得），不宜留粤，即为借自他人（非）。以儿学草，因令一阅，故须寄还，然彼何迟迟其来也（此盖是博意，留数月不急也）。

山南画社尚未查复，何也？

平中各位想均安好。专此，即请金安。儿约谨禀。五月六日（十四日）。

此信九日乃到，何也？

（一四四）一九三七年五月十五日陈约来函 五月廿日批复

父亲大人膝下：

敬禀者，即接八日付回原信，敬悉。前日得接博兄寄来〔下加"博文堂影印"〕南唐拓《澄清堂帖》，细看似尚不及家中（删去）有正珂罗版印南唐祖拓澄清堂本（各人看法不同）。儿不知鉴古，就书法论，则前者〔"前者"改为"博文本"〕每有缺而妄增，无中生有，不合笔路之处，神气亦大不如，不知其矜贵处何在？愿有以开解茅塞（看法不同）。家中《书谱》系四毫本，其四元六毫本，太贵，未舍得，但曾借观，果然尖利可爱，异日当与怀素自叙（七八元）（怀素能如故宫本否？二元五，五扣）一并购之。山南画社事（已）查过，然不甚详，只知赵（台山人）、卢（不详）二公年均五六十左右，因到社二次见不着人（时间不合），俟再查后覆。入社想暑假后始能进行，因时间冲突，晚上在青年会学国语（教员赵宝如，北平人），正紧也。

大人改回原信，时时留心，早〔圈去"早"〕已有年馀，尚未得通顺，文法常有不妥处，固由文章非比别门，抑亦自己心拙耳。除留心改回之原信外，尚应如何补救（留心是也）。

内藤虎书法似出自赵文敏（自云出《圣教序》），不知在彼邦书名如何？（大名）难得有中国（唐人）味，又有许多结体像博兄。〔"像博兄"改为"与博兄同"，并批：内藤若在，有七十馀岁，岂能像后生？〕跋内王损庵之"庵"字等，简直难辨，想笔路相同，偶尔相合。儿学字受博兄影响最多，故认得甚真。《澄清堂帖》，俟得大人有谈及此〔圈去"此"〕之信，然后寄平（慢慢听信，不急不急）。平中各位想均安好，念念。朱校长本拟至平，中途南京，突以其子失踪折回。此人圣心会计也。此间盛传与校财政有关,颇为震动。下学期变化如何(因朱校长早已有意不干),各有各之臆测,儿以所求不过数十元,颇超然局外,静观其后。闻秉钧兄极活动(本有可能),则更不敢惹之矣(听其自然)。专此,即请金安。儿约谨禀。五月十五日。

日前以尔篆书示一能篆之长者,颇夸许,但谓少年人不应多用渴笔云。应注意。

前信言写隶要挞得开,颇有见地。但来隶尚未挞得开,应想挞开之法。

莫天一丈、汪丈及其令弟,有何新闻?久不知消息也。廿日。

(一四五) 一九三七年五月廿二日陈约来函 五月廿七日批复

父亲大人膝下:

敬禀者,前日得接十四日付回原信,敬悉,勿念。山南画社事,昨曾再往查询,始得见卢镇寰先生，云社已开办三年，有学生廿馀人，即已取得章程奉寄（收到）。儿前时曾自起兴习画，从师不慎，几自贻累。盖艺人〔添"不能"〕固穷而易无行（《论语》"君子固穷"，谓耐穷也）。故今日〔"故今日"圈改为"必"，并批："故"与"是以"同意〕须慎择之，是以迟迟，似未有意而负厚望（此句不明。凡文笔不能达之句，不如用白话，免阅者不明，耽误时日），但不知赵卢二公果可从否耳。查过此社若可入，当先注意水墨画，以与书法最接近也（画易于书）。白沙先生诗轴，前时曾在九公处得见，因九公接到此诗时，颇有不识之字，特召儿往为解说。今以此作章法之例释，比初见又增一翻新意。盖前次并未将廿八字作廿八画看，现顿有所悟矣。晦闻先生书签，拙朴可爱，前言书法须有几分生与拙，此可云得之。

《澄清堂帖》（博文本）曾再三细阅，始终未见其佳处，岂以其木刻不比有正本之石刻耶（木刻比石刻进步，不过气味不甚同耳）？儿已试将自己以为可疑者列出之，校之有正本，彼则尚有线索可寻，此则不免有误矣，抑其所贵不在乎是？（此帖罗氏售与大西氏，价钜万，后有人诉其伪，致罗氏不能居东京。此民国初年事也。大西氏得此帖，名其斋曰"帖祖斋"，其宝贵可知也。今汝云看不出他好处，或者是汝之眼力特高耶？）但笔势先后既有可议之处，神气又不尽相属，将终损其值欤？叔言先生以之寄诸异国而讳言天下之宝，当与天下共之，不大有可惜之意，异矣〔圈去"之"、"诸"、"讳"三字〕。

平中各位想均安好，念念。专此，即请金安。儿约谨禀。五月廿二日（廿七日）。

朱校长之事，下文如何，亟愿知得。凡写信要记得下文。

鞠圃先生近有何议论？

珍幹有见否？楠叔之事（指广梅副工程司事）如何？有变动否？念甚。

（一四六）一九三七年五月廿八日陈约来函 六月三日批复

父亲大人膝下：

敬禀者，昨日得接廿日付回原信，敬悉。天一丈以无由拜谒，不知近况（一打听便知，何其孤陋也）。汪丈亦久不会见，但闻将与金姓十一姨结缡，现仍在禁烟局当职。其令弟素无过从，不知何似。其子前此常到生生，盖甚赏识雪妹，而雪妹已与慎馀丈子尚农，去岁自德国回来者，往来极密，故彼近已绝迹生生。儿近日专临隶书，意欲学至与篆书一样程度，始双管齐下（可）。此乃兴趣所至，不得不有所取舍。至于"隶要挺得开，有其意而未能形于事"者，关乎用笔未定方法，盖隶笔须锋向己身（适与行草相反），此习俗相传。大人亦曾以是指教，本无疑问，独儿欲本执笔一贯之理，执简御繁，无论楷、行、隶、篆，均以正锋出之（执笔一贯，用笔则纵横使转，不能拘泥一法矣），此为一种试验，篆楷行既已行之而不失规矩，故隶亦决一尝试（应用正锋或偏锋，惟其宜，不能执一）。今竟未挞得开，岂真须转用笔方法乎？常见鞠普伯执笔方法多矣（二樵册、独漉片曾示鞠翁否？对此有何批评？另独漉一片，可作汝出心赠之。独漉名恭尹，岭南三家之一也），用笔方法繁矣，然不免有可疑之处。古人真如是不惮烦，写一体字转一种执笔，换一种锋向耶（执笔一，用笔不一）？卫夫人传羲之，羲之传献之，虽不知其方法究如何，岂不是只一种耶（惟其宜，不能一定，所谓适者生存也）？心疑未定，姑俟将来。又观人作隶，每好作如下之半跳笔〔此处原有手绘图〕，云是有力，二樵先生不免，抑何故哉？想必有其来源。独心以为不然耳。篆书多用渴笔，早知是病，当力改之，今日暂专隶停篆，意者《三体石经》残石重行找得寄下时为复习之日欤。

是年暑假，已定至广西一行（承广西友人之约），昨日忽来命令，教员须军训三月（六月起），

（某日起？何日止？集中何处？能通信否？）兴致索然。机会一失，恐成过往矣。又教员须检定，（如何检定？考试乎，抑凭资历审查也？）儿未教过高中，以后进上，想不易易。

平中各位想均安好，念念。专此，即请金安。儿约谨禀。五月廿八日（六月三日）。

楠叔事如何？甚念。雪妹有游美消息，汝知否？幹有何新闻，在省住何处，有见面否？

宁远子弟中后起者有英俊否？

石头陈氏有新起人物否？昇隆堂后辈如何，有可注意者否？十年树木，百年树人。近五十年来，石头竟无驰骋中原之子弟也！

辛近状甚窘，奈何！

（一四七）一九三七年六月四日陈约来函 六月十日批复

父亲大人膝下：

敬禀者，昨日得接廿七日付回原信，敬悉。朱校长以子失踪，至今未有头绪〔"头绪"圈改为"下落"〕，形容憔悴，颇怠于事。前信云传闻此事与校财政有关，但尚无实证，而两郎舅〔圈去"两"字，并批：一郎一舅，自然是两〕（校务主任刘祖禧）交哄，形势显露，校中颇分为各派，互相倾轧〔圈去"颇"、"为各"〕，然此固其一端耳。其初失踪，校长不在粤，巍主教闻而下命银行禁支圣心歀〔圈"歀"字，并批："款"正，"歀"俗。应查字典，一七画，一八画〕，此所以大传其与校财政有关欤〔"欤"圈改为"也"〕。至真相如何，尚待证实，但由家事变作校事，已有可能之势。暑假既要军训（每日二小时）及学国语，乃不作别想，愿以馀暇读史，欲大人寄归赵翼《廿二史札记》、《陔余丛话》、王鸣盛《十七史商榷》、钱大昕《廿二史考异》、章学诚《校雠通义》等〔圈"欲大人寄归"，并批："删此句改入下文较近情理，且上句有'愿'字，此句又有'欲'字，亦嫌复。读书是自己事，完全要父亲供应乎？抑视为'为父亲读'也?"并在《校雠通义》旁添"如有副本,欲大人寄归一二种"数字〕。

隶书打格,依照黎式,所以局促,不关格事(试改阔的如何?似有关)。旧时学篆,大人意气勤恳,兴致盎然,今回习隶,似不如前(究竟是你事,抑是我事?是你不如前,抑说我不如前?不甚明白),当是儿对此天分较低,不能惹起趣味(若听我话,则仍然要将格改打。六行打五行,试一试如何,再改回六行未迟)。抑隶为字之进一步者,不如篆之易上手?又细观黎隶,似非健豪,岂欲笔锋"挞开"(此"挞开"二字,是你说)须用软豪耶?不然便是锋不向己〔下添"左边"二字,并批:南辕不能北辙〕之误矣。其事愈难,其志反坚(难能乃可贵),不敢自馁,将力求其故。"恭尹"(独漉)先生隶,似颇雄阔,未见高妙。

《澄清堂帖》,但就临池选帖言,宁选有正本耳,非对博文本有何高见也。但因此知其间有一桩公案,则疑其伪者,必有所据,其事亦有文章

〔"文章"圈改为"记载"〕见存否？可能〔"可能"圈改为"甚欲"〕一阅。

珍幹曾见多面，已定日期结婚，偏对家丧母，因延搁〔此句改为"幹弟曾见多面，已定婚期，因女家丧母延搁"〕。最近离粤，云至南京找事。楠叔事虽有见九公面，不见提起（广梅铁路副工程司事如何？念念），待查〔"查"字后添一"明"字，并批：有可省之字，有不可省之字〕乃覆（置一人在粤，为知粤事。乃完全无用，一点消息都不知到。自动报告固然无，即属查事件，亦每每数星期不得要领，有何用处）。

入画社事，拟暑假后再算。画人颇有相识，慢慢查明，然后进行，但总自疑在广州难觅好教师（借以入手，仍在自己）。

菊圃先生不大知儿好习字，即常与论书，亦因彼此是国文教员，易以为题耳。昨见为学生写纪念册，颇赞儿有碑帖味。

平中各位想均安好，念念。专此，即请金安。

儿约谨禀。六月四日（十晚）。

钱梅溪先生隶书，清朝第一。今寄归《问经堂帖》四册，最便临摹赏玩。学之当于隶大有进步也。

凡有询问事件，应即查复，不要自私自利，专顾住自己。即使写得好字，亦是自私自利，无用人也。

"儿甚欲得《廿二史札记》等，不知何本好，大人如有副本，能赐一部否？"如此措词，岂不较妥？教国文之人，应善为说词。

（一四八）一九三七年六月十一日陈约来函 六月十七日批复

父亲大人膝下：

敬禀者，昨日得接三〔圈去"接"，并批：丧事买水，北平人谓之"接三"。"接"、"三"二字连用，北平人忌之〕日付回原信，敬悉。楠叔事已问过九公，云广梅工程已完竣，楠叔将日间反抵广州。(仍不得要领。此间所闻,工程司已换人,故屡函打听。今云完竣,究竟已换人否?楠叔犹任职否?)又云宁远后起子弟,要算国怡、幹、宁等(九公誉子,真不客气)。石头未有新起人物,尤其是昇隆堂暗淡不堪。

军训令已下,但未定实期,有十七八日开始讯。每日二小时(早六时至八时),地点未知,大概就在圣心(当初误以为集中军训,故问能通信否?今始知非集中训练)。此次教员检定,系凭资历审查,曰无试验检定,办法纸附上。儿虽未教过高中,若"教学经验"单指曾教过书言,尚有上达希望。但各校下期教员,多已聘定,圣心摇摇不定,令人有生活不安定之感〔二"定"字,圈去末"定"〕。不想数十元薪水,亦要患得患失,未免丧志(殊可不必,只要问心对得人子弟起)。然非如此,将不知觅食之难。

雪妹留美事不成矣(可惜)。

二樵册、独漉片,曾示鞠普先生,云黎隶出自

《礼器碑》（只可云似），得一秀字，然太生，尚不及独漉厚重与汪芙生（即希文丈之伯祖，名璥）能深入汉隶。问何以不直习《礼器》（此话有理），答欲先求笔迹（此话亦有理），但彼仍劝直习汉碑为是。顺便示以儿所临隶，极赞笔底好。

辛姊日以眼泪洗面，人生至此，极矣！北平若有可容身处，（小学教员之类）（此是梦话，粤语何能教北童？）暂离苦境，庶几稍得苏息。

平中各位想均安好。专此，即请金安。儿约谨禀。六月十一日（十七日）。

隶日见进步，然未知何时能转用隶笔，或试为之，何如？

《神谶碑》以隶笔作篆，即用方笔写篆也。今必欲以中锋作隶，是欲以圆笔作隶，汉初期（即篆、隶交界时期）隶书有之，后渐成为方笔了。更后则写篆亦作方笔了。今乃欲反其道而行之，亦一经验，但恐进步迟耳。

（一四九）一九三七年六月十八日陈约来函 六月廿四日批复

父亲大人膝下：

敬禀者，昨接十日付回原信，敬悉。《问经堂帖》同时收到，勿念。学隶得此，帮助不少。梅溪先生书法独到，不愧名家（维启公①行楷学钱梅溪，此吾家家法也），独漉隶儿看不出高妙（因系粤名人，故寄汝，非谓其高妙也。独漉本不以隶名）。鞠圃先生则言浑厚有力（此语是），深入汉隶，远胜黎书（只可谓之不同格。胜不胜，无凭据。黎隶亦不如钱，所以属汝从黎入手者，一因家中旧藏此帖，二因系墨迹，三因系粤名家，四因从此入手，谅不至学坏）。儿所临隶局促，果与格有关，则将改阔之。

读书是自己事，非完全要大人供应，当时未顾

---

① 维启，援庵生父。

虑及此，一心欲得较好板本耳（何不写明？殆因笔拙）。儿胆怯，怕见人（要改），家人朋友，非因公事，甚少往来，致大人有问，不能应对〔"应对"圈改为"对答"〕，谈必为己，迹近自私（专顾住自己，即系自私），真无用人也。一向不自知，今愿改之。儿篆书多用渴笔，楷书收处太微，俱体弱胆小所致（《乐毅》、《黄庭》，翻刻者再，故收笔钝，非右军书本来如此也）。故非不欲见人，见则心震，每失常态，不如少见也。（君子内省不疚，夫何忧何惧？）十年前大人回粤，见儿与家人寡寡难合，说儿自外生成（上当）。今日又如此，则由来有自，岂心愿哉（改之）？

楠叔前日已反抵广州，昨往访不遇（问他自己，亦不得要领。此等事应从旁打听。凡人失意之事，不一定告人也）。

雪妹与同学多人北上考察，六月廿九起程，到平时，对粤事当有详报（与同学一齐行动，晤面时当甚少）。

最近振文被振德挤出象伯写字楼。曲直，父老难分，振德以势占胜（贱格！兄弟争利，争到手，贻子孙，子孙又有兄弟，代代争，如何得了。此不读书之过也。只可谓之贱格①）。

大姑姐女阿英表妹三月二日出阁，五月十九即丧夫，大为悲痛（奈何）。平中各位想均安好，专此，即请金安。儿约谨禀。六月十八日（廿四日）。

容与同学十馀人，今晚登车赴沪，转船回港，住港三叔处数日，将往省，大约在生生可见面。彼喜欢物理工程一路，不甚好文科也。我与你讲话时候，比与他讲话时候多得多。你每星期一函，他每星期不一定回家，回家未必细谈能如通信也。故汝受教训时比他多。所谓数见不鲜也。细察自觉。

（一五〇）一九三七年六月廿六日往函

廿四日付回十八日来信，又付《廿二史札记》

---

① 贱格：下贱。

一部八册，想收到。庐山谈话请柬，昨日收到，不免要去一回。而现住之屋已易主，七月廿一日到期，非搬不可。书多，搬家甚不易。庐山会期，七月十五至廿三，则非先搬家后不能往庐山。今日尚未觅妥屋，着急之极。大约至迟十号应各要起程，十号以前要搬好家。如有来信，在未定新址以前，可寄"北平辅仁大学陈校长援庵安展"。庐山为我祖景夷公旧游之地，甚欲一访遗迹。

益日间亦往庐，因北平中学校长互选三人赴庐受训，益适当选也。他去比我早，回比我迟。六月廿六日。

（一五一）一九三七年六月廿四日陈约来函 六月廿九日批复

父亲大人膝下：

敬禀者：昨日得十七日付回原信，敬悉。昨见九公，云广梅工程事，国楠自有信垣哥矣（未见）。言下彼亦似不甚明白内容。

临隶至"登"、"迁"、"满"等字，常有细画者，黎帖本如是（是黎弱点，不必效之），实明知之，一时不及改耳。又黎帖有结体松散者，此鞠普先生所谓"生而未能深入汉隶者"欤？写隶须笔锋向己，闻教而试为者数矣，但运笔既用侧锋，执笔便须易法，此实验所得也。为维持执笔一贯，故试之以中锋。今知如此将"恐进步迟"，则不得不改弦更张。是以书道得见真迹固一要件，而得见名家即席挥毫，亦不可少之事。世之执笔图，运笔法，不免纸上谈兵，难以案图索骥。儿以未尝目击名家作隶，故姑从己意，暂以中锋出之，而有所候也。格已照谕拓展，自亦以为能稍伸张。

廿三日起军训，（同受训者是何许人？是公务员训练，抑国民训练？）本周上午六时至八时，每周时间或有更换，换则为下午五时至七时，共训百二小时，三月课毕。本队汪宗洙（字道源，希文胞兄）为长。今日乃出操之第二日，奇形杂出，颇示国民弱点。举动不灵者,身体羸弱者,不知团体生活者,处处而有〔"而有"改为"有之"〕,由此而言,儿固一活泼青年矣。

圣心情形纷扰,下学期竟不知如何。若为见机者,儿似应早早打算,因校长若不干,固无论已;即仍旧下去,照同事所推算之阵容,亦只有〔添"益"字〕加其不稳,不能对校风有所整顿也。儿在此四年,校风以今年为最劣,学生之嚣张,对教师之无礼,讲堂内之喧哗,考试场之挟带偷窥,种种不一而足。然而致此者,二刘(校务主任祖禧、训育主任透源)先生不能辞其咎。日与学生于妥协羁縻之途〔"途"圈改为"中"〕放任而纵容之,不能临之以威,而〔圈去〕服之以德。滥收学生,致见查于教厅,其事今仍〔"今仍"圈改为"至今"〕未了,此滥收之学生,高中一年级生,全校扰动之中坚也。二刘一为之〔圈去"为之"〕教英语,一为之〔圈去"为之"〕教国文,不能餍学生之望,而唯以手段笼络之。是以好学生自爱而转校，所留者于是清一色〔"于是"圈改为"乃"，并批：上句有"是以"，则下句不能用"于是"〕。梁教务主任，稍有振作而见排挤，下期有透源先生转教务，而以一丁姓者补其缺之讯，盖利其领有检定训育之资格，且颇识教厅中人也。但老丁在同事中有"蛇王"（"蛇王"二字不解）之名，其为人可知。如此阵容，谁不谓危？况聘书至今未有消息，到时烧炮，或只与三两钟点，是意中事。非儿与彼等有意见，但人必先其亲友而及我，则临期上不到天，下不到地矣。儿仍甚愿作教员，在此情形之下，应如何处之，敬希指示。（圣心局面如此，暂时听之。圣心外有途径乎？）

辛姊在北平多年，应识北平话，儿以为可教北童（此事绝无希望，不可能，不必再提。请在粤着想可也）。平中各位想均安好，念念。专此，即请金安。儿约谨禀。六月廿四日（廿九日）。

余七月十号前搬家，十号左右往庐山。此信不必复，直到七月廿日左右再来信可也。

（一五二）一九三七年七月一日陈约来函 七月十日批复

父亲大人膝下：

敬禀者，昨接廿四日付回原信，敬悉。昨为幹弟往教育厅声请中学教员检定，遇汪宗衍先生，彼就在第四科办工〔"工"圈改为"公"〕。以大人曾问其近况，因与倾谈，彼云几不相识了，你老太爷好？我四月尾接他信，五月初曾有回复，谅已到达了。儿知其叔祖善隶，（是叔祖抑是伯祖？）问其家藏多少，承约日往观，但不敢造次，谨候谕再算（可去。少说多听，是初见人第一法）。

雪妹今夜十时粤汉车北上，将先至平，在彼〔圈去"在彼"，并批："彼"字不甚妥〕停留十日左右云（平汉车不通已三日）。

容弟南反〔"反"圈改为"返"，并批："返"较通俗〕，先得讯于三叔，再于（"于"圈改为"得"）益兄来信，今又得手谕。兄弟不相见早过

〔"早过"圈改为"已"〕十馀年,现有叙首机会,喜何如之!独以未尝相处,难免客客气气尔〔"尔"圈改为"耳"〕。

前日寄上儿所临《圣教序》一册,初作书籍寄,邮局不允(搬家,物件未收拾好,俟收拾好再寄回),便当信件付上。此册非一日临成,每日闲暇执笔摹拟,积而有之〔"闲"改为"以","执笔摹拟,积而有"圈改为"时为",并批:一句删去五字,意义并未欠缺,注意注意〕。第三页有一字不明,"投其旨趣",不知《圣教序》有释文否(行楷何须释文?且《圣教》有褚河南写本,楷书,亦作"投其旨趣")?能设法嘱人钞下一分否?记前时与博兄论此,如第九页"圣教缺而复?"(下句福仄,上句应平)博兄云"会",儿云"全"。第十一页"弥益厚?"博兄云"顽",儿云"颜"等,都未断定,若有释文,一见便知矣(何必)。又此册一半为端仪姊(何人?)学字而设,因初临《圣教》,每不晓其笔势,故作一榜模,以为较便写成,先寄大人一阅，可行，然后与之（颇佳。但钩捺每轻微无力，自己觉得否？学隶以后，或可稍进）。

近日临隶已改笔锋向己，写落，未尝不便，将来或更顺遂。当初总是自己执拗耳。专此，即请金安。儿约谨禀。七月一日。

连日搬家忙乱。十日批复。

（一五三）一九三七年七月十日往函

《史通·叙事篇》讥《汉书·张苍传》"年老口中无齿"六文成句，而三字妄加，谓可省"年""口""中"三字也。故《史通》又有《点烦》之篇，如年老口中无齿，每日闲暇执笔摹拟，积而有之。〔超按："闲"改"以"，"执笔"改"时为"〕齿必在口中，举"齿"而"口中"可省。临摹必执笔，上句有"临"，则"执笔"二字为赘。譬如问人"食饭未曾？"曰"口中食饭未曾？"岂不可笑。"执笔"云云，与"口中"何异？举隅三反，思过半矣。廿六年七月十日。

（一五四）一九三七年七月三日陈约来函 七月十日批复

父亲大人膝下：

敬禀者：前日奉上一函，想得察阅。昨得六月廿六日谕，敬悉。卢〔"卢"字改为"庐"，并批：先生写白字了〕山名胜所在，此行虽为公事，亦便于游览也（今日平汉车仍未通，何日去未定，下信再详）。

昨偶经字画店，见芙生先生隶一幅（临《礼器》，本四幅，失其三），（何以知其原本四幅？）爱之。虽非全璧，利其价廉，以小洋二元半得之，观玩一夕，微嫌其纤弱，然极老练，不失正宗。前数日始谈及此公，今便见此，喜悦可知。

圣心校长以子失踪（"踪"字似不可点句），未有着落，且本不大留意校事，近一发〔圈改为"更"〕尽付权刘婿。刘氏好弄聪明，由滥收学生事可知，其行政大抵类是。故校誉日落，下期阵容又如前信所云，则更〔圈改为"益"〕增其不稳。况儿在校四年，所职不过尔尔，固因自己无才，而校长亦不算见知矣〔"而"、"矣"字圈去〕，故不得不作一〔"一"字圈去〕打算。昨日遇伦有守世兄，知哲如丈最近回粤（闻哲丈七日已南下），而国民大学吴在民先生（何职？）是大人相识（似不相识），若得丈介绍，在彼附中找一教职不难。如是，则圣心之去留，可由自择，心较安定。此一方面为生活，一方面雅不愿同船而目击其沉又不能救也〔"而"移"沉"后，圈去"又"字〕。

大人常引《论语》"不愤不启，不悱不发"句，儿深感激矣。由此次教员检定章程特有一条，曰"有著作者"，大人批"有意思，所谓'反求诸己'也"，而亟欲从事于此，但不知如儿者，亦能上手否（不易）？抑著述必须要自己聪明，或藉人指导亦可渐入其门否〔删"渐入其门否"〕？儿近卅〔"卅"圈改为"三十"，并批：有时可用"卅"，在此处必须用"三十"，因不成句法也〕之年，一无所成，虽性颇近文史，而只涉猎，学而不思则罔，此之谓也。然过去者过去，从今作好〔"作好"圈改为"发愤"〕，似未为晚，请大人指示门径（自找麻烦），如何预备，就是再过若干年始能下笔，亦不以为难。大人亦将感其诚而教之乎？

平中各位想均安好，念念。专此，即请金安。儿约谨禀。七月三日（八日收到，十日批复）。

再者《廿二史札记》即刻（"即刻"圈改为"已"）收到，勿念。

能将此书点读一回，于史于文，均有裨益。点读一二卷后，有何意见，再来信说，即著述之基础也。著述何可轻言，先为著述之预备，则未尝不可。

（一五五）一九三七年七月十九日陈约来函 七月廿二日批复

父亲大人膝下：

敬禀者：六日得接廿九日付回原信，十五日接《吴渔山先生年谱》等二册（岑先生文不看，又白寄一回），今日接十日付回原信，勿念。

芙生先生隶，末有"摹汉碑四种"，是以云"失其三"。容弟已见面，相叙甚欢。闻华北事极为悬念，但以司空见惯，大家态度镇静（我接航空信，以为因此挂念北平，阅下去始知为伦老丈耳，非为北平战事也。自私自利至此，不觉为之叹息，为之失望）。

儿前信有赘语，大人举"年老口中无齿"为例，详加说明，不由不开悟。儿文字浅陋，对于著述难怪不易上手，然黾勉求为预备者〔圈去"者"字〕，将来即著述不成，今日多读点书，已先获其益。凡事有系统易见功，散漫难为力，以前空过日子，从此应求有所专长。《廿二史札记》阅过二册，而未全点，当从新再造。儿字"钩捺每轻微无力"（此专指所临《圣教》言耳），自经提示，已再三留意，奈不觉间即故态复现，岂真气力不及此欤〔圈去"此"字〕？

圣心以校长子失踪，竟闹出事，情形见附报。

现虽告一段落，而尚未有〔"未有"圈改为"无"〕以善其后，以教育界中人闹此儿戏之举，可怜可笑（朱氏父子乃一孳孳为利之人，故有此笑话，非教育界人也）。儿以梁叠峰氏旧日先生，今时〔"时"圈改为"日"〕同事，相处有年，信其无辜。且其母老妻弱，号哭求援，眼见无人为助，心实不忍。又以与校长素无异言，宾主相得，且知其念子心切，虽强出此，设成苦肉计，以求其子回家为过火〔圈"虽强出此，设成苦肉计以求其子回家为过火"等字，并批：苦肉计系自己受苦，此处用得不当〕累人〔"累人"前添"误会"二字〕，但情尚有可原，处此二者之间，至为不易。终以人命为重。梁氏体弱，几一再瘐死狱中，于是勉为其奔走，目的在先保其出狱。对校长未尝稍存〔"存"圈改为"有"〕敌意或妄敢造次也。今事已大白，成过去矣。独圣心自此校誉更落，殆难支持。儿前信言哲如丈回粤，求大人转请其设法。以丈识人之多，又亲身在粤，一出手，不难在国民大学附中（吴在民先生校长，张香甫先生院长）、勤勤附中等校得一教职，则圣心之去留，可自择矣。昨承有守兄之介，得见丈一面，丈亦知圣心之不足留，儿特不敢造次，切实求事耳。然丈意甚诚，云庐山谈话会完毕，各人返广州，必为设法。儿本求一谒，预为后地，实未料便及此，殊觉惭慄。谨请大人来书为一言（航空信目的在此，甚矣自己事要紧也），俾丈切实为助，庶几减轻儿之唐突，与不事先通知大人之过。若得大人书见丈，辛姊事亦希得一解决。当日（十六日）见丈，秉钧兄同往，盖儿识有守兄（在二年前），彼之介也。

平中各位想均安好，念念。专此，即请金安。儿约谨禀。七月十九日（廿二日下午五时到）。

隶书恐信过重，停一次。又禀。

如果再见伦老伯，可云"家父有帖候老伯"，作为我叫你的。至于应说何话，除太寒尘卑鄙之话，慎重言之。有效与否，听之。孳孳为利，小人也。可自己去，不遇，则将片留下。廿二晚。

（一五六）一九三七年八月一日陈约来函 八月廿三日批复

父亲大人膝下：

敬禀者，昨接廿三日付回原信，领悉。儿作事每多乖舛，不知轻重，不辨是非，愿大人严加督责，俾循正轨〔圈去"俾循正轨"四字，并批：前信言"司空见惯"，此语在我安慰汝不必挂则可，岂能出诸汝口，诧极〕，幸甚。念杜诗"国破家何在"之句，深自感不识大体若此。惭慄交并，不安竟日。今晨往谒哲丈，更不言他〔信原作"不敢言其他"，后点去"敢"、"其"二字，援庵用△号恢复此二字，并批："敢"、"其"二字，有胜于无〕，只细亦知立志矣。

消息一通，请早来示，以慰下怀（电报不通，信件甚迟，人尚平安，便可告九公、四姑等免望。不管信件快慢，照常每星期一函，谈学谈家事，亦可藉此知彼此平安也。有信来即复，无信来则无由复也）。专此，即请金安。

平中各位均此致候。

益兄想未回平（回平一二日车即断，尚免惊恐也），嫂、侄等至堪悬念。儿约谨禀。八月壹日（廿三日收到）。

（一五七）一九三七年九月五日陈约来函 九月廿一日批复

父亲大人膝下：

敬禀者，不得来谕，已逾一月，至为悬念（不来信不复，有来信未有不复也）。邮电不便，平中消息无由得知（邮政通而慢，电报此间可收，不能发，天津可发云云），日日烦躁，亟候一字之来。今日信义转来大人寄三叔八月十二日函，慰甚。即辛姊处又接大人〔添：八月廿一日〕示（八月廿三亦寄汝函，系复八月一日尔来信也），平安齐报，大家欣慰。博兄前数日始有来信，然发信期是八月十九日（沪来信亦极少，甚念），近况又不知如何？广州八月卅一晨有机来袭（此间已闻报），幸秩序旋即恢复，妇孺日来离市几半（圣心事如何？已送聘书未？未见提及，何也？）。平中各位想均安好，念念。专此，即请金安。儿约谨禀。九月五日（廿一日付回）。

八月一日来过信后，九月五日乃来信，非邮政慢，写信少耳。

（一五八）一九三七年九月十五日陈约来函十月四日批复

父亲大人膝下：

敬禀者，今午得接大人八月廿三日付回八月一日原信，领〔"领"圈改为"敬"〕悉。五日曾奉上一函（九月廿一日收到即复旧址），想得察阅〔"想得察阅"圈改为"谅达尊览"，并批："察阅"对平辈合用〕。当日三叔、辛姊均接大人信，儿都得拜读，知各位在平平安，慰甚慰甚。独念自己未得信为怯，今奉来谕，乃因去信未达（有信来必复),无由示下。数月来随处风云,无一净土,(还说"司空见惯"否?)尤其是我家父子兄弟,散处各方,消息一断,思念心〔"心"圈改为"倍"〕切,坐卧难安。本来三叔等在港,一定安全,但照近日情形,省港交通常受威胁,则将来变化正不可测。博兄曾来一电两信云暂不离沪(此间自接沪八月廿五日函,至今未再接,至为悬念),据慕贞三姑女慧莲姊述难民回粤,在陆在船之苦况,则虽欲离沪亦不易易。此间连日虎门均有战事,炮声历历震耳,空袭警号,日有所闻。母亲、文静已返乡(已在乡校入学)。新港路屋六日已推,(廿一日函能收到否?)儿暂寓慎馀丈处,来谕请寄辛姊处或信义。(来信信皮写恩宁市,"市"对抑"路"对?)闻各校廿日开课,到时不再延,将迁住圣心。如再延或别故〔"故"圈改为"有原因",并批:此字家信总以不用为宜,前曾说过〕,当再禀知。三四姑姐无离广州(甚念)。九公安在信义,连日儿常到彼等〔"彼等"圈改为"各"〕

处倾谈，盖乱世更念亲人也。

平中各位想均安好，念念。馀容后禀，专此，即请金安。儿约谨禀。九月十五日。

不接港粤信者半月，其企想不可言喻，惟祝老幼平安而已。邮政不过慢，并未至不通，所以不管信何时到，只是十日八日写一封，则常有信在途中，可以不断的收到，稍慰远念也。余在此沉闷中著一书三卷，日间付刻。所谓"风雨如晦，鸡鸣不已"。已亦无补，不如不已也。十月四夕灯下。

（一五九）一九三七年九月廿六日陈约来函十月廿七日批复

父亲大人膝下：

敬禀者，十五日奉上一函（十月五晨已复，并夹有上九公及三、四姑姐函，付逢庆中约，照九月十五来信地址也。今此函又言辛已回乡，则此等函能收到否？念念），想得察阅，念念。近日铭、庄等回粤，藉知平中状况，各位安好，慰甚。益兄有返粤讯（不闻有此事），不知已起程否？广州自廿一日起，频有机来轰炸，每日三五回不等。市民大半返乡，全城寂寞，学校未能开课。儿打算日内他去暂避，或回乡，或往广西寻职业不定。在此情形之下，难照常攻读，此两日始稍稍宁静一下，家中各位均好，勿念。祖母甚康健，乡间亦时有机经过，辛姊昨晚已携次子及第三子返石头，无谓在此多受惊恐也。伦丈亦早回东莞。

九公、四姑姐等以有职守，暂未离去，铺头、生生则早已生意极淡。雪妹廿号来广州，预备上课，受惊，前日即返港（近得汪瑔老人隶书四幅，可惜未能寄归。又有粤刻琅琊台刻石，有东塾跋，便当寄归）。

平中各位想甚平安，念念。专此，即请金安。儿约谨禀。九月廿六日（十月廿七日）。

来信写辛地址，又言辛已回乡，此信只得寄四姑姐处。至紧代我问姑姐好。前信收到未？即复。

(一六〇）一九三七年十月廿日陈约来函 十一月四日批复

父亲大人膝下：

敬禀者，十月十八日得接九月廿一日付回五日原信，（十月五日有函寄逢庆交汝，并转九公、三、四姑姐各一函，已收到否？）领悉。此信所以〔"所以"二字圈去〕收到更迟，乃因寄旧址。九月廿六日奉上一函（十月廿七日寄回，交生生转），想得察阅。自九月廿一日以来〔"以来"圈改为"起"〕，广州常有机来扰〔"扰"圈改为"袭"〕，不分日〔"日"圈改为"昼"〕夜，初时不心寒〔"不心寒"前添"若云"二字〕则假，其后听惯，知怕亦怕不来，只好镇静，总系在夜间来时〔"时"圈改为"袭"〕，彻宵休想稳睡（"则假"系粤语，想许久乃明白。忽然又有"休想"，似非粤语。官白夹杂，似不甚妥）。如是一连几晚，精神不免受影响，（何以不说司空见惯？）所慰家人回乡者回乡,在此间者亦各平安,勿念。全市各校多迁地开课(开课日总在十月十以后),独圣心巍主教不主迁校,宁愿暂停(迁校的,据所知,人数最多不过十之一二,及三成者已绝少)。儿本已接关,且加添高中本史四点,可惜现在要〔圈去"要"字〕复课甚难,七月起已停发〔圈去"发"字〕薪,无形中失业。十月一日曾与友人至桂一行(桂省乎?桂林乎?不明白),预为必要时后地〔"后地"改为"地步"〕。十日反抵广州,即连接祖母信,催儿依原定日期——早在年初时,祖母等已择定旧历十月一日——结婚,当时因来日方长,虽承大人转博兄垂问数次,而迟迟未禀。数月来世乱,自料必须改期,更不好提。不意祖母等意决,一於不改,最近且派人来城,便为筹备,四围传开。自念祖母年老,云须亲见此事始得安乐,而自己岁数委实属不细,战事又不知竟延至何年月。慎馀丈亦催,以为不必因时局改期,正宜及早了一件事。遂依原定日,预以简单仪式完成婚事,

(有请三叔主持否?）谨此禀知。婚后生活，或许很困难，就现在亦觉大不生性，深自忧心，但似不能自主，缪缪而行。望大人即加指正，幸甚幸甚（节俭持家，公正处世，效尔祖之所为，幸甚幸甚）。亦希冀时局好转，照常复课教书，则较可慰，有示请暂寄信义。

平中各位想均安好，念念。专此，即请金安。儿约谨禀。十月廿日（十一月四日）。

（一六一）一九三七年十月廿八日陈约来函 十一月十五日批复

父亲大人膝下：

敬禀者，廿六日得接五日快信（儿曾下港三日，闻此信廿三日已到）、付回原信，并转九公、三四姑姐信，勿念。廿日曾奉上一函（四日已付回），谅达尊览。自九月廿一日（或早由八月卅一日）至十月中旬，飞机不分昼夜来袭，平均每日三次，此为最可怖时期。中旬以后，飞机移其目标于各铁路，交通时断时续，虎门亦封锁。省港方面交通更困难，但机甚少冲入市空，当局对防空办法又力加改善，如〔圈去"如"字〕以前晚间不论有无警报，七时一律灯火管制（即全市熄灯）。无论何时，一发警报，街市即禁止行人及车辆通过，诸多不便〔勾去"诸多不便"，并批：四字可省〕。现已改〔"改"后添一"为"字〕夜十二时始灯火管制。虽有警报，机不入市空，不有〔"有"圈改为"闻"〕弹炮声，各处通行无碍。于是市民回市日众，商店渐渐复业，市面虽未能正〔"正"圈改为"照"〕常恢复〔圈去"恢复"二字〕，亦不致如前萧条寂寞〔圈去"寂寞"二字〕，此为由恐惧不得不转镇定时期〔"由恐惧"改为"恐怖之后"，圈去"转"字〕。

廿六日至今〔圈去"日"字，"至今"后添"三日"二字〕，竟〔圈改为"已"〕无警报。月来少见，不知对手在弄何玄虚〔圈去"月来少见"四字，"在"圈改为"又"〕。

宁远〔"宁远"圈改为"本堂"〕各位〔"各位"圈改为"老幼"〕均安,无遇难者〔圈去"无遇难者"四字〕,稍可告慰,请勿远念。

昨得博兄电告平安,慰甚(无信来已一月矣)。

圣心定十一月二日复课,昨见朱校长言如此,就是仍未有薪。儿亦愿早日上堂,免投闲置散〔圈去"投"、"置"二字,"散"后添一"惯"字〕,闻到时虽〔添"有"字〕一二学生亦先开学云云。儿婚后难住圣心,地址待找着再禀,有示请仍寄信义(新得汪芙生隶书四屏,六元,前信似已提及。我本不买此物,专为给你看看,可惜现未能寄。又有粤刻琅琊台篆拓本一幅,有东塾跋,极佳)。

容弟月来奔波道路,先往长沙住廿馀日,转入广西大学(在梧州)一星期,十月廿四回广州,云接潜妹电,嘱五日内到汉,遂于廿五日下港,乘飞机前往云。平中各位想均安好,念念。专此,即请金安。儿约谨禀。十月廿八日(十一月十五晚)。

（一六二）一九三七年十一月十八日陈约来函 十二月十五日批复

父亲大人膝下：

敬禀者，儿十一月三日结婚，以大人远在北平，乃恭请三叔主持，陈大年陈衍芬先生证婚，黄憬贤先生介绍，在亚洲礼堂"如式"举行。亲友参与者约百四十人，两旬来无机侵袭，大家平安。三日礼毕，赴渡返乡谒祖。四日见祖母，祖母甚欣慰。

九公为改大名"孔法"，回乡后始知。五日预为祖母造寿辰。七日赴香港谢三叔（三叔四日返港），九日上从化小住，十六日返抵广州。连接付回两原信（十月廿七寄生生一封，十一月四日寄信义一封），敬悉。儿暂在颐养园租一小屋居住，此地近郊外，空袭警号只隐约可闻，不如市内呜呜震耳，颇静，合于读书。

圣心月中（十一日）已复课，学生不及四之

一。儿只有初三级五点国文,仍无薪发。国文例难连堂,分四日上,甚不便。

辛姊前回乡(石头)暂避,剑泉兄仍在恩宁市,是以前信未请改址。最近且已返广州(昨日复辛一函,云新郎婚后,至今未有来信,不期今日即接十八日函也)。

正说飞机不来已两旬,现呜呜警报,又不知在何处投弹。现待此间执拾稍停妥,即再读书写字。空袭纵可怕,断不得因此辍学,数十日来所受刺激太新鲜(战地齐民总比吾人苦,一想念及此,即觉得自己太舒服也),思想随之有新转向,势之然也。

此间各人均好,甚念平中各位(潜、容在武昌,慈在衡山,皆安)。博兄月初曾有信来,最近战线移后,又不知如何。专此,即请金安。儿约谨禀。十一月十八日。

主婚证婚各位有何新鲜教训,能略述一二否?鞠老近状如何?汪希丈见面否?三、四姑在河南,地方安静否？念念。十二月十五日。

又，付汝《旧五代史辑本发覆》一册。

（一六三）一九三七年十二月十一日陈约来函 一九三八年一月四日批复

父亲大人膝下：

敬禀者，十一月十九日、廿七日先后奉两函（十二月十五日复颐养园，十九日复信义），想达尊览，念念。昨日得接十一月十五晚付回原信，敬悉。月来在飞机日日光顾之下，仍加紧用功，但思想改变，无兴临池，初非有意如是，实似不能自主。每奋笔欲书，瞬觉一时应努力者尚多，遂悠然转向，顾而之他。旧习之破除，至不易易。且大人来谕，必提篆隶（不愤不启，不悱不发，因势而利导之耳），或者近日常受激刺，一时意气，暂失本性，（何至此？）他年仍有复习之一日欤（不习便不习，谁人强汝）？岂汪芙生隶书四屏能寄下即为复习之机欤（"能"字何谓也？是否撒赖）？想必非大人吝惜,(本来为你买,何所谓吝惜?)其不能便寄(麻烦),自有缘由。即接博兄二日信云"……书已束高阁……一有机缘,定即南归。"(前者我亦曾废书一月,后因废亦无补,不如不废,因此数月来读书较多,可以消忧,可以遣闷,杜绝应酬,独居无事,惟日与古人晤对,不啻遁世之人也。似尚较胜于当空呲呲。)书且束高阁,何有于临池(此系十二月十一日来信,廿七年一月四日付回)。

(一六四)一九三八年一月一日陈约来函二月三日批复

父亲大人膝下:

敬禀者:昨日得十二月十五日付回原信,领悉。信件延迟(半个月不算迟),倍增思念。

广州日日几次空袭〔圈去"日日几次空袭"六字〕警报,大家听熟,无甚感觉,但说不定数日中有一二次飞机〔圈去"飞机"〕冲入市区,弹与炮声隆隆〔圈去"弹与炮声隆隆"六字〕,就不能保何处是安全,胆壮者檐间树下偷窥,怯弱者匿伏不动,一似〔圈去"一似"〕听候最后命运来临。省河南北〔圈去"南北"〕交通靠珠江铁桥〔圈改为"海珠桥"〕,但飞机有飞向市区模样时〔删去"飞机"至"时"各字〕警笛一鸣,便分开中段,半日才放下,只好仍旧靠横水渡。广九粤汉路既是轰炸〔圈去此二字〕标的,省港消息,时有截断,但在无可如何之下,人心已较镇静。岂知十二月中旬起,传来南侵恶耗〔圈去"南侵"〕,瞬间即走遍全市,其〔圈去"瞬间"至"其"各字〕恐怖过于前时,见面不外两句,"如何走?""走何处?"即平常胆定之人,亦露张皇之色。

四姑姐两人住一间大屋,早已感寂寞,闻讯恨不得多几个人来陪伴说开,三姑姐也常在一处。

英表姊遗腹子快要出世,逼得亦随大姑姐从乡间来生生。不料紧张中,反有几餐十几人一桌,团团叙叙,传闻未有实证。数日间情形稍松,但至今人心上未除去上述两句话之念头〔"除去上述两句话之念头"圈改为"靖"〕，必要时儿等仍是走难〔圈去"难"字〕梧州，再进则容县，离乡别井，明知万苦〔圈去"明知万苦"四字〕，终不愿精神难过。四姑姐等倾向避下〔"下"圈改为"地"〕香港。儿心不谓然〔圈去"心不谓然"四字〕，立场不同，未便有云。三叔来信，亦力持镇定，以仍居港较稳。

照博兄来信，日间应已到港，但未有讯，甚念。益兄近况如何（照常），甚念。七月七日后未尝通信。

祖母居乡旺健。乡间本较好住，但南侵一旦成事实，若一路由广海来〔圈改为"一旦有事"〕，则台山、新会等沿江佛公路一带乡村，难免波及，而与广州无异矣〔圈去"而与广州无异矣"数字〕，是以乡间亦有返广州者。

平中各位想均安好，念念。专此，即请金安。儿约谨禀。一月一日（二月三日收到，付回）。

鞠老仍在圣心,照他的因果观,一似甚有把握,是以极镇静乐观,无避地意。汪丈不见久矣。再禀。

　　十二月十九复一函,一月四日又复一函,又汪芙生隶书四屏,六日又付陈孝坚《崇雅堂铭》四条,一一收到未?剌目字句要省,画公仔唔使画出肠也。①〔超按:参删去之处。避日伪当局检查也。〕信皮仍写援庵好。

(一六五) 一九三八年二月三日往函

　　荒乱之时,最好读书。一可习静,一可忘忧。徒自惊扰无益。人必有一死,只争迟早。当求可以必传,则死亦无恨。迩来来信较少,孟子曰:有妻子则慕妻子,诚然诚然。

　　一月廿七及数日前均有新刻书一册寄转萝生丈,已收到交去未?二月三夕。

---

① 画公仔唔使画出肠也:画人物不用画出肠来。

（一六六）一九三八年一月廿六日陈约来函 二月十一日批复

父亲大人膝下：

敬禀者，十日得接《旧五代史辑本发覆》，（已转交否？何以不提及？）十九日得接寿屏两包八幅，（十月十九日收到东西，廿六日乃复，我上你当，可谓费力不讨好矣！）廿日得接四日付回原信，敬悉。

博兄十日到港（船提前一日到），十一日儿下港接船，逗留三日，同返广州，十数日间相伴不离。几年不见，转以离乱得安闲叙会，比之前几次回来都是匆忙急遽，见面即行，相差极远，真不知是喜是悲。博兄现在入内地、留广州、回上海三件都未有主意，明日下港，云回来过旧历年。旧历年年关，照一般人观察，要有三成以上商店收铺，圣心学生皆商人子弟，下期大概开不成。博兄内地之路若打通〔"打通"圈改为"可行"〕，当追随他去。

汪先生隶书，确有独到处，妙在并不刻意，而挥洒自如。即悬之四壁间，虽明知新居为极暂时性，姑以此赏玩一时。（一句谢语均无，好似应份进贡的，实属可诧。所谓心肝当狗肺也，为之一叹！）陈先生篆用笔着力，而微嫌行笔不畅，图章既曰"陈宗颖"，"颖"字应从水，而从禾，未知相通否？

此间人虽惊定，但谁不能保早晚间无战〔"战"字圈去〕事发生。数日来常伴博兄赴茶楼酒馆，旺极一时。广州市百业凋零，独此繁荣，亦可见一般反常心理。

潮叔月初归来，昨得一面。见楠叔，云君谓最近被撤差〔"差"字圈去〕，因擅离职守〔"守"字圈去〕，几乎要查〔"查"圈改为"罚"〕办。

乱世家书，凡关于碍检查之字样，均应回避。删去六个字示例。我不说明，汝终不明白。

汪希文丈数日前曾到生生，对四姑姐言将不续弦而纳妾。

平中各位想均安好，益兄近况如何？念念。专此，即请金安。儿约谨禀。一月廿六日（二月十一日付回）。

（一六七）一九三八年三月十四日陈约来函三月廿七日批复

父亲大人膝下：

敬禀者，昨接博兄转来手谕，知大人大不高兴，以寄下书物，既久不覆又不谢，反挑挑剔剔也。博兄并嘱即上书认错。儿前信不知大人怒气所在，以为专责久疏问候，则理由极简单，以前日日在恐怖中，失其常态，不遑宁处。其后则博兄南返，久不见面，未免依依。且前后下港二次，后一次交通阻塞，逗留越一星期，不特儿，想博兄亦信少。事实如此，则大人两寄信义之物两次迟收迟复，未为无因。近日儿暂放笔砚，而去学英文，来往书信，不免少一话头。此或副作用地引起大人不高兴。时势使然，愿恕其暂半途而辍。

二月十日收到《薛史》，十九日收到两四屏，二十日收到我二月四日函，三款一同至二月廿六日乃复我。由十日至廿六日，已经过两星期，由十九日至廿六日，亦过了一星期。《薛史》系不常寄的（第一次），又是转交证婚人陈丈之物，此是第一次。在寄者常恐在现在时候或收不到，尤其是两四屏，更非常寄之物，在此时候，更易不收到，故自寄出之日，即记念不已。以为收到者必高兴了不得，必即即复信免望也。而孰知日等一日。不复不要紧，若是遗失，岂不太可惜？原来收到已久，大爷没有功夫复（此间谓不暇为"没有功夫"），要听大爷得闲乃复也。此之谓冷水浇背。寄者一场热心，冒险寄归，为是要得大爷欢心。原来大爷淡然置之，过了一星期（连《薛史》就二星期有多）慢慢乃批答，非令到你热心生冷不可，真出人意外。今照来信日子重记一次如下表，请细想：

二月十日收到《薛史》一册；

十九日收到两四屏；

廿日收到四日函；

廿六日三款总覆。

四姑姐闹儿①，非了不得之事，原因是太过爱。怪儿年年年初一即去拜年，今年初二才去。其实她忘记警报中桥扯起，去不得。儿至今未解释，渐渐自知也。

平中各位想均安好，念念。专此，即请金安。儿约谨禀。三月十四日（三月廿七日）。

（一六八）一九四七年六月十七日往函

久未来信，正以为念，忽接十二日信，至慰。前信有未复者，以无甚可说耳。回港教书亦好，但生活之外，应有寄托，不然，终日劳碌，只为食饭，似不值得也。辛姊亦久无信，甚念。你处有他消息否？他儿子在台湾，最近未知何如？孤儿年

---

① 闹儿：骂儿。此处"儿"指约自己。

轻，殊可悯也。博赴平说，未有所闻。信则常有，且常做文章，学问日进，声望日起，地位日高，慰甚。岑仲勉先生闻下年度离中研院，先行返粤云。此复约儿。父字。六月十七日。

诸孙趣否？将来必能孝顺你。身体比读书要紧。

（一六九）一九四八年七月廿五日往函

约儿：

十六日来信收到。关于汇款至汕吃亏事，在收到款时，未即变了实物，并非汇错。如果不汇，又说不汇，令人难做。三叔最近来信说，"关于三宅款项事，可否交与约侄就近管理？"我以为人是会移动的，不若铺头是固定的，因此回信三叔，仍请三叔替我管理。信内说"我们儿子好几个，兄弟只有二人。后生辈如有三言两语，请置之，看我们兄弟面上，不必理他。他们儿女快长大，自己亦做人叔伯，好容易就尝到此等滋味也"等语。请你对三叔要客气的。我只有一个弟弟，是不能分离的。无论如何,我不能离开他,请你们说话要谨慎的,开口要和悦的,不要令他老人难过。切切,此示约儿。父字。七月廿五日。

小子读夏令,有必要吗?身体要紧,要等他一年中有一点休息,不必过笃之也。

关于汝母用度,已请三叔每月支与港币五十元。如在乡居住,有房有谷,当更宽裕,但未知习惯否耳?惟来信谓"在汕三年长,一向依赖约儿供给,分文未有交他",此在汝母言之则然。但据港处开来账目,约在港所支之款,即有汝母款项包含在内,为数不少,似不是白食约的。此层约应告母,免使母心里难过为要。

(一七〇)一九四八年八月廿九日往函

约儿:

廿日在港及以前在省来信均收到。岭南之事未就,至为可惜,因有地方住,安静可以读书。又为资历计,总比拔萃好,拔萃在国内拿不出来。如有机会，再图入岭南好。九月底余又要飞京一次，好在惯了，不觉得苦也。此复约儿。父字。八月廿九日。

三叔信说汝母过港时，曾交他港币五百元。

（一七一）一九四八年九月六日往函

约儿阅：

廿六日及一日来信收到。你母月支，已去信三叔商酌，如何合算，照办可也。反正这些年来，我自己未用过家中一文。三叔处有账可稽，想你们亦知道的。至于你母来信说乡间建醮要钱，修屋又要钱。建醮事我不感兴趣，已请三叔替我作主。修屋事，修好也无人住，有钱就修，无钱可暂缓了。信中专言俗事，我颇不耐烦，不如与汝兄谈读书事为乐。此复。父字。九月六日。

（一七二）一九四八年十一月九日往函

卅日来信早收到，饼干今日亦收到，寄得太费事，似可不必。我欢喜寄我一文，倒有意思。但文言白话之争，今已过去，各有长处，各有用处。白话文亦不易作，必要有意思乃能说出，文言文则可以无意思，用词句掩饰，敷衍成篇。如果持此等文言文翻成白话，必定像一个疯子说的话了。但从帝制时代，极需要此等文。有如作一篇皇太后万寿颂，非用词句堆砌，哪能成一篇文章？若用白话，三两句最多说完了。所谓各有用处者如此。你文说得有理，但有一句说"肚"字，是广东人语，北人都说是"肚子"，与其说"肚"，不如说"脏"较科学的。虽"腹便便"古人说过，但在今日，似以"胀"字代之为妙。

今日适接永昌①来信，此子真可教。我见他进步得多，虽暂时失职，殊可爱。予常常去信责之，其实余心甚爱之。责之欲其警醒，且防其犯罪也。他不过暂时失职，不闻犯法，又不闻被人陷害，余心慰极矣。今将他原信改过付回，便可寄他。此

---

① 永昌，姓罗，桂辛之子，援庵外孙。

子可教也。劝辛姊不必着急。此示约儿。父十一月九日。

（一七三）一九四八年十一月九日往函

最近给光华同学会作《郑校长纪念碑》，已寄去交潘拙庵医生，未知能用否？不能用，不必说；如能用，未知将来请何人写，会请你写否？今日有人见着你写给我的信皮，大夸写得好，以为比乐素强，你听见何如？

我有冯承素横本《兰亭》，又有米南宫《蜀素帖》，未知从前已寄你否？如未寄过，可再寄。有此，胜过所有刻本《兰亭》。居今日而不能写好字，太对古人不起了，因从前人不易得见真迹，今则珂罗板大行也。十一月九日。又及。

（一七四）一九四八年十一月廿一日往函

十三日信收到。文讲音韵，我不甚懂。近日音韵学成了专门学问，大学中国文系定章分二组，一文学组，一语言文字组，音韵即在第二组中。此次院士如赵元任等，即语言音韵专门。此等学问，昔日为附庸，今日蔚为大国了。可惜我不能帮助你发展所长也。

招子庸《粤讴》从前有木版精刻的（石印排字亦好，但不可太细字）。未识能代找几部（三两部）否？因有友欲找。又《美味求真》，亦粤东特有之书，亦盼望寄几部来，字不可太细的。辛姊十日函，永昌十五日函，收到。此复约儿。父字。十一月廿一日。

寄来文纸质太重。

（一七五）一九四八年十二月十三日往函

廿八日信早收到，但书至今未到，想不是航空寄。信内写航空，殆预备航空，后乃由船寄耶？不急之物，航不航不要紧，但因信内写航，久未收到，故料是改由船寄耳。船少，寄件甚慢，常常一个月始到，或竟不到也。《东塾集》有《广州音说》,见过否?能说广州音,亦是幸福。方今语言学家,如赵元任、罗常培、李方桂诸君,皆非粤人,而能粤语。北京语无论有入声否,但听起来确是好听,想是我的感觉如此耳。南音柔娓,另有一种风趣。何处无佳音,要在人能领略而已。《客途秋恨》久已忘,能寄来一帙,或抄寄亦好。(能快更好。)辛姊近状如何?凡事睇开,不必求之太急,慢慢自然会好。甚念。此示约儿。父字。十二月十三日。

(一七六)一九四九年一月十日往函

前月十一及廿日来信收到,《粤讴》、《求真》各一册亦收到,但前所寄者仍未得收也。《郑校长碑》未知有写"书丹"人否?如何写否?未见提及。古人所谓书丹,盖以硃书石上刻之,今敦煌各处出土墓志,常有丹墨所书而不刻者,千百年如新也。《谢公祠碑》似有其事,但不甚记得清楚。你字甚佳,可惜碑文做得不好,无新意,且已改行,说不出精彩话，所谓勉强应酬者也。

辛姊近状如何？甚念。昌孙来信亦收到，但未知已谋得职业否？现在时期，各处都一样难。谨慎守己，不过求舒展就是。昌孙人甚精乖，吾甚喜欢他。虽常常回信不客气戒之，实爱之也。这次失业，无要紧。人不能一帆风顺，总有些挫折，正所以练历之。吾在他来信中见其进步多矣，可爱也。当其得意时，吾常防他为人所妒忌陷害，梦寐挂之，故常告以"君子怀刑，小人怀惠"。老实说，即怕其贪心及犯他罪也。今竟幸免，只暂时失职，又何憾焉，在吾则已极满意矣。

吾自围城后未写各处信者将及一个月，今始恢复写信。平津安，勿念。昨日此间各报纸载我南飞消息，不确。恐传至粤，以为我真已南飞也。自前月十七八政府来电并派机来接，都未成行。后又敦促数次，均婉谢，因无走之必要也。只难为粤中家人挂念耳。其实情形不至如报纸所传之恶。吾未尝一日废书，书案堆书如山，竟至不能伸纸写信。今此信亦在书堆上写，凹凸不平，无法清理，只好如此。三叔处亦久未去信，赖有各侄传达消息。各侄均乖，听话可爱。现已放假，学校因学生闲，又不能走，男女宿舍，尚余千人，乃另开寒假讲习班，已开始矣。今日预备复三叔信，最好你见三叔时，便中告知，请其勿念。现初复航，正设法为各侄南飞计。但实无甚要紧，钱粮都无问题，此局面不能久。专此，不一不一，即祝汝各人平安。约儿阅。父字。一月十晨。

（一七七）一九四九年一月十三日往函

十日复汝一函，想已收到。前托三叔交汝港币二百元，转交辛姊收为幸。辛姊前月来信收到。《岭南即事》有《叹五更》一首，其词甚美。寻常歌调，只系双句押韵，此歌单句亦押仄韵，甚少见。且通篇如此，甚难得。有友人欲读此，幸抄一首寄我，首句是"怀人待月倚南楼"者便是。此示约儿。父字。一月十三日。

（一七八）一九四九年三月十四日往函

一月廿九、二月廿六来信，同时收到。《美味》等六册，亦收到。"有钱难买少年时"，乃《叹五更》批语，无所谓合韵不合韵也。报载辅仁事，应剪寄我，俾知外间如何说法。或有关我个人事，亦望剪寄。余近日思想剧变，颇觉从前枉用心力。从前宥于环境，所有环境以外之书不观，所得消息，都是耳食，而非目击。直至新局面来临，得阅各种书报，始恍然觉悟前者之被蒙蔽。世界已前进，我犹故步自封，固然因为朋友少，无人提醒，亦因为自己天份低，没由跳出，遂尔落后，愿中年人毋蹈予覆辙（港得书似较易），及早觉悟，急起直追。毋坐井观天，以为天只是如此，则大上当也。余自前月廿四日起出带泡疹，胸前背后俱有，现已脱痂，患处犹麻痛。勿念，此示约儿。父字。三月十四日。

此信阅毕寄杭，或抄留一底子，省得我再写。

（一七九）一九四九年六月十四日往函

三月廿六及四月一日函，并剪报收到。此后对我的事，想续有登载，望随时剪寄，以便省察。昌孙亦有剪来，殊合我意也。四月底我有给适之先生信一封，已寄三叔，便可取阅。辛姊三月卅一日来信收到。自一月廿四日三叔曾交他二百元，此后如再有交过，见此信时可再支二百。如一月廿四后未有交过，则见此信时可支四百。但据三叔三月廿八日开来进支数，自卅七年七月十七日起，至卅八年二月十七日止，八个月汝母共支过港币二千四百元，平均每月支三百元。此数不小，未知其中有津贴辛姊否？我现在月入不过港币二百元，此指辅仁薪水计算。辅仁事甚不好办，中外感情不融洽，一旦离开辅仁，我即停口。我是脑力劳动者，除几部破书外，毫无积蓄。日食小米粥四碗，面包五片，最优裕者牛奶一磅，如此而已。去年曾为伯渭兄写一条幅，未知可送去否？酌之。馀未一一。此示辛女约儿姊弟。父字。六月十四日。

（一八〇）一九四九年八月十七日往函

五月十四、廿九及六月十五日信，久收到。以邮路不通，未复信，即日同时接六月廿五及七月十八日函，并剪报等，甚有用处，因藉此可知远地消息也。五月廿九日函言："八九年前，在港见一本《中国政治思想史》，著者吕振羽，里头一篇，说到父亲治史的方法"等语，想是《中国原始社会史》之讹。因《中国原始社会史》一九四五年增订版序，说及"北平某教会大学校长陈某"，甚似指我。但我记不起有此事，便中查明告我。如《中国政治思想史》有说过我的话，亦望查出页数告我。我虽不及子路，亦愿闻过则喜也。惜近日校务较忙（从前外人管事），读书时候少，又耳目日差，五号字更无法看。时过后学，勤苦难成，我之谓也。杭州信亦甚疏，未审何故。辛姊六月廿八日信，今日同时收到，便转告。此示约儿。父字。八月十七日。

（一八一）一九五〇年一月六日往函

十月廿三日、十一月五日及十二月十七日函均收到。久未写信，笔砚生尘。辛姊近状如何？日前晤一人名张云川，说是从前港《光明报》主笔，认识辛姊。日前又雪白侄介绍刘思慕先生来，恂恂君子，云是汝南武同学，《华商报》主笔。你们既认识这些前进友人，思想一定前进。永昌近日如何？至念。新中国无不劳而食之人，你们应当好好介绍他，指引他，跟前进的人走。年轻，包袱已弃掉，不愁不进步也。最怕念头高，不能吃苦，老在香港闲着，不是办法。想你必能指示他正确路线也。切切注意，切切想办法。陈兄子姪欲来京读书，最好是暑假，因京中学校春季始业者绝少。日前简琴翁来信亦问及此事。琴翁书法绝佳，大草我有时不识，为之一笑。你有何进展，有何企图，旧包袱肯弃去否？乐素甚勇猛前进，可喜。惜余老矣，奈何！此示约儿。一月六日。

（一八二）一九五〇年一月六日往函

顷发一函，忘记一件事。你十一月五日来信，太客气了，云"父亲七十大寿，连些少礼物不能奉上"。其实我七十生日，胡胡涂涂就渡过了，并无举动，有何礼物可送。但今触起我一件事。日前生日时，三叔嘱他女儿买了许多东西来，真令我过意不去。旧历正月十几，就系三叔生日，你能替我做些人情否？倘若"能"的话，最好不过了。你至紧至紧，到时同我买些礼物送去，声明是我来信叫办的，好否？不要忘记，谢谢你。即日接三叔来信，三宅支长了千八百元，你知道吗？专此，又示约儿。父一月六日第二函。

九公来信，付汝一阅。

（一八三）一九五〇年二月三日往函

即接一月廿二日书，云"许久不得信示"，奇极。一月六日曾复十二月十七日函，何以此函尚未收到？函中大意，记得是因为你说邮政不便，是以未寄寿礼，我因托你买些东西送三叔生日，就等于送礼过我。今此信到时，尚可赶得及，办毕复我为要。另有转简琴翁一信，请加封并代买六尺大宣纸一张，破边，连信送去花园道缆车径一号简琴石先生信收为幸。又一月廿日我有寄三叔转冬女一函，八月至今未寄他信，晤三叔时便请问此函收到未。馀未一一。此示约儿。父字。二月三日。

信刚写完，阅报有港工人流血案等事，甚念。

（一八四）一九五〇年四月廿二日往函

二月廿一日、三月四日及最近四月五日来信，均收到。我数月来少写信，可算是一毛病。三叔寿礼，你替我办得很好。娴侄带来墨水笔，甚讲究，未免太破费了。教大学不易，尤其是局面改变，样样都要从新学过，未知你自己觉得如何。现在各省大学多送人来京入革命大学学习政治课。国民大学是私立，叶兄是何等人，我见过否？如果自己觉得有把握，未尝不可一试，慎酌之。

四月五日来信问归隐事，想是旧话。退休之心本有，但不是归隐之意，是想谢去事务，多努力学一点东西，再写一二部书，完成任务。因从前所学，限于见闻，今日看来，都觉可笑。既然未死，应再努力。可惜近来目力不佳，记忆力尤差，好不容易有进步，因此尚旁皇未知所向，最可恨也。三叔厚意可感，但恐无此福。不劳动不应得食，恐怕要做到尽头。姑听之。

伯苗兄来信，付汝一阅，未知应如何回复他。因我也是靠薪水收入的，月入仅够开销，公债也一样要买的，那有几十万馀元钱？他景况我是十分同情的，但无力顾及，未知你们有何法。信义股份十二份，除了你们兄弟各二份交你们自己花消外，三宅公家四份，我未动用过分毫，想你们知到的。去年十二月底，三叔来信，三宅支长港币一千八百馀元，想你们也知道的。如果有钱的话，应该帮他一臂，但未知他愿意你们知到他来信否？如果不怕你们知到的话，可将我意思委婉告他知；如果他不愿意你们知到，就罢了。益儿好些时候未见。琴翁作古，何以来信未见提及。馀未一一。此复约儿。父字。四月廿二日。

一月廿八日信亦早收到。

（一八五）一九五〇年十月十三日往函

九月十九日来信收到。你们这回来北京，正值我与帝国主义者作斗争最紧张的时候，深以未得畅谈为憾。这斗争的结果，辅仁由私立改为国立，想粤报必有电记载，但恐不详细耳。兹付上《光明日报》一张，如果粤报有不同的消息，或详细通讯，望剪寄我，俾知外间对此事之批评如何，以作检讨。馀未一一。此复约儿。父字。十月十三晚。

相片一张，比寄四姑姐的尤近。

（一八六）一九五〇年十一月十四日往函

十月廿日、十一月五日函，均收到。腊肠的家乡风味，确与此地制者不同，谢谢。五日信是十二日收到的，真准。柴著对《简明中国通史》几点意见，早就登出，今附寄。反美援朝活动，粤热闹不？此复约儿。父字。十一月十四晚。

（一八七）一九五〇年十二月三日陈约来函

父亲：

十一月廿六日曾奉一函，想达尊览！大姑丈十一月廿八日夏历十月十九日因病逝世。当时未知，近始得耗，今日曾往吊问，见大姑姐甚为悲伤，云事起仓猝，头尾不过八日，四姑姐以为是恶性疟。当力劝其节哀，谈许久始告退。闻三旬家奠，到时人情已函三叔商办。专此即请

福安！　　儿约之谨上。十二，三。

（一八八）一九五一年四月十一日往函

七日信收到。四中校刊收到后有人借去，竟忘记复了。两篇文章甚好。多练习，多发表，是有益

的。在发表前应请人看看，听取人家意见。尤其是组织的老干部，看问题更正确，应与靠近。萝生伯有见否？晤时幸道及。他世兄的进步一日千里，健羡之至。（又健羡你的信纸信皮，真讲究了。）此示约儿。父字。四月十一日。

（一八九）一九五一年七月十四日往函

来信收到了，但我接你信时在南泉，现在已下乡，原信未有带，幸益兄来信有你地址，可以回信。关于土改事，我们应积极赞成政府政策及法令。你对土改有研究否？应好好研究，这是几千年没有的事，我们躬逢其盛，何幸如之。

我到重庆，曾访过幹侄，并六宅业弟。我出京时适接到幹侄来信。

姑姐等病已愈否？念甚。我又忙，又老，连写信的时候都没有，奈何！幸精神尚佳，勿念。此示约儿。父字。七月十四日。

来信可寄四川巴县南泉管理局转土改工作团

陈某。

（一九〇）一九五一年十一月四日往函

十月廿八日来信收到。九月廿八日我寄你旧址一明信，结果收到否？来信说我十八日信似有点气，至少极不高兴。不高兴有之，但并未生气。何以不高兴？因为想知到乡间的事，总未有人告我。素不来信的人，不能责望他。你是不断写信的，可惜信都是短的，材料甚少，是以失望。你替我想，现在乡间的事，不靠你告我，尚有何人告我？况且阿幹从前来信，曾说过我夏间回他的信，他已抄寄九公、三叔同你，因此我以为你知到一些，所以倚靠你。你既然无消息，我就一点都不知道，所以不高兴。但不至生气，不必误会。粤中如有新闻关涉我的，我亦愿你们告我。此节从前似说过。假如有新闻关涉你的，我见着一定告你。我们近日进行"教师学习"，展开批评与自我批评，报上批评，也是一种批评，应该知道。可惜我老，改造不易，奈何。此复约儿。援。十一月四日。

（一九一）一九五一年十一月十七日往函

四日复汝一函后，得你五日来信，并食物一盒，收到，谢谢。又得三叔转来九公信，并乡间信，略知土改情况，看来是颇严重的。我有复他们的信，今抄给你，是否可在报上发表，请酌。我们对地主阶级，不能留情。有何新闻，仍想知到。此祝健康。十一月十七日。

益入华北革命大学已半年多，功课甚忙。朴孙往华中土改。益嫂往东郊某工厂教书。朴孙日前生一女。陈韶（益大女）在辅大化学系二年级，陈怡（益次女）在沈阳当小干部。因来信问益，粗粗答复如右。吾家三代（垣、博、基、朴）参加土改工作，你怎样呢？十一月十七又及。

（一九二）一九五一年十一月八日往函

陈垣复族人问土改的信

土地改革是人民政协共同纲领规定的，要将封建半封建的土地所有制，改变为农民的土地所有制。就是没收地主阶级的土地，分配给无地少地的农民。这才可以解放农村生产力，发展农业生产，为新中国的工业化开辟道路。我们应坚决拥护这政策。

如果我们父兄是地主，我们就要斗争我们的父兄；如果我们自己是地主，我们就要斗争我们自己。换言之，我们要站在无产阶级立场，如果我们是地主阶级，我们就要背叛自己的阶级来作自我斗争，我们是要废除地主阶级，但不是要消灭地主的肉体。

地主们既占有土地若干年，今日还给人民，是最公平的，最合理的，应该老老实实遵守政府法令，向农民大众低头，听受群众处理。群众对你好不好，就看你平日对人好不好，自作自受，也是心安理得。我们应相信人民政府，相信人民群众，一定会给你一个适当处理的。一九五一年十一月八日。

（一九三）一九五一年十二月十四日往函

二日函及鱼收到，谢谢享表姐，他近年景何如？至念。前信族人见之谅不痛快，但思想搞通后，知到理应如此，心中自然舒泰。来信说乡间消息少，消息少的原因，系因为群众发动后，地主就孤立起来，除一二甘心作地主狗腿的，谁肯替地主通信。渡马站在农民一边，对地主一样仇视，地主想从渡马得消息也不可能。因此乡间消息遂少。

这次广东土地改革，你们无机会参加，至为可惜，但革命革到自己门前，系最好考验的一关，你们能接受这个考验，也是绝好的机会。此复。

鱼寄到已生蛆，亦一经验。病眼中。十二月十四日。

（一九四）一九五二年三月廿八日往函

廿三信收到。益自十五晚在科学院派人回家取铺盖，说是要反省，未知因何事，至今未出来。本早要告你，因久未来信，住址又屡变，无从通知。想寄恒安转，又忘了街名。日前益说你想要我一相片，今付上。此祝健康。约儿阅。三月廿八日。

（一九五）一九五二年四月十一日往函

四日来书收到。益仍未回家，将近一个月了。初时犹可写条子回家，现在连条子也不能写，未识因何事。平日利字看得太重，这次应受教育。闻益嫂也有关系。朴往土改未回，家中只剩小儿女，似不成家。来信说所得中了的公债寄他，如果系他自己的，须听他出来，有信给你，你才可寄他。如果有系别人的，可寄我转。但我近日也不常在家，家中只剩一七十馀岁的老妈。南屋外院又来了一家人家来住，小子八九个，颇杂。有信寄辅仁（暂不必寄兴化寺街）交我为幸。此节幸记住。杭州最近有信，未提到入革大。粤中五反，相识的必多。整肃一回，才能建设。你有参加工作组否？必须坚定立场，大义灭亲，不要为情面、旧习所累。四姑来信说老友鱼仔死了,仙姑助葬,不知鱼仔、仙姑何人,幸告我。馀未一一。即祝健康。四月十一日。

(一九六)一九五二年四月廿三日往函

十七日约来信并款,已收到照交。益仍未能回家,已四十日了。前两日人民法院来我处,查询他的情形。我照直说,铺业是有的,但我离粤已四十年,素不管事。祖铺除公家一份外,分九份。益是第四代,现在我还未分到,他更不用说了。至于房产,我更不知。四十年来,我自己不用家中的钱,后一辈是用的。这几年家中偶寄来钱,益是六份之一。粤铺事我不清楚,粤中有第三子陈约,在市立四中教书,他知道一些。来人又问上海、香港是否有铺?我说香港是有,但日久各宅贫富不一,中间缪辖,我不知了。上海铺名琪记,是九宅儿子之名,是否各房都有份,抑是九宅的,我也不清楚。益当初与人做买卖时,一定吹牛,说他有若干后援,到现在,人家都指出他是有钱,因此追问。又未知他在科学院反省，究竟是为大亨事，抑债务之外另有事，要他自己乃知了。汇来款预备交益嫂一百三十八万五，叫他尽地还人，未知他怎样办了。平日利心太重，唯利是视，应受此教训。人民法院是否会在粤向你询问，只有照直说，知道多少说多少，方对得人民起。一个人，除了生活以外，钱是废物，唯利是视的休了。来信不妨长的，有话就说，不必惜墨如金。从前好些事，你写信对益说，不对我说，他有时不尽告我。你以为他会告我，其实他不告我，我就不知道，你以为我知道了。粤中三反五反，要站稳人民立场，不要顾到私人感情，切切。四月廿三日。博转。

（一九七）一九五二年四月廿七日往函

廿三日复汝一函，因懒另写杭信，遂将信寄杭转汝，想已收到。即日又接到伯苗函，能为我帮助他否？请酌。有款扣还可也。现在大家都要靠劳动生产，仍用旧式向人借贷，似不甚妥。益事仍未自由，乡事有何消息，便告我，寄校勿寄家。此祝约儿健康。四月廿七日。

（一九八）一九五二年五月六日往函

廿三及卅日来信收到。廿七日寄汝一函，收到否？平日剥削甲，及要还甲时，又剥削乙来还甲，始终以剥削人为事，何时了。

益事可直接去信（快，于他好些），文津街中国科学院转交他，不必由我转。当初因他被扣，不知何事，故前信言有款可由我转。其实我这里也与他隔绝，不能转。粤中事麻烦三叔与你，不必包庇他，不必为他隐瞒（要老实，要直说）。他平日好吹，今食其果，是应该的。嗣后有他的款，可以直接寄他（写信给他，要预备可以公开的，才对。先去信说清楚，俟回信后汇款较妥）。非他的款，不可由他转。你平日有事对他去信，他从来不给我看，我亦不问他，所以好些事，我都不清楚。我已老，譬如写这封信，就好费力，奈何！目力至差，腕力亦弱，不能多写。此复约儿。五月六日。

（一九九）一九五二年六月八日往函

五月十一及廿九日函收到。即早益嫂来说，前两星期，益着人到家取图章，昨日在法院看守所着人到家取衣物等，云"因债务执行，已由科学院送所学习"。她打算将五福里的屋退租。本月十五日朴分发到西藏实习，韶住学校，朴嫂回娘家，益嫂住工厂宿舍，这样就不必每月多费二三十万租钱云。但未知退股款如何汇他，由港抑由省，及汇至何处。来信不明白，我今告你，我最近得知消息如此。至于你来信，云"三叔属转益（是否由你转）打回正式收据，以清手续"等等，未知已办妥否，念念。他究竟在所要学习多少时候，不知道。但既云因"债务执行"，似与政治无关，算不算贪污也不知道，总要他自己才知道了。唯利是视，是其平日大毛病，奈何。三叔处许久未有信去，许多话写不了。吾兄弟间并无隔阂，惟因儿辈牵涉，就有时难于说话。我稍暇要去信道歉，但因眼目不佳，写信甚费力，写到一二张纸就朦胧看不清了。祝你们好。此示约儿。六月八日。

我祝四姑姐生日，打一长寿图章。来信说篆文不易识，想已问过你。此图章系友所赠，不是自己夸长寿，便请转四姑一笑。六月八日又及。

（二〇〇）一九五二年六月廿四日往函

十四十五日信收到，益事自八日后无新消息。闻系法院因债务执行向科学院要人，不是科学院送去的。又闻债务有四亿之多，详细不清楚。至于信义股份事，我记得系用维举祖名，因这股份系三宅的，应该系维举祖。但既不能用宅名堂名，实事求是，这股份系分六份，有四份是你们四兄弟的，有二份是三宅公家的。三宅公家又一份预备留粤用，一份预备寄京。我记得当时决定系如此。应如何处理，实事求是。用你们各兄弟名，好否？三叔处久未去信，至歉。眼花写字甚吃力。祝你们好。此复约儿。道宗①。六月廿四日。

（二〇一）一九五二年七月十五日往函

六月廿四及七月二日函收到。益自六月八日入看守所后，至今早敏洁来，始言定本月十九日下午可以接见家属（自三月十五至今第一次），待接见后如何再报。我对敏洁说，要问清楚犯何罪，几时才释放，即是要看判决主文。究竟如何，我全不知道，或者敏洁他们自己知道未定。馀未一一。此祝你们健康。七月十五日。

（二〇二）一九五二年十一月十六日往函

前信及款照收。朗诵件已托人找，迟日再复。我自前月底起两手指尖麻木，甚不便，医嘱停止工作，勿念。日前有女子来访不遇，留字叫瑞仪，称

---

① 道宗为援庵在谱中大名。

我做大叔。我觉得奇怪，端仪何以称我做大叔？原来是瑞仪。翌日再来，与干嫂一齐。初见不相识，说起是七妹，我一时想起大兄来，不觉大哭。因七妹眼睛甚似吾兄。想起就悲喜交集，不由得不哭。来信说及干侄，因此告你。不多谈，祝你们健康快乐。十一月十六日。

家中叫我做大叔者只有二宅的人。当初我想到瑞仪一定是二宅的。干嫂在重庆见过我，他认得我。顺问干侄好。

（二〇三）一九五四年三月十二日往函

六日、八日信收到。信诚等新登记，要真名，这是对的。实事求是，是谁的，就登记谁。从前用维举祖也不是假名，但沿旧习惯罢了。现在要登记生人名，就不能用旧名。且既分开了，又有人退股了，是你的，就登记你名，是我的，就登记我名，总求合法不犯法就是。今日有送黄仲敏老先生的胡金竹字一轴寄你，收到后请给四姑姐等一看，谁便托谁送去，费神之至。此是《咏浪花诗》，第三句头二字不好识，我猜是"旧节"。节用古文，与□字草法同，未知是否？你如果识得，请告我，即祝健康。援付。

晤幹弟，同我问他好。在重庆见过，又三年了。约之阅。三月十二日。

（二○四）某年二月六日往函

一月廿九日来信收到。三叔礼物或由京想法子。我想送一副陈东塾行书对联，未知好否？来信两面写，不妥，请注意。七宅亚广，何止十几岁，怕记错了。全国戏曲观摩演出，看过几次，忙不过来。我最赏川剧，越剧及河南梆子也好，惜乎粤风不竞，殆因话不好懂耶？你说我的字斜才见精神，才有章法，又要问四姑姐近来所写的斜不斜，这话是否矛盾？学校叫你搞音乐，搞粤曲，搞话剧，你一一推辞，这真是不对，以后不要这样。有什么法子发挥自己的天才，发挥自己的潜在力。从前万般皆下品的思想，要认真检讨一下（要改保守为进取）。祝你进步，祝你成功。一月六日①。

（二〇五）一九五五年一月十九日往函

十一月廿九日信早收到。时日过得真快，转瞬过了新年，又快到旧历年，你们各人佳否？四姑姐搬家之事实现否？我从前不好玩，所以弹棋博弈之事，一无所能。电影戏剧，也不好看，小说亦不观。及今思之，真可笑。今非昔比，看电影等大有益。四姑姐等常看电影否？我细想从前种种皆非，今日非要从新来不可。你好音乐，又能书，与文艺甚相近，近有用武之地不？便幸告我。

黄仲敏先生健康否？他住书同巷，年将八十矣。最近曾见及否？

吾家中子弟近状何如？谁最进步，有堕落者否？二宅汉哥在省抑在港？他们对我有何批评？望

---

① 据信文，一月应为二月之笔误。

不吝告我。日前遇一北友,曾参加广东土改,住棠下,曾至吾家,并知石头为我之故乡,一定有人告他也。详情我不便细问,你能告我一二否?

三叔快生日,我想托你买一点东西送他。何者合适,幸告我。前年雪白等南返,曾托他们带几只官窑磁碟,路上碰坏了两只,至可惜。祝你进步、健康。一月十九日。

(二○六) 一九五六年三月廿九日往函

即接到九公三月廿三日来信,我心安乐了。廿五日给你信,因为自我病后,好些事都瞒住我,有几个朋友去世,他们都不告我。虽是好意,但太无谓了。即如三叔这次病,至今无人正式告我,都是我打听来的。因此,九公久未有信,我就怀疑,所以廿五日信叫你"老实告我",实在为此。今九公自己来信,我放心了。

前寄元白先生《佛教史概论》,是黄元白,罗生先生好友。此示约。援。三月廿九日。

（二〇七）一九五六年五月十五日往函

约儿阅：

一个半月未写信给你，得毋念否？四月廿二日信收到。前两月三叔病，子女都回港看他。我事前并不知道，今想问你，娴、白二侄已北返，我知道，基侄几时北返，我想你查明告我。基嫂现在有工作否？四姑等有再来北京兴趣否？前寄之书交黄元白先生，现在又有一启元白先生因公要到广州。他名启功，北师大中文系教授，未知你能有机会见面否？馀未一一。即祝你们健康快乐。援。五月十五日。

这次政协，陈容被天津市邀为特约代表。

（二〇八）某年十月廿三日往函

十三日来信收到，信少令人□□。时节来一信，不算多。九月在香山静宜园相片一张，特题字寄练柔，代交为幸。此复约之。援。十月廿三日。

(二〇九) 一九六〇年十一月十三日往函

约之阅：

来电收到。你去年离京之前夕，曾与你游览工人体育场及北京新车站。时两处工程尚未完毕，现在已完毕了，兹寄你图片两张。

又最近相片四张：一、正要出去劳动。二、劳动归来。三、山游小憩。四、书库生活。寄汝聊作面晤。并祝健康！援。十一月十三日。

去年十二月十一日及今年三月四日来信收到。

(二一〇) 一九六〇年十一月廿三日往函

练柔爱余"劳动归来"相片，今特专寄一张给练柔。

这次来信，字较疏大，颇便老眼。但两面写，似不妥。

专复，即祝健康！援。十一月廿三日。

附"反美游行"、"劳动归来"照片各一张。

（二一一）某年某月某日往函

约之阅：

你是能写字的，但最近几次来信，墨太淡，字太小，又太草，老人没有法子看，只有不看不复。但细想这不是办法，不告你知，你总不知，因为你没有到这个年纪，不知道老人眼目不行，所以直白告你。如果等到你八十多岁的时候，你自然明白，但是太迟了。所以还是告诉你。

说话想人懂，写信想人看。如果令人看不懂，写来干什么呢？凡事要替人想想。

《文心》稿也收到，我是外行，恐怕不能帮助你多少。

你作戏剧工作，我以为甚好，努力吧！此祝健康！

（二一二）一九六二年六月廿七日往函

约之阅：

久未来信。接廿三日函，知家中大小均安，至慰。又寄来字数篇，甚好。可惜只有字，如有文章数篇，岂不更好？你最近有作文章否？读书而不作文章，犹如蚕不吐丝、蜂不酿蜜。不论长短，数百字或数千字，均比不作好，当有以复我。附函寄去《文物》杂志一册。请查收。此祝健康。援。六月廿七日。

（二一三）一九六四年七月十二日往函

约之阅：

未接六月廿九日信前，先接寄来所写毛主席诗词。写得太好了，为之赞叹不置。

但有错漏。一首"屈指行程"，漏"程"字；一首"秦皇岛外"，漏"皇"字；一首"金猴"，"猴"字多一直。既发见有错漏，似不应付装裱。且既要装裱，何以不装成册页而裱成单片？且全十一页均无书者姓名，亦似不合。最好裱成册页，每页末尾可以盖章，整册末尾可以署名，如"陈约敬书"等字样。你以为何如？此复，即祝健康。

援。七月十二日。

（二一四）一九六四年十月五日往函

约之阅：

九月廿二日来信收到。

毛主席词，写得甚好。但写词半阕或一阕，应有间断，不便相连。

戏剧材料，粤中有需在京找者，可来信，或可找得。馀未一一。即祝健康！援。十月五日。

（二一五）某年十一月十五日往函

约之阅：

十一月八日来信谈到朱弁，我所知甚少。朱弁《宋史》三七三有传，其人奉使不屈，立身行己，值得称颂，但不应与王伦并论。王伦《宋史》三九一有传，《金史》七九亦有传，则当时舆论对此人的看法可知。朱弁著作存者有《曲洧旧闻》十卷，《四库》杂家类五著录，《知不足斋》、《学津讨原》等刻之。

又有《风月堂诗话》二卷,《四库》诗文评类一著录,《宝颜堂秘笈》等刻之。此外《中州集》卷十、《宋诗纪事》卷四十三有其诗,亦可参考。此祝健康。援。十一月十五日。

(二一六) 某年某月某日往函

约之阅:

十八日来信收到。"山外青山楼外楼",系南宋初林升诗,见《西湖游览志馀》卷二。云:"绍兴、淳熙之间,颇称康裕。君相纵逸,耽乐湖山,无复新亭之泪。士人林升者题一绝于旅邸,云:山外青山楼外楼,西湖歌舞几时休?暖风熏得游人醉,便把杭州作汴州。"

《宋诗纪事》卷五十六林升条引此诗。你是从二书读过这首诗么?还是从通俗读本《千家诗》读过这首诗呢?《千家诗》说作者是林洪,与《西湖游览志馀》不合。林洪见《宋诗纪事》七十三,与林升另是一人。

（二一七）一九六六年六月十一日往函

约之阅：

五月二日来信收到。字体疏朗悦目，至可喜慰。又得知家中大小安吉，又得知能参加此次社会主义文化大革命，好好学习，尤可喜慰。勉之勉之。

兹随函寄给练柔玩意黄鸟二只，此鸟搓圆压扁，均能迅速复原，亦玩意中之新出品也。

此复，即祝健康！援。六月十一日。

信皮地址是门牌改编，非搬家也。

与陈乐素[①]

（一）一九三六年十一月二十八日，陈乐素来函

父亲大人膝下：

敬禀者：前日得接大人廿三日手谕，敬悉一

[①] 陈乐素（1902—1990）：原名博，援庵长子。一九一八年至日本留学。一九二三年归国后，先后在广州南武中学等校任教。一九二六年参加国民革命军任政治宣传员。一九二八年至上海，从事中日关系史、宋史研究。一九三八年初至香港，后在英华女学校任教。一九四三年初至贵州遵义，任浙江大学史地系教授。一九五四年调任人民教育出版社历史编辑室主任。一九五六年任中国科学院历史研究所兼任研究员。一九七九年任广州暨南大学历史系教授。一九八二年任国务院古籍整理出版规划小组顾问。

切,请勿念。沪圣墓堂碑,曾闻徐司铎①拟雇人尽拓之。 蔡老先生②信已送去,据云汪龙庄手卷跋颇长,来月底当可写好。至菊老③纪念文届时另着人钞,闻纪念册稿限年底截止。《圣教序》琴斋④借去,尚未还,谨此,即请金安,儿博谨禀。十一月廿八晚。

(二)一九三七年十月八日,往函

四日付沪快信一函,未知何时收到?即接九月四日来函,慰甚。平日以接汝等信为乐,反言之则久不接信,其不乐可知。自九月八日接八月廿五日函后,至今始接此九月四日信也。

信迟到常有之,极少失。今失我八月十日及九月一日函,可惜。九月一日之函,系复七月廿三日来函

---

① 徐司铎:徐宗泽。
② 蔡老先生:蔡元培。
③ 菊老:张元济。
④ 琴斋:简经纶。

者。八月十日之函，另付有《吴渔山年谱》六册，因七月份上海出版之《美术生活》，有陆丹林之吴渔山文一篇，料简翁①必认得陆君，欲赠他《吴谱》一册也。然八月十日同今日之情形，已不胜今昔之感，岂尚有此闲心哉！又记得八月十日之函，有一事属向徐汇一查者。数年前徐司铎抄寄我西士所著书目，中有《天教便蒙》、《身心四要》二种，署周志撰。周志未知是中人抑西人，又未知此人是何时人，欲一查二书之序跋及著作刊版年月。因渔山纪念文中有先师周铎，始终未知周铎系何人，或者是此周志亦未定，所以前信及之，而不知竟有八月十三日之事也，可胜叹哉！

邮政即管慢，十日八日应有一家信在途中，则不至消息隔绝也。

《旧五代史辑本忌讳改窜例》② 三卷。今日已

---

① 简翁：简经纶（琴斋）。
② 《旧五代史辑本忌讳改窜例》：最后定名为《旧五代史辑本发覆》。

交文楷斋雕板，因暂时无杂志可发表，而此书倒是颇有永久性而又系研究正史之书，不如以之一灾梨枣也。八月十七日初稿成，九月四日二稿，九月十日三稿，十月一日四稿，今日发刻，则五稿也。惜邮寄不便，不能将几次稿寄汝。日间或将序、跋、目录写寄未定。新孙趣否，亲友有遇难者否，念念。此示博儿。父字。十月八日午四时。

（三）一九三七年十月九日，往函

昨午付沪快函，想收到。《旧五代史辑本忌讳改窜例》序目及卷末结论抄阅，因忆及《会编》① 许刊本亦有此例不少，但只是馆臣拟改本，四库并未采用，不若《薛史》② 之改窜灭迹也。（亦因有写本相传，易于检对，故不采）。此示博儿。父字。十月九日。

---

① 会编：《三朝北盟会编》。
② 薛史：薛居正《旧五代史》。

（四）一九三八年三月二十六日，往函

十九日由三叔转汝一函，想收到。廿日即接六日来函，并小照片，小子甚趣（所骑者是狮子是狗，是真是假，不分也）。余连日臂痛颇剧，幸是左臂，尚未至不能写字，仍照常阅书，藉此可以忘痛也。前曾有寄许地山、马季明、徐森玉各先生《旧五代史》等，但均写香港大学，未有写文学院等字，未知能收到否？雄侄有消息否，何以至此，念念。此示博儿。父字。三月廿六日。

（五）一九三八年五月十五日，往函

顷有一函交三叔转汝，欲汝往取时，一并收回置物与祖母之款也。直寄容、慈①函，不如由港转寄之快，姑再试验一下，看看何时收到也。近又著一

---

① 容、慈：援庵子、女。

小书①,大约暑假可成,已从事三个月,饱食终日,无所用心,为之犹贤乎已!五月十五晚又付博儿。

(六)一九三八年六月五日,往函

四晚来书,前月廿二日已复。廿八日又付归《朔闰表》六册,《薛史》、《吴谱》十三册,共分二包,想收到。表内有一册稍旧,系用过的,未知内有夹着旧纸片否?如果送人,应一检。

十二晚来信,早收到。连日闻省城事,食不安,寝不寐,未知九公、三、四姑等如何,至为系念。想早已离开,现在急盼事后来信。无奈何,惟有祷求主祝福各位而已。

小孙拟改名智仁亦趣。余近日为《释氏疑年录》,已写成四卷(三稿),至宋初。宋以后正着手写第二次稿,暑假后或能成。日与古德往还,智仁二字甚似古德名也。馀未一一。此示博儿。父

---

① 小书:《释氏疑年录》。

字。六月五日。

（七）一九三八年六月二十一日，往函

十六日收到廿八晚函，即复一缄，想收到（今早收到四日函）。省城不可居，闻九公已返乡（三叔七日函），只留彦叔等守铺①，殊为可念。潜②来信云十一日行毕业礼，拟留校，亦可念。想此时已到港，路上亦不好走。他到港可访袁先生③设法位置，或在港、滇谋一席，不论薪水多少，找一栖身处，胜于闲居也。今日接寅丈④廿六日来信，尚不算甚迟。此间已放假，校事颇有纠纷，亦听之而已。《释氏疑年录》，宋一代仍未竣。寅丈近著一文名《唐代西域人华化》，已付印，出版尚无期云。此示博儿。父字。六月廿一日。

---

① 铺：陈信义药材行。
② 潜：友潜，援庵次女。
③ 袁先生：袁同礼。
④ 寅丈：陈寅恪。

友潜（五月廿九日）信不另复，说来说去，亦不过这几句话而已。他来信问行止，行止只能见机而行，不能远隔代为定夺也。

（八）一九三八年七月二日，往函

廿一日复一函后，连接十一、十七日函，藉悉平安为慰。寅丈来信收到，敷伯收到书亦已有复函。此间亦已放假，下年事未知如何，作一日和尚撞一日钟而已。《疑年录》第六卷宋已写二稿，现正清理第七卷元明，馀未一一。潜信暂不复（有实在地址后乃算）。此示博儿。父字。七月二日。

（九）一九三八年七月十二日，往函

二日曾复十七日来函，想收到。即日接廿二晚来函，知大小平安甚慰。《疑年录》稿尚须细改，见书愈多，修改愈甚，始知三家村学究先生株守一二高头讲章，安然自足，亦是一法也。昨日此间报载辅大校长辞职，并无其事，恐港报有同样记载，先此告知,勿念。此间有新到罐头豆豉土鲮鱼,甚可口,每罐一元至一元二角,大有故乡风味,馀未及。此示博儿。父字。七月十二晚。

(一〇)一九三八年七月十九日,往函

十二晚复廿二晚函,十四日又复超孙一函,想均收到。即接三日来信,并两孙成绩表,阅毕付回。小子学字,最好用手指多写,然后用笔。所谓昼作势,夜画被,均指手而言,不必一定用笔墨也。潜久未离校,颇担心,惟有盼祷其平安而已。此示博儿。父字。七月十九日。

(一一)一九三八年七月二十九日,往函

十九日曾复三日函,已收到否?即日接十三日函,藉悉平安,甚慰。薇三姑月前来书,收到衣料,书中有《薛史》旧文,未经馆臣改窜,颇干磨勘[①]。

[①] 暗示信中有引起敌伪注意语。

既未便复，亦未便明言，因渠不谙有磨勘之例也，能委婉使渠得知否（不知亦罢）？三叔来书，深谙馆例，于人名、地名及用语之有违碍者，悉能避去，虽间说省城灾情，亦不干磨勘也。暑假快过去一半，写字人孝先生于日前病故（即写《朔闰表》之人），一时未有替人（现只有一人），故《疑年录》进行稍慢，明清一部分（即第七八卷）尚未写第二稿也。馀未一一。此示博儿。父字。七月廿九日。

（一二）一九三八年八月十六日，往函

二日曾寄一函并《四库考证校表》想收到。即接廿八日函，藉悉平安至慰。八、九两日石室堂前被难者众，未识有熟人否？《疑年录》七、八两卷初稿已成，现整理一二卷二稿。行百里者半九十，距成书之期尚远也。木陈忞禅师《北游集》曾经雍正间查禁，久未找得，近无意中得之。书仅一册，未识叶丈①曾

---

① 叶丈：叶恭绰。

见过否，便可询及（不急），或可抄寄一本也。又叶丈曾得一书，忘其名，乃汇抄明朝掌故，中有俗语谕旨①，甚有趣，全书有四五函，似是抄本（红格）。如在手中，甚欲假其中语体谕旨一读（不过一二册）。或抄寄副本亦可，或先抄寄书名亦可（总名及子目）。不止一种，似是汇抄，便可一查也，不急不急。此示博儿。父字。八月十六日。

（一三）一九三八年八月二十三日，往函

十六日曾复廿八日来函想收到，即日又接九日函，藉悉平安，甚慰。省城连日不靖，颇可挂虑。物价飞涨，生活困难，盖因银价低落之故。月来雨水太多，塌房屋不少。《疑年录》大体已具，修葺整理，距成书期尚远，复阅殊不满意，奈何。此示博儿。父字。八月廿三日。

---

① 指《国朝典故》。

（一四）一九三八年十一月二十七日，往函

廿四日曾复十日来函，想得见。即接十四晚函，知晏公①等无恙，是意外。乡中老人能不受惊，尤慰。眼目不好，迁避为难，甚可虑也。寅丈已离港未，晤时致意。近欲作一小文，名《汤若望与木陈忞》，有意思尚未属稿，未知能成否也。此示博儿。父字。十一月廿七日。

（一五）一九三八年十二月二十一日，往函

六日复十五、十六、廿三日函后，曾接四日函。近闻朱子襄先生故乡，及白沙先生钓台，均有事，至为焦虑。本乡慈济宫亦闻有死人，未知老人在乡如何，心烦不可言状。《国朝典故》事，暂不必提，因明知不易钞，暂作罢论可也。八日寄有《琬琰集删存》三册，分三包，已收到未？《汤若

---

① 晏公：指在广州晏公街之陈信义药材行。

望与木陈忞》已脱稿，约万五千言，颇有新发见与新解释。新郎①无信，潜有信而言病，均可虑，奈何。连日只有闻儿妇允贷一款，稍慰，馀未一一。此示博儿。父字。冬至前一日。

（一六）一九三九年一月九日，往函

昨复一函，即日接来廿一日函，并小子信，及成绩，甚佳。四姑财产稍有损失，是好消息，不是恶消息。我辈处今日，应该有些阙憾，不然，会招天妒也。天下那有完全满意之事，稍有损失，是等于种痘，发些热，可以免疫也，请四姑放开心怀为幸。谋馆事诚不易，然要有恒心及坚忍心。譬如新郎，我本不想他读书，但后来他自己非读书不可，数年来甚有成绩，不过时有怨怼不服之语，我亦置之。前闻他要随丈人经商，实大失所望。经商何尝不好，但不能忽商忽士，忽士忽商，如此则两无所成。人亦不能名之

---

① 新郎：约之，援庵三子。

为商，亦不能名之为士。欲再谋馆，则难矣。所谓非有坚忍之心不可也。二十年来余立意每年至少为文一篇（专题），若能著比较有分量之书，则一书作两年或三年成绩，二十年未尝间断也。一生身体未尝大病，亦未尝经甚么难处之境，以视吾先人及其他亲友，自问可谓幸运之极矣。于此而不稍用一点功，何以对天之生我也！汝年来曾作甚么文，甚愿知到。记得从前似曾对汝说过，每年必要有一二稍有分量之文发表，积之数年，必有可观。专役志于衣食，殊可惜也。有所触不觉絮絮。此示博儿。父字。一月九夕。

（一七）一九三九年一月十四日，往函

九日复廿一日函并小子函，后又接圣诞节函。果于先生未相识，不知是岭大，是开大，是暨大，以研究某种学问著闻？活伦在十八甫西头路南，仁寿在东头路北，莫公①藏书处是活是仁，前信似已

---

① 莫公：莫伯骥。

问及。《汤若望与木陈忞》已印讫，昨将原稿寄阅。前者文成必先就正于伦、胡、陈①诸公，今诸公散处四方，无由请教，至为遗憾。但此稿亦曾经十人参阅，凡有钩抹，大抵皆赖人指摘者也。直谅多闻之友不易得，当以诚意求之。连日左腿作痛，大抵又是风湿。前夕痛甚，致不能睡，贴同仁膏药有效。血气益衰，无所成就，至可虑也。韶丈学院总带有野鸡性质，奈何！乡中老人、途中新郎料皆安吉为念。此示博儿。父字。一月十四日。

（一八）一九三九年二月二十四日，往函

十二日复卅日函后，十五日又寄汤若望论文五册，《寒食散》② 一册，史学年刊单本七册，分三包，想收到。朱少滨（名师辙）先生在成都华西大学教书，闻尹公③近亦在此云云，寄朱公转可

---

① 伦、胡、陈：伦明、胡适、陈寅恪。
② 寒食散：指余嘉锡《寒食散考》一文。
③ 尹公：尹炎武。

也。久望信,今日始接八日函,函曾被水,想下雨之故。《西堂杂组》,应作俎,衍"年"字已看出,"迫"字尚未校出,廿五页末衍追论之"追"字,原亦误迫,后改,而廿六页者仍未看出,甚矣校书之不易也①。五号字余现不能看。"萦念"及"因彼",均是原文。憨璞聪召对,见憨璞语录,未举出,一时忽略。胡公②曾撰《颜李学派的程廷祚》一文,登《国学季刊》第五卷。余日前见有程与袁子才尺牍七页,极难得,已照相寄胡公。其中一函,谓程晋芳眼孔如豆,不知学术一道,愈讲愈精云云。此进化论之言,出于二百年前,甚是难得,可惜篇幅稍大(十二寸),不然晒一张寄汝;近又写一文,名《茚溪森语录新史料》③,初稿寄阅。前函言《大公》图书副刊复刊,误,盖《益世》非《大公》,亦非在港,告者误听也。此示博

---

① 以上均指《汤若望与木陈忞》一文之刊误。
② 胡公:胡适。
③ 茚溪森语录新史料:后定名为《语录与顺治宫廷》。

儿。父字。二月廿四日。

（一九）一九三九年三月四日，往函

廿四日曾复八日来函，又《苅溪语录》论文初稿一册，想收到。连接十三，十九晚来信，知心愉①丈逝世，至痛，岁数并不算大也。小子在家读书亦好，不必急急，身子比读书要紧。即日又寄若望文六册，分二包，友人想起就寄，聊报近状而已。吴子馨其昌先生与周更公②同在蜀嘉定（某山？）武汉大学，便可寄去，麻烦则置之可也。因近日交通不便之故。苅溪文又有改动，因又新得其他材料，互相发明，颇可乐也。连日厂甸书摊稍有收获，都在一二元以内，贵则不能买了。朱逖先③先生近在何处，有所闻否？缪赞虞凤林等前在中央大学者，今皆不知消息。乱离之感，良不可任。如有不关涉政治纯系学术

---

① 心愉：苏心愉。
② 周更公：周鲠生。
③ 朱逖先：朱希祖。

新闻，不妨报告一二。此示博儿。父字。三月四日。

百岁老人①犹在桂否？

（二〇）一九三九年三月十七日，往函

四日曾复十九夕函，又付汤文六册分二封。八日、十一日各寄文稿一封，已收到否？即日接二日来信，知前寄各册均收到，甚慰。《宋官藏考》能在《辅志》登甚好，但国币低跌，只值港币五毫，未免太不上算耳。超孙习《说文》部首好，但小子切不可过劳，吾屡言身体要紧。商务从前印过一部学篆必携续三十五举，教小子用手指学篆笔画先后，曾见过否？寒假满后上课又已一星期，又绑住了。此示博儿。父字。三月十七夕。

（二一）一九三九年三月二十六日，往函

十七夕曾复二日来函，想收到。连接七日及十

---

① 百岁老人：马相伯。

三日函,藉悉一切,甚慰。《稼轩词疏证》已购得,准明日付邮。此书名疏证,然材料甚少,恐失望。欲撰陈同甫年谱,应将四库书全部南宋人文集与同甫年代不相上下者尽览一遍,方可无遗漏。然南中岂易得此机会也。且凡撰年谱,应同时撰一二人或二三人,因搜集材料时,找一人材料如此,找三数人材料亦如此,故可同时并撰数部也。若专撰一人,则事多而功少矣。吾撰《渔山年谱》时,本可同时撰四王并南田①年谱,以欲推尊渔山,故独撰之,其实找渔山材料时,各家材料均触于目也。竹汀先生撰二洪及陆王年谱,亦此意,然知此者鲜矣。余撰《释氏疑年录》,目前已整理完竣,无意中又发现某处藏《嘉兴藏》一部,有清初语录二百馀种,塔铭可采者多,因此又须将第十一、十二卷改造,此意外收获也。《嘉兴藏·弘觉语录》,本附有《北

---

① 四王并南田:指与吴历(渔山)齐名的王时敏、王鉴,王翚、王原祁及恽寿平。

游集》，因目录不载明，故知者绝少。吾亦据目求书，故十年不得，可笑也。汤若望文有影响否？因内有顺治及董妃事，故尚能通俗，索阅者不少也。昆地已有回信。叶丈对释藏颇有研究，有何议论？《语录与顺治宫廷》亦刊出后，更为完美。廿三日曾寄《学志》单印本六册，已收到否？中有《恭府考略》附图，清水桥即今李广桥，北极庵即今住处也，便携图与三叔一阅，说明下亦好。恭府东现为女校。宁侄已愈，甚慰，佳子弟不容易栽培。潜孤人远处，终是挂心，奈何！此示博儿。父字。三月廿六晚。

《季刊》只存五卷三号，明日寄，馀俟找。

（二二）一九三九年七月二十三日，往函

十二日寄港抽印本十一册并一函，想收到。十五、十六日搬家①，现大略就绪。即接十二日函，

---

① 搬家：由李广桥搬至兴化寺街五号。自此至一九七一年六月二十一日逝世，未再搬家。

从吾先生厚意可感。钟点宜少,由渐而进,不可贪多也。咸同《夷务始末》,明日方能打听,即口礼拜,各处不办公。约三日来信,已收到几日,粤事变后第一次来书,悲喜交集也。张菊老《校史随笔》甚佳(二册),已见否?《释录》叙例四纸,能寄石公为幸。近欲为一文,名《明末滇黔之佛教》①,未知能成否?此示博儿。父字。七月廿三日。兴化寺五号发。

(二三)一九三九年八月二十一日,往函

九日曾复廿六日函,想收到。《彝务始末》有一家三朝全的,七十元八扣,单二朝者至今无着也。即接七日函,询辅仁事,本月二日、三日,训育主任伏神甫、教务长胡神甫,前后被逮,颇严重。胡荷人,翌日即释,伏鲁人,闻日间可释。其罪名为介绍学生往南方,然已证明是误会,不日可

---

① 明末滇黔之佛教:后定名为《明季滇黔佛教考》。

了结云。前屡云渊如先生馆不可就，但到处杨梅一样花，故安土重迁也。《春秋经传引得》四册，又《注疏引书引得》一册，共五册，分四包邮寄，收到即复，因未有挂号也。教书可以教学相长，教国文尤其可以借此练习国文（于己有益，必有进步）。教经书字音要紧，最低限度，要照《康熙字典》为主，不可忽略。吾见教书因读错字闹笑语而失馆者多矣，尤其在今之世，幸注意也。《左传》人名最难记，每一人数名，前后不画一，应有法记之。约卅一日来信，收到。辅仁事三叔知到则告之，不知，则不必告也。约就何事？忽商忽士，似不甚妥，奈何！此示博、约儿。父字。八月廿一日。

（二四）一九三九年九月九日，往函

廿一日复七日函后，四日付《彝务始末》，咸四十册，同五十册，分五包。五日又付《四书改错》二册，想均收到。廿一日来函，收到数日，未暇复。《左传》、四书教法,应注重文章,不能照经书讲,总要说出使人明白而有趣为主。我近亦在《论》、《孟》选出数十章(目另纸),令学生读之烂熟,涵泳玩索(每一二句),习惯自然,则出口成文,可免翻译之苦。作文是作文,翻译是翻译。今初学作文,辄先作成白话,然后易为文言,此翻译法也。本国人学本国文不须此。学本国文贵能使言文一致,今以《论》、《孟》为言文一致之标准,选出数十章,熟读如流,不啻若自其口出,则出笔自易。寅丈已动身否,何以不见提及?伦丈来信复之,可按前址寄去,似系望牛墩。辛①八月十二日来信收到,不另复。此示博儿。父字。九月九日。

服部②先生已作古,可惜,曾知之否?

(二五) 一九三九年九月十六日,往函

九日复廿一日来函想收到。即接三日函并约廿

---

① 辛:桂辛,援庵长女。
② 服部:服部宇之吉,日文部博士。

九日函,知《引得》收到甚慰。《彝务始末》想亦收到,复在途。院本有书不敢出售,可笑亦可怜。好容易找得一部送许先生①,区区不必问价也。《左传人地名索引》亦好,我常用《左传释人》及《左传人名地名异同辨》,旧人应用旧书也。石丈所示疵累字句当遵改,行年六十尚有人改文,至可幸也,便为我谢之。现写刻已至六卷,未识年底能否蒇事。需款千馀元,辅仁本可印,但不欲以释氏书令天主教人印。佛学书局亦允印,但要排印,我以为不雅。给商务,商务亦必欢迎,且可多流通,但我总以为排印不够味。脑筋旧,无法也。闻希文先生在省作郭忠恕书,佳人何为作此?《图书季刊》已出二期,曾见否?余自前月十四阅藏至今月余,尚未竣,日间又开学,奈何?智永真草千文,有人用九宫格放大,五字一行,半页四行,(真草分卷)甚好看。馀未一一。此示博、约儿同阅。父字。九

---

① 许先生:许地山。

月十六夕。

"学也禄在其中矣",此语专赠约。

(二六)一九三九年十月五日,往函

十六晚复汝三日函并约廿九日函,想收到。即接廿一日函,知憬老①去世,至为感怆。卅年前,憬老见予所写作小品,以为必传。当时受宠若惊,不审何以见奖至此,然因此受暗示不少。今日虽无成,不能如老人所期,然三十年来孜孜不倦,未始非老人鼓舞之效也。今往矣,天南知己又少一个矣,为之凄然者终日也!寅丈不赴美,早料到,但未见提及耳。每星期四十余堂,如何上法?前函云每星期廿馀点已属不少,今曰四十馀堂,每日上几堂耶,何忙至此?功课太多,容易生毛病,学生常常见住一教员,亦易生慢,此节要注意。每星期不可过(至多)廿四点钟(每日四点),多则应让

---

① 憬老:汪兆镛。

出,不然,恐非长久之计也。至于自己工夫做不做,尚是第二层,先要功课对付得过,不至生毛病才好。此示博儿。父字。十月五日。

(二七)一九三九年十月十三日,往函

五日曾复廿一日函,即接到卅日函,又接到憬老讣。明拟写一挽联寄去,文云"节拟西山,学传东塾,词刊雨屋,诗著晴簃。"讣文全写上憬老著作,曾见否?中有《雨屋深镫词》一种。又东海①选晚晴簃诗,收罗有清一代诗人,例不录生存人,而独选憬老诗。此书出板已十馀年,将来考憬老生卒年者,必有问题也,故及之。你们有挽章应称愚再侄。有接讣否?东邻有人来,必问及汝,及阿益。益不过发表一二篇小文,亦有人注意。馀未一一。此示博儿。十月十三夕。

---

① 东海:徐世昌。

(二八)一九三九年十月十五日,往函

前夕复一函后,想起教书之法。前已说过要充分预备,宁可备而不用,不可不备也。又对学生多夸奖,生其兴趣,都已明白矣。但对同事要注意,太生疏不好,太密亦不好,总要斟酌及谦让,不可使人妒忌,使人轻侮。交友原本要紧,无友不可以成学,但同事则又另一样,与为学问而交之友不尽同,因有权利关系也。幸注意。此示博儿。父字。十月十五日。

(二九)一九三九年十一月二日,往函

十五日曾有一函,想收到,约六日来信早收到。即接十八晚函,知功课之忙如此,因叹谋生之不易也。兹有与伦、许二公函,幸阅毕即转去,现草《明季之佛教》文,颇费商酌,故心常不闲。精力日衰,尤感少壮之不可不努力。祖母安否?尤念念。此示博、约儿同阅。父字。十一月二日。

（三〇）一九四〇年一月七日，往函

廿五夕曾复一函，想收到。昨接廿七日函，云《遗民录》未购得，颇失望。即接廿八日函，云已有，稍慰。因近草一文，中有涉及遗民者，不可不参考他人著作也。文分廿篇，近始成七篇，已得数万言，恐草成时有十万字。今将草目另列，○者已成，即有关遗民一部，故急于欲阅人书也。论文之难，在最好因人所已知，告其所未知。若人人皆知，则无须再说，若人人不知，则又太偏僻太专门，人看之无味也。前者之失在显，后者之失在隐，必须隐而显或显而隐乃成佳作。又凡论文必须有新发见，或新解释，方于人有用。第一搜集材料，第二考证及整理材料，第三则联缀成文。第一步工夫，须有长时间，第二步亦须有十分三时间，第三步则十分二时间可矣。草草成文，无佳文之可言也。文成必须有不客气之诤友指摘之，惜胡、陈、伦诸先生均离平，吾文遂无可请教之人矣。非无人也,无不客气之人也。乡信甚念,奈何。约十七来信亦收到。此示博、约儿同阅。父字。一月七夕。

明季滇黔佛教考　廿八年①一月七日　○者初稿成

　　○明以前滇黔之佛教
　　○明季滇南高僧辈出
　　○明季黔南传灯鼎盛
　　　蜀僧与滇黔佛教之关系
　　　法席之倾轧
　　　静室之繁殖
　　　藏经之遍布及僧徒之著述
　　　僧徒之苦行及生活
　　　僧徒之外学
　　○读书僧寺之风习
　　　士大夫之禅悦及出家

---

① 廿八年：为廿九年之笔误。

僧徒拓殖本领

诸山开辟神话

深山之禅迹与僧栖

〇遗民之逃禅

〇遗民之方外游侣

〇释氏之有教无类

乱世与宗教信仰

永历时寺院之保护及建置

弘光出家之谣

（三一）一九四〇年一月二十五日，往函

七日曾复廿七、八日函并《佛教考》题目，想收到（似写错廿八年一月）。连日候《遗民录》无消息，颇不痛快，靠人真难也。六日来信收到，新《图书季刊》此间颇难得，顷已见到第三期，未知第四期已出否？似在上海出，但港购（是否）用港币，太不上算。中华书局廿六年七月印（陈）东塾书札一册甚佳。此间售七毛五一册（桂皓庭

文灿上款，即东园先生之父也）。已购到二册，如港购需港币，可寄港一册也。《佛教考》已成十篇七万言，一月后可脱稿，然已百举俱废矣，奈何！此示博儿。父字。一月廿五日。

（三二）一九四〇年一月三十一日，往函

廿五日曾复一缄，想收到。即接十九日来信，并《遗民录》等三册，渴望已久，一旦得见，喜慰何如。袁公雅意，将何以报之？约来书言得校对职，佳事也。若能遇到主稿者系好手，则大可学文。闻从前温雄飞先生即由此学得主笔先生作文改稿之法，居然能为桐城派之文，要在自己能留心耳。乡信幸即设法寄去，然乡间来书，邮政竟通，奇也。此示博儿。父字。一月卅一日。

（三三）一九四〇年二月十九日，往函

前月卅一日曾复十九日函，十一又复超孙一函，十二又付超孙一画本，想收到。即接六日函，

祖母已搬沙富,慰极。《滇贤生卒考》,不必再催。东塾书札是接信前已见之,抑接信后始见。商务书,此间照码加八成。英华下学期继续否,念念。初教书,先要站得稳,无问题,乃安心。认真(即尽心之谓)多奖励,要学生有精神,生趣味为要。凡说学生懒学生闹者,必教者不得法之过也。寅丈函并目录即寄去为幸。此示博儿。父字。二月十九日。

(三四) 一九四〇年二月二十四日,往函

十九晚曾复六日函,想收到。《生卒考》及十二日函均收到。方君二书,颇多错误,奈何。时贤著作能满人意者何少也?但厚意可感,将来《疑年录》刻成,乃寄一部去何如?厂甸已完,逛了三次,无所获,只共购一二元耳。惟《佛教考》今日完成初稿。记得去年灯节后开始阅《嘉兴藏》(海内孤本),至此适一年,亦巧也。寅丈信及目录谅已寄去。馀未一一。两新孙佳否?此示博儿。

父字。二月廿四日。

（三五）一九四〇年四月六日，往函

前月廿夕曾复十四日来函，想收到，即接廿七日函，寅丈失眠，有赴评会①否？改选十人，来单疑有误字。秉恭是否应作秉志，胡光是否应作胡先骕，便取异本一校。伦丈久无消息为念。怡叔病可虑，因旧病复发，至为担心也。文道希致节庵尺牍，余藏有百馀叶，言政事者多，言学者少。前竹居先生刻《陈庆笙集》，余曾钞庆笙致节庵手札十馀通与憬老，中有叙及道希者。憬老以为道希无行，不欲其名见陈集云云。所谓无行者，指梁夫人作文夫人事也。节庵曾被参帷薄不修，即指此。道希札吾亦无暇整理，且不甚重之，有人愿考道希事，或有用得着处。从前似曾告遐丈②（指余藏书

---

① 评会：中央研究院评议会。
② 遐丈：叶恭绰。

札），此外关于此人事迹，全不知也。遐丈言其札记有关宗教，是何宗教？余近作文目录二纸，便可寄遐丈，因渠喜言佛教也。今想起一事，久欲告汝，凡与学生改文，应加圈，将其佳句圈以旁圈，俾其高兴。改不必多，圈不妨多，平常句亦须用单圈圈之。因见有改文只改而不圈者，殊不合，故告汝。馀未一一。此示博儿。父字。四月六晚。

新孙名，为父者全权主之。

（三六）一九四〇年四月十九日，往函

六夕曾复廿七日函，中有寄遐丈目录。寄字打圈，非要紧之意，乃用邮寄，不必亲交之意。今又有征引书目，亦邮寄，免亲去费事也（关于利根和尚历史，除颛愚衡语录之方册藏经序外，遐丈有何所见，幸赐示）。即接六日书，胃病早已愈。商务闻只有版税办法，缓不济急，暂缓商，待想过再说。自三月五日初稿成，至今二稿尚未发抄，成一

书殊不易。分省丛书办法甚佳①，但刻板乎，排印乎？刻板则板藏何处，排印则书藏何处，由何处发售，颇费斟酌也。有可以帮忙处，自然帮忙，顾问云云，殊不必。华表先生系何人（何名，何县）？孝可系枚伯先生（己丑孝廉）之子，君浩先生之侄，雅才作贼，可惜。亦遐丈旧人，可告遐丈也。此示博儿。四月十九日。

（三七）一九四〇年四月二十五日，往函

十九日曾复六日函。即接十四日函，知怡叔事，可为一恸。此子太生性，与宁弟同，实吾家莫大之损失，不知何以慰两老人也！寅丈函可感，但未写明季二字，恐有材料寄来时与明季无关者则无用矣。方国瑜君为师范时门人。前寄遐丈引书目②，曾寓目否？所引明季书四十馀种，滇黔书五

---

① 指当时筹编《广东丛书》。
② 引书目：指《明季滇黔佛教考》之征引书目。

十馀种，多人间共见之书，而不知其有佛教史料。所引僧家语录六十馀种，多人间未见之书，更不料其有明季滇黔史料矣。此三百年沈霾之宝窟，待时而开，不足为外人道也。寅丈询在何处发表，未定。守和①先生来信，云可刊在西南文献丛刊，彼有函致商务云。但第一条件要能在数月内出板，若积压至数年，如北大四十周纪念文，则殊无意思。此文现已发抄第二稿，二人抄，至快要二十天。筹款一节，已可缓，先谋速发刊也。又征引目，存汝处，如材料已见征引者，不必寄来，或叫约照式钞一份寄寅丈，亦可。前寄寅丈目录，未有目录后语，今寄约，亦可叫约抄一份寄去也。此后语即作提要用，并可以代序文也。此示博儿。四月廿五日。

（三八）一九四〇年五月三日，往函

廿五日复十四日来函，并引书目三纸，又由约

---

① 守和：袁同礼。

转目录二纸,想均收存。即接廿一日函,道希尺牍,因屡次搬家,只找出已裱(原裱)者十馀开,尚有散张一厚叠,找未齐,改日找齐再算。本系旧信,邮寄不识方便否?道希学问无甚足取(寅丈颇知其生平),整理他札记,不见得有大收获,恐徒劳而无功也。

《佛教考》尚未抄好;前函已说过,拟先抄好,向辅仁提出,如果无款印,乃再作道理,所谓先招亲房人等也。本文之着眼处不在佛教本身,而在佛教与士大夫遗民之关系,及佛教与地方开辟、文化发展之关系。若专就佛教言佛教,则不好佛者无读此文之必要。惟不专言佛教,故凡读史者皆不可不一读此文也。三十年来所著书,以此书为得左右逢源之乐。俟抄好提出辅仁后,如何再报。图书馆任编辑事,诚如来书。小子身体可虑,从长商议后乃定可也。石刻拓本如果寄来再算,但不必催。文已成,此等材料未必合用,怕白领人情也。此文意中所想材料,均已到手,无甚遗憾。如果寄来,近尚可，远则人情太大，而未必合用，拟听其自然也。前函问遐丈利根禅师事，因张菊老纪念论文，遐丈藏经考曾提及利根，故欲知其出典也。前日余世兄①来问汝住址，大约寄托转交寅丈单印本，或留起俟寅丈到港时转交亦可。昨接德芸②先生书，言新撰八股文学一书，分九章，十四万言，欲在北方印。但未见稿，不易接洽，拟日间复之。如晤面时，彼先提及，亦不必提也。至商务印余文，能快出版否，此节便仍照前函打听告我。馀不一一。此示博儿。父字。五月三日。

即日找道希札，无意中已将约前年寄来之所临《圣教》找出，稍暇当寄回，便转告可也。

（三九）一九四〇年五月五日，往函

前日曾复廿一日函，昨日并已将道希旧札找齐，

① 余世兄：余嘉锡之子余逊。
② 德芸：陈德芸。

计已裱者十九开，未裱者九十四页，分二包（内有约临《圣教》一册）挂号寄。与此项札有关者，尚有汪康年等札，但恐徒劳无功，不值得整理耳。守公札即寄去。馀未一一。此示博儿。父字。五月五日。

（四〇）一九四〇年五月三十日，往函

前接五日函，即驰书慰问三叔。久不接三叔书，后接其十二日函，始知有八日来书，前日乃收到。又久候汝五日以后书，至今日始接十六日函，又知有十三日来书，至今尚未收到，何也？五日夹方君书，《四译馆则》，本可以赠他，但闻滇港印刷邮件停寄，故未付邮。又闻有一法，譬如寄方君件，写港通菜街八十三号陈宅方某某收，如陈宅接到此件时，即注此人已迁某处，退回邮局，即可寄去，不必另贴邮票云云。试打听此法能行否？闻寄守和先生书，寄平山图书馆，自然转到，在港不另粘邮票也。方君信不便复，料彼亦无甚新鲜材料可助我，此是寅丈好意（对他说），我未求其助我材料也。

寅丈未识回港否，欲寄稿请寅丈一阅，并欲求其一序也。《广东丛书》名单已寄来，其中未识有无汉学者，甚怕与汉学家伍也。港币甚高，最好拨些款在平抄书，四五毛一千字，港币一毫馀耳。新借到木陈忞《布水台集》卅二卷，约五百七十叶，二十馀万言，钞工港纸二三十元，太便宜矣。余近又钞得木陈弟子旅庵月《奏对录》一卷，四十馀叶，于董妃顺治事甚详，可惜旅庵非粤僧耳！（粤僧天然函昰，剩人函可，阿字今无，各语录易找否，余均已找得。）茚溪录我有抄本，照原行款，将来必须印，但不必作头几种耳。《北游录》我有精校本，前寄逖丈之本，须再校也。《疑年录》本用励耘书屋名刊行，现辅仁亦欲用辅仁名，已许之，改封面。《丛书》简则，云通过之日施行，而全则无年月，奇也。阅此知易丈健在，为可喜耳。罗香林，逖丈[①]佳婿也。

　　此示博儿。父字。五月卅夕。

---

① 逖丈：朱希祖。

（四一）一九四〇年六月四日，往函

卅夕复十六日来函并袁丈函，想收到，一日又寄港转方君《四译馆考》二册，能寄则寄，否则暂置之可也。即日已直接复方君一函，言港邮通则寄，又以油印目录及征引书一份寄去，言《佛教考》已付印，省得他寄不相干材料来，人情大而无用也。十三日来信，今日始收到，原来给港检查。即日寄约收《校补释例》一册（外写乐素收），内夹照片二张，久想寄汝阅（汝修年谱①时），遍寻不获，日前找道希信发见之。照相寄汝，此余与三水②一段因缘，三水不喜人读书③，所以不能久处，然在

---

① 年谱：梁士诒年谱。
② 三水：梁士诒。
③ 三水不喜人读书：现存重刻《辩学遗牍》封面，有梁士诒题词："去夏游静宜园，曾以所购《元也里可温考》赠援庵。昨游园，复得此书。援庵撰述甚夥，人将爱之，诒将哀之，因袭近人诗赠之曰：销磨一代英雄尽，故纸堆中间死生。是耶？非耶？民九四月二十七日士诒记。"

今日思之，当时若随三水不去，亦不过如刘铁城等，多赚几个钱而已，孰与今日所就之多也，为之一叹。《佛教考》过数日寄港，请寅丈到港时一阅（不知到否），并欲丐其一序，将来另有信也。兼士先生阅《佛教考》后赋诗相赠，有"傲骨撑天地，奇文泣鬼神"之句①，不知何所见而云然也。三月中旬教部发表聘任史地教育委员会委员十五至廿一人，未知有何许人，曾见报否？昨谈（前函）《布水台集》，借来已久，恐不能久待，晤遐或不必提，省一事得一事也。此示博儿。父字。六月四日。

目录以备不时之需，露封以便检查。

（四二）一九四〇年六月二十七日，往函

十九日曾复五日函，想收到。即接十七日函，

---

① 沈兼士诗全文如下："援庵先生见示近作《明季滇黔佛教考》，奉诒一首：吾党陈夫子，书城隐此身。不知老将至，希古意弥真。傲骨撑天地，奇文泣鬼神。一编庄诵罢，风雨感情亲。兼士。五、二十一。"

言病愈八九，又女中聘书已接，至慰。向觉明（达）以图书馆员留欧数年，回国任联大研究所导师，名甚美，唯只得百馀元，八扣，闻已离去，以是知女中之不可弃也。

寅丈返港之说无变卦否？（余丈①有《宋江考》抽印本寄汝转寅丈，已转否?）《佛教考》自前月廿七日发稿，至六月十八日始排得卅二页，第一卷完。至廿六日始排得六十四页，第二卷尚未完。预计八月初可毕。寅丈赐序能于斯时寄到，尚可排入。但须先探陈公意，愿作序否？如愿，则多候数日无要紧，因此书舍陈公外，无合适作序之人也。顾亭林言著书如铸钱，此书尚是采铜于山，非用旧钱充铸者也。袁丈另自有信来，言馆有哈佛燕京社拨印书款数万元，何其阔也！（德芸丈书能介绍否?）学校暑假，关于大学教员之续聘与否有商量。有一教员因为学生反对，至不能聘。又有因分

---

① 余丈：余嘉锡。

数过宽，近于不负责任，亦不续聘。甚矣谋生之不易也！又中学教员有批评学生不用心，或讲话，或睡觉（音教）者，分明系教者之不能引起兴趣，或不得法。又大学教员有上堂只批评人，说人人都不成，以自显其能，学生反问他，则又不能满答。凡此种种，皆不适宜。大约教书以诚恳为主，无论宽严，总要用心，使学生得益。见学生有作弊（指考试偷看等）或不及格等等，总要用哀矜而勿喜态度，不可过于苛刻，又不必乱打八九十分讨学生欢喜，总不外诚恳二字为要。对同事尤须注意，得人一句好话，与得一句坏话，甚有关系。偶有所感，顺便告汝。约来信日子（月份）似错，我灯下作书，眼花看不真（甚苦）。此示博儿。六月廿七日。

（四三）一九四○年七月二十三日，往函

十三夕复卅日来函后，十五日又寄一函，并转吴子馨函，十六日又寄转吴《访古录》等三本，另

《疑年录》一包，想次第收到。《疑年录》系样本，颇有误字，万勿送人。最好在书皮上，注"样本"二字，以免与将来定本相混也。前两日接四日、五日函，即日又接十一日函，藉悉一切。小子放假，应多玩少读书为佳。港地不静，殊可念耳。《佛教考》已印至第五卷，随印随改，颇有增补。久找《语嵩塔铭》未获，月前寄油印目录与石公，石公竟将《语嵩塔铭》抄寄也。寅丈序不必急急，在此时节，复经劳顿，请其作序，殊觉不情，慢慢等等可也。系作大学丛书出板，板式与《学志》一样，但单行耳。《宋江考》系寄平山图书馆某人转云云，如未收到，当系寄失。新印一录一考[①]，港中相识有可赠者，便开列姓名住址，以便直接寄去，免得转折。二书性质不同，可在名下注"录"字或"考"字或"录考"二字，以好此类书者为限，不愿明珠暗投也。女中事暂可听其自然。此示博

---

① 一录一考：指《释氏疑年录》及《明季滇黔佛教考》。

儿。父字。七月廿三日。

(四四) 一九四〇年七月三十一日，往函

廿三日曾复十一日函，想收到。前日接到十七日函，并寅恪先生序①。第六卷将印毕，正好赶到，喜出望外。兹有复先生一函，便寄去。《佛教考》稿现在何处，寅丈看过后，口头有何批评，至紧告我。近日又接到方国瑜君函，云《四译馆则》收到，但未有半条材料钞来。港地人心稍靖否，念念。黄仲敏先生近状何如？黄霄九先生世兄启庆，闻在港岭南教书，是否？希文弟宗衍，有作赋否？便告我。其兄作赋，则已闻之矣。此示博儿。父字。七月卅一日。

(四五) 一九四〇年八月十四日，往函

九日曾复廿六日来函，及《疑年录》校记二

---

① 指陈寅恪先生为《明季滇黔佛教考》所作序。

小纸,又尹、叶、寅,袁四部《疑年录》,想均收到分别转交矣。即接二日来函,言港中学下学期不一定开学,至为悬念。暂且静观之,万方一概,亦无可奈何也。闻联大有搬家之说,是否。即接到孟真①先生撰《性命古训辨证》一部二册,内多新材料,新解释,不可不一读。商务出版,即取阅可也。《图书季刊》二卷二期,已将《佛教考》目录登出,真不好意思。已见否?辛姊穷,能在港卖几部《疑年录》或《佛教考》济之乎?昔杨惺吾先生嫁女无钱,写对联百副与之,每联二元,亦二百元耳。余不能书,只可卖书也。此非戏言,幸一筹之。《性命古训辨证》售国币二元,售港币若干,告我。罗孙来信,"本"字有钩,书籍作"藉",此极显浅,而竟写错(字亦不甚佳),面诫之使不忘为要。此示博儿。父字。八月十四晚。

----

① 孟真:傅斯年。

（四六）一九四〇年八月十六日，往函

十四夕复二日来函，想收到。昨寄寅、尹、缪、逊、哲生，子馨、袁、傅并汝，共九册《佛教考》，未知何时收到，照转为幸。前稿汝阅过否，阅后何无一言？余阅《性命古训辨证》，深知余已落伍，未知在他人觉得如何耳。方豪司铎，前办《益世》之报，闻近已迁居巴县。久无通讯，欲寄《佛教考》一册，未知能达到否？周寄梅先生闻在贵阳，亦欲寄去一册。此示博儿。父字。八月十六日。

（四七）一九四〇年九月十日，往函

二日复十九日函，并《佛考》正误表五纸，想收到。随接廿二晚函，知《疑年录》（四部）收到，彦叔出院，甚慰。即日又接卅日函，知《佛考》九册收到，但邮未通，姑候之。至图书馆代售书事，可试办。日前寄三叔《年录》一部，已转赠图书

馆。今日付出《录》、《考》各五部,《录》照来信定港币三元五,甚合,但《考》售港币一元五或一元二(均连邮费),可酌办。(是否要登广告,又要花本也。)情形要当地乃知,细思港非谈学之地,此等书未必能售,姑试试,能售时再寄。许可送《录》、《考》各一部,马对《录》来必有用,只送《考》一部何如,酌之。又有人发见《录》卷二第十页二行"珠林三二",应作"三三"云,校书真不易也。今日寄五部,"三"字已改正。莫天一《五十万卷楼藏书目录》廿二卷,商务印,已见否?末册附自著书目凡五十馀种,何其巨观也。粤人不读书则已,读则辄出人头地,亦风气使之然耶!来信言又病,虽愈,甚念。若言南地卑湿,则前在平时,亦见汝病一次,或不是地方关系,起居应有节制为要。此示博儿。父字。九月十日。

(四八)一九四〇年九月二十三日,往函

十日曾复卅日函,及寄《录》、《考》各五

部，想已收到。连日望信不至，甚念，以为汝病未愈也。今日始接七日来信，盖经港检查，故迟到也。前谈卖书法，纯为欲收回几个钱，可以接济辛姊等。但如何能使人知有此书，甚麻烦。如果要登广告，现正隐姓埋名时候，非可在报纸上见名字也，故勉强即不必。料卖不得多少，幸勿彰扬为要。中学钟点，多至若干，太多恐招呼不来也。我今年亦开一新功课①（旧名新法），现已开学，预备亦甚费事，且精力不及也，奈何！有人说吴子馨（其昌）已离武大，唐兰（立庵）离联大，就沪（前）无锡国文专修馆，有所闻否？欲寄《考》一册与汤用彤先生（字锡予），从前在联大，未知今何在？汤先生专门佛教史，商务出《南北朝佛教史》，甚佳。馀未一一。此示博儿。父字。九月廿三日。

约六日来信收到。

---

① 新功课：史源学研究，后改名史源学实习。

(四九)一九四〇年九月二十四日，往函

廿三日复七日函后，即接十三日函，即日又接十五日寄回《佛考》稿六册，无破损，勿念。诸书恐未易寄出了，姑听之。港中情形，甚念，能好好教书否？辛困难情形可悯，此间汇港，每百元须补水十七八元，在港收廿三元，太不上算，真可谓四海困穷也。中研院出集刊，近忽寄到二册，数年不见矣。其他杂志，均不见有。《图书季刊》九月份（即二卷三号）者亦未见，未知港曾见否？无善可陈。此复博儿。父字。九月廿四晚。

(五〇)一九四〇年十月六日，往函

廿三日复七日函，廿四夕又复十三日函，想收到。顷接廿日函，经港检查。仲勉先生与陈述兄同地，寅丈寄来《秦妇吟》（凡考证文先要观其利用何种书籍为要）已收到，分送并复谢矣。一日曾代兼士先生寄抽印本八册至港，亦分寄诸友者，能

办则代办，不能则暂置之。《佛考》稿收到，前信已提。彦叔病甚念，馀未一一。此示博儿。父字。十月六日。

（五一）一九四〇年十月二十五日，往函

十四日曾复一日来函。前日北风怒号中，接十三日彦叔之赴，竟日为之不乐，竟夕为之不寐也。当时不能复信。曾寄《荆公年谱》一部，想收到。即日始接十一日函，此函先寄后到。彦叔立遗属，必定因有财产，尚有他事否？遗属内有何言语，便幸告知。前函问吴子馨，因寄去《访古录》，未接收到回信，不知能寄到否也？钱先生[①]赴齐鲁，从何道去？此间滇蜀航函不通。元胎兄曾有来函，经（直接）寄去《佛教考》一册。前者每册邮二角，今加倍。又向觉明达先生来信，托抄一文，已抄就，不知如何寄去，试打听代寄去可

---

① 钱先生：钱穆。

也。《图书季刊》九月份，此间已见，材料丰富，可见学术趣味尚浓厚，可慰也。《荆公年谱》从前少见，以为佳书，自燕京印出后，始知其书编纂无法，未为佳制也。连日闻彦叔事，人不快，昨夜睡不宁，兼之肝处作痛，晨起较好。馀未一一。此示博儿。父字。十月廿五日。

袁丈《年录》（共二部）已寄去否？

（五二）一九四〇年十一月八日，往函

廿五日曾复十三日函，想收到。日前接十九晚函，即日又接卅晚函，此函甚快。余生朝阳历是十一月十二，精力日颓，恐不能为较大著述矣，奈何？伦丈到省，大约是教书，闻来信属人寄明清史讲本。袁书暂不能寄，尹书已寄去未？又《佛考》各本已寄出未？近又欲作一文，名《清初僧人之斗诤》[①]，将《佛考》法门纷争篇放大，未知能成

[①] 《清初僧人之斗诤》：后定名为《清初僧诤记》。

否？近此间滇渝航信不能寄，平信太慢，遂懒写也。潜信（并书目）能代寄去为幸，地址四川（江津）中白沙，上松林邓宅，但来信邮戳是"东川白沙"，可酌写。博儿。父字。十一月八日。

（五三）一九四〇年十一月二十六日，往函

八日曾复卅晚来函，想收到。久候家信未至，前日接六晚函，即日又接十四日函，均经港检查，所以较慢也。《荆公年谱》可不必寄回。清朝人为荆公研究者，尚有嘉道间沈钦韩。荆公诗本有李壁（李焘子）注，沈为补注四卷，又为文注八卷，皆注本事，非熟悉有宋一朝掌故不可。沈又为苏诗查注补正四卷，皆为研究宋事者所必读，非止为苏、王诗文而已。注书例有二派，一注训诂典故，一注本事。如施国祁之注元遗山诗，亦注本事也。凡研究唐宋以后史者，除正史外，必须熟读各朝一二大家诗文集，能有本事注者更佳，可以观其引用何书，即知正史之外，诗文笔记如何有助于考史也。

觉明信仍盼寄去，子馨书仍盼查询，此书（《使华访古录》）不易再找，既找得，失了太可惜。或去信子馨先生一问何如。即使失了，亦使彼知予曾替他找得，并非置之不理也（因来信托找之故，觉明信亦然）。馀未一一。此示博儿。父字。十一月廿六日。

省城曾有火烛，是否？定三姑何故想返港？

（五四）一九四〇年十二月十一日，往函

前月廿六日曾复十四日来函，想收到。昨日接廿三日函，藉悉一切。闻守和先生日间到港，书籍如何寄法，一询便知。九月份《季刊》载《责善月刊》一卷五期有《中国现代史学界检讨》一文，未知如何说法，港能见此报否？馀无可陈。此示博儿。父字。十二月十一日。

（五五）一九四〇年十二月二十七日，往函

十一日曾复廿三晚来函，想收到。数日前接八

日函，因未晤傅公①，遂未能复。前日晤之，原来他所藏《七签》②，仅得一板，三十行，二十七字。盖原为梵夹本，每五行一折也。昨已送来，拟影一片付回。《道藏辑要》，光绪丙午成都重刻本，由彭瀚然发起，请贺龙骧助校，故所谓彭瀚然本，即贺龙骧本，非有二也。不过原刻《辑要》无子目（只有总目），贺又编为子目，并汇抄道家书目，名《道门一切经总目》，连子目初编，共八册，附《辑要》以行。今所见本无之者，当系购书时所缺。《洞经示读》一种，原附氏集《三大洞玉经》后。因原目漏载，故装订时缺去，已属书店代找，未识有单行本否？既有缺者，则必有多馀者，或找得未定也。然找不得亦无要紧，因所谓《道门一切经总目》者，系汇抄《四库总目》之道家类，及《道藏目录》，陈、晁二家及《通考》、《通志》等道家、

---

① 傅公：傅增湘。
② 《七签》：《云笈七签》。

神仙家目录而成，皆习见之书，只费一写官之力耳。所谓子目初编者亦然。此示博儿。父字。十二月廿七日。

（五六）一九四一年一月十九日，往函

十日付《佛教考》一册，内夹《云笈七签》书影一张，十一日又复廿四日来函，想收到复在途矣。即接七夕来函，询《道藏辑要》源流，未知港大有其书否，如有，甚易明白，如无则不甚易明白也。《辑要》原本刻于京师，为嘉庆间侍郎蒋元庭辑。今所通行者，多为光绪间彭瀚然重刻于成都，前函似已说及。但属书店找单行本《辑要子目初编》，至今未找着，恐不易有也。余近年购书甚少，故书店不甚来往，属他找书，亦不如前此之听命。商人唯利是视，无利可图，故不踊跃也。寅丈港大演讲，继续否，近有何新著，讲何题？余著《清初僧诤》初稿已成，十章三卷四万言，惜重钞一回不易，不然，则寄寅丈请教也。晤时便可告之，如有

所提示，幸告我。十章目如下：五灯严统诤第一，晦山天王碑诤第二，五灯全书诤第三（以上卷一济洞之诤）；天童塔铭诤第四，密云弥布扁诤第五，灵岩树泉集诤第六，牧云五论诤第七（以上卷二天童派之诤）；云门雪峤塔诤第八，平阳御书楼诤第九，善权常住诤第十（以上卷三新旧势力之诤）。末附馀论。不一一。此示博儿。一月十九日。

（五七）一九四一年二月三日，往函

廿六日曾复十六日来函，想已收到。即接廿三日函，言《佛考》有错简，恐不能免。闻北平图书馆馆员言，知许君①曾托北平馆抄《道藏辑要子目初编》，料单行本不易购。但子目即由《辑要》抄出，有《辑要》本可自抄，不必根据贺本也。德芸先生寄来广东未刻书籍一文（晤时幸谢之），已见否。其中有一名言，谓在港集款六万元，似较

---

① 许君：许地山。

易于售书六十部，奇哉！今早复辛姊母子一函，似写错二月十四日发，不知何一时糊涂至此，晤时幸代我更正。馀不一一。此复博儿。父字。二月三日。

（五八）一九四一年二月十五日，往函

三日曾复廿三日函，想收到。昨接一日来函，知幹侄亦改行学商，始叹吾道之穷，一大家庭欲培植一读书种子果如是之难也！乡中谷贵，有缺食之虞否，甚念。守和先生仍在港否？闻其放洋，未有盘费，是否？静安遗书，是指商务馆新印否？已见目，未见书，闻与前印之《忠慤公集》大同小异也。《僧诤记》二稿成，加一"记"字。迟日或寄请寅公一阅，未知公嫌烦否耳？此示博儿。父字。二月十五日。

（五九）一九四一年三月十一日，往函

二日曾复十八日函，想收到。即接廿五日函，

说约已得拔萃教席，至慰。遐家事如此，想必不快，宜少晤。官僚底子太深，不可救药也。其侄曾晤否？尤不易相与，避之可也。至汝下年馆事，如果人不送关，则无可说，若不是人不请，则自己必须下年生计有把握，始可毅然辞之也，幸慎处之为要。乡信早已接到。《僧诤》稿完，现拟一题，名《南宋初河北新兴三教》①，即《元史·释老传》之全真，真大道，太一三教也。三教祖均宋之遗民，人多注意宋入元之遗民，北宋入金之遗民，甚少人注意。此文未知能成否，成亦不长。饱食终日，无所用心，姑以此为消遣耳。此示博儿。父字。三月十一日。

（六〇）一九四一年五月七日，往函

十四日及廿五日函收到。《僧诤记》如能寄则寄，不管两个月三个月，能寄到便佳，好容易即一

---

① 《南宋初河北新兴三教》：后定名为《南宋初河北新道教考》。

个月也。航寄殊不必,无此需要也。萝生①先生及彬兄等,可代送一部,有未署名者即为此,有时想不起应送何人也。国学门②购入艺风堂拓片,仍在原处,何以问此?其中关于道教一部分,十五年前我已录得八九,可惜未能详校耳。此等史料,尚未有人利用过。来函言港不易居,沪更不可居也。《五十年来中国之新史学》,已见,新字当改作古字。此杂志已出数期,无一篇有力文字,所谓海派者非耶?约廿一日来信亦收到,作文方法等书,向未见过。欲作文言,只有熟读《论》、《孟》,亦一捷径。能多读熟读,则出笔成文言。最忌先做成白话,乃改易为文言,则难得佳作矣。四宅珍庄侄三月五日在联大来信,关于(他前在辅仁)作文及体育分数事,(三月廿五日)已由校复他。是时我适病,未回信。闻他将

---

① 萝生:陈大年。
② 国学门:北京大学国学门。

返港（如未返，则函他亦可），便能问他收到复函否为幸。此示博儿。父字。五月七晚。

（六一）一九四一年六月七日，往函

廿一日曾复八日函，想收到。即接廿三日函，问艺风拓片，封锁在汉学家手，无往来。至《艺风堂金石文字目》十八卷，光绪间已有刻本。全五代文无甚意思，时短地狭，新鲜材料亦不多。至于碑刻，佳文固少，完整之碑尤少。钞书易，钞碑难，抄碑易，校碑难。寻丈拓片，摊置一室，剥蚀模糊，烟墨狼藉，钞碑谈何容易？如欲辑五代文，港地书籍缺乏，如地方志等等，从何检阅，不易为也。但第一步应先编目，严氏编《全上古文》，亦先编目，凡百三卷，有刻本，即名《全上古三代秦汉三国晋南北朝文编目》，每人作一小传，（每文注出处）极费力，极有用。后来《全上古文》刻本，即按此目录所指定之出处，抄出付刻也。其实只有一编目已足，凡易找之书，不必抄刻，难得之书及散篇然后抄之,想亦无多。但抄易校难,若钞而不校,无用也。近因故宫新印李北海《岳麓寺碑》,尝取《全唐文》一校,原来《全唐文》脱去四百字。官僚所编之书,如此其不可靠也。《全上古文》当少此病。且《全上古文》注出处,《全唐文》不注出处,一塌胡涂,殊可笑也。寅丈在近,如果人不讨厌,不妨多请教,但不宜久坐,此机会不易得,幸勿交臂失之为要。至于好摆架子之官僚,可以少见了。昨日孙子书①先生属代寄近著一册,收到在家信中复谢几句,以便交代。又即日付汝《中和》月刊六册,间有可观。港邮已通未?此示博儿。父字。六月七夕。

(六二) 一九四一年六月二十七日,往函

七日曾复廿三日函,想收到。日前接一日函,即日接十三日函。《四朝成仁录》最近有刊本未

---

① 孙子书:孙楷第。

见,(亦未知果有否)《东塾记馀》亦未见。因近年不买书,书估不上门来,我亦永不出门,消息甚陋。钞书事现无闲人。五代文事前函已大略言之,罕见资料,尚未想得。《南宋初河北新兴三教考》,三月八日定题目后即病,今已成十一章,差不多成了一半,大约暑假后可脱稿。不耐久视,最苦人也。此复博儿。父字。六月廿七日。

(六三)一九四一年八月十六日,往函

五日曾复七月廿一日来函,想收到。连日盼汝家书不得,望眼欲穿矣。七月十三日复六月廿九日来函,云汝患感冒,已愈,又有复陆先生言《成仁录》书,廿一日又寄约交汝公穆①先生手书,并言《东塾杂俎》未刻成等等,计时皆应有回信,岂中间有失落耶?最近孔德研究所出版李玄伯②著

---

① 公穆:陈庆修,陈澧长孙。
② 李玄伯:李宗侗。

《中国古代社会新研》一册，售申币十二元，极多新义，不可不一读，曾看见否？李禁锢多年，幸有此书，足以不朽，古所谓塞翁失马，安知非福者此也。许地山四日逝世消息，此间遍传，而约六日来信尚未提及，岂讹传耶？固幸其讹传也。然言之者凿凿。继任者①何人？寅丈最合式，但怕不耐酬应耳。下文如何，想有详报。傅公②闻已辞中研院总干事，前云入医院，近状如何，有所闻否？袁公闻颇不得意。公超近在港否？此等消息，惟汝能复我，至于家事，尚有别人可问也。劲庵③云来，何以久未到。镜池接女中，已定否？此信目的，本为李玄伯书，顺及他事耳。此示博儿。父字。八月十六日。

德芸丈函，以为可交则交去，否则作罢。

---

① 许地山原任香港大学中文系主任。
② 傅公：傅斯年。
③ 劲庵：李棪。

（六四）一九四一年八月二十二日，往函

十六夕付汝一函，言李玄伯新出《中国古代社会新研》，于古史研究甚有帮助，想已收到。前日接一日函，即日接九日函，藉悉一切。寅丈对港大事，有希望否？于汝甚有益也。玉书①所用《续通鉴长编》，系局本，经乾隆改译，人地名全不用得，可惜。七月十三夕信及《中和》月刊失了，此是罕见之事。昨接莫天一先生函，言教部有奖学条款，他有著作，想请余介绍，已答应之。但此等文件，余未寓目，未知何如。兹复他信，并可连同（港存）《佛教考》、《僧净记》各寄去一册。地址"澳门新马路十三号益群药房莫培樾医生收"。莫盖其儿子也。又七月十三夕曾夹复陆丹林先生书，言《四朝成仁录》此间同人及书估均未见过。此函失了，拟不再复，晤时可致意，并代道歉为幸。《释

---

① 玉书：陈述。

氏疑年录》卷五关于释家五代文,有须钞者,可告我着人钞出。惜乎所用书记,月来已另找事,家中现在无书记也。此示博儿。父字。八月廿二日。

(六五)一九四一年九月三日,往函

八月廿二日曾挂号复九日来函,内有复莫天一先生信,想已收到照转。昨日又挂号寄《释氏疑年录通检》十册,即日又寄《南宋初河北新创三教考目录》油印三份,收到照转为幸。即接十七日函,寅丈事能成为事实则佳矣,防马公阻碍否?开来五代文(应名《全五代十国文》)参考书,似应先注意金石书。金石书有录全文与不录全文二例,尤须注意录全文者。如《南汉金石志》,《岭南遗书》本,此目前重要之书,何以遗却?他如《山右石刻丛编》卷十,《两浙金石志》卷四,《偃师金石遗文》卷上末之后梁《赠太尉葛公神道碑》等,皆可收入。又有《八琼室金石补正》,凡录全文者,均应参考。有重复者,则应互相校勘,取其精确。因录全文者，每有异同及缺漏，如《金石萃编》等，体例甚佳，而所录文一塌糊涂，试以现存拓本校之，错漏百出。此事非亲力亲为不可，王兰泉晚年患目，《萃编》悉委门客代撰，故其谬如此。如《全唐文》等官书，其谬尤甚，不可不注意也。馀未一一。此示博儿。父字。九月三日。

（六六）一九四一年九月六日，往函

三日曾挂号寄新著目录三份，又复十七日来函，想收到。刘氏嘉业堂刻《南唐书笺注》，已见否？前函漏写。即接廿五日函并潜函，今复之，便请寄去。寅丈事极佳，人同此心，真猜到也。《三教考》极欲寅丈一阅，惜无书手，写一部不易。前书手用之十年，因生活不能维持，已另就事，现甚不便。余眼日差，不能写止书。石公闻下年就贵阳师范国文系主任，前云结伴东归，想未实行也。此示博儿，父字。九月六日。

（六七）一九四一年九月二十二日，往函

六日曾复廿五日函，后接廿八日函，九日即挂号寄去《中国古代社会新研》一册，想收到。即日接七日函，又挂号寄去《佛教考》二册，《僧诤记》一册，共一包。漱公不甚熟，似由彬兄处一晤。袁公前患热病，发谵语，得罪贵人，为人潜构，不得志，至今郁郁，奈何！前言《释录》五或有材料，非一定有也。如有需用，乃着人抄之。本宅写字人已散，新撰《三教考》（六万言）欲钞一副本寄寅公，亦未有人，至不便。《历代赋汇》末卷（即一四○）有王周《蚋子赋》，二百七十字；外集卷十三，有杜光庭《纪道德赋》，四百八十字，补遗卷十七逸句，有南唐江文蔚蟹赋两联廿八字，馀有徐铉赋三篇，已见本集。上述王、杜二赋，未知已见否？沪上人来，说孟真须休养三年，森玉先生已回港，季明竟继地山后任，是否？闻辛姊与其子有事，甚喜。朱逖老荐其婿罗香林入国史

馆，竟为人所攻，拂衣去。奇也，婿不能荐耶？近又做一短文，名《明末殉国者陈于阶传》，约二千五百言。于阶天主教徒，上海人，然教中人鲜知之也。馀未一一。此示博儿。父字。九月廿二晚。

（六八）一九四一年十月一日，往函

廿二夕曾复七日函，想收到。即接十四日函，言《山右石刻丛编》、《两浙金石志》等，俟稍暇检之（来函言森丈代友潜处购书能寄，何以《佛教考》、《僧诤记》不能寄也。《新创三教考》拟改为《新道教考》）。至前函言《释年录》五有无五代文可采，系指所引传状碑铭有五代人所撰否？今细阅之，实寥寥。因僧是五代僧，文未必五代文也。乾隆中蜀人李调元编《全五代诗》百卷，在《函海》中，曾见否？前函似未见提及。此书前十七卷五代诗，自十八卷以下十国诗，每人有小传，可参考，惜不注出典耳。契丹、高丽、南诏文确在五代时者，亦可附录（但难确定耳)。莫丈①著述介绍书，大意甚佳，可即代署名，因往返需时，且有不便也。如果太长，可稍节之，以就程式。又"冠绝八省"句，怕招妒否，统与元胎兄酌之。能不动原文，尤妙也。此示博儿。父字。十月一晚。

（六九）一九四一年十月十日，往函

四日复廿日函，想收到。莫公函所谓条款，当指建炎，谅不是阜昌②，如是阜昌，则非追回不可，当时未想到此节也。九月六日复汝一函，并潜女函，何以至今未见复，岂不是又失了？本月七日曾挂号寄汝《两浙金石志》、《台州金石录》、《越中金石记》、《偃师金石录》（又名《金石遗文记》）各一册，《山右石刻丛编》二册，共六册一包。凡金石文除造象、经幢外，成一篇文章者，即应采入。又李

---

① 莫丈：莫伯骥。
② 建炎、阜昌：建炎，宋高宗年号，阜昌，伪齐刘豫年号。借此暗示当时迁至重庆之国民政府及在南京之汪伪政权。

晋称天祐至十九年，吴杨称天祐至十五年，虽是唐年，亦应归入五代，因唐天祐只有四年也。南唐末造有称宋建隆年者，亦可归入五代。《八琼室金石补正》（嘉业堂刻本）卷七九至八一，皆五代石刻，已见否？刘喜海《金石苑》，又名《三巴汉石纪存》，有影印本，八册，从前甚易得。其第二册有碑记三篇，已收入未？各志有重复者，可作校勘之用。各家考证跋，可参考，不尽可据。昨接希文弟宗衍来书，托抄天然和尚（名函昰）行状，云欲作天然年谱。此题甚佳，往年北关仔做学问，每得风气之先，不料至今犹是也。又金武祥《粟香四笔》卷一，有南汉石数通，为《南汉金石志》所未载。此书（粤刻本）易得，已见否？《赋汇》文二首钞寄。久候九月六日复函未到，乃书此示博儿。父字。双十节。

（七〇）一九四一年十月二十三日，往函

七日寄金石书六册，十日付一函，言《金石苑》、《粟香四笔》等有南汉及蜀金石，想已收

到。随接九月廿七日函,顷又接十日函。《南唐书笺注》未见,想无甚要紧。顾櫰三《补五代史艺文志》所载现存之书,序跋有作于五代时者,皆可收入。凡唐末、宋初人,其文作于五代时者,亦可收入。《补五代史艺文志》,《金陵丛书》乙集及《鹤斋丛书》三集有刊本,已见否?陈仲鱼鳣撰《续唐书》,以后唐继唐,南唐继后唐,而至宋,废梁晋汉周四代,其说颇有见地,广雅本。此示博儿。父字。十月廿三日。

德芸丈谓余入学似在光绪丙申,非也。余少不喜八股,而好泛览。长老许之者夸为能读大书,其非之者则诃为好读杂书,余不顾也。幸先君子不加督责,且购书无吝,故能纵其所欲。丁酉赴北闱,首场冉求之艺,文之以礼乐,题本偏全,放笔直书,以为必售。出闱以际同县伍叔葆先生,先生笑颔之。榜发下第。出京时重阳已过,朔风凛烈,叔葆先生远送至京榆路起点之马家铺。临别,珍重语之曰:"文不就范,十科不能售也。"虽感其厚意,然颇以为耻。既归,尽购丁酉以前十科乡、会墨读之,取其学有根柢,与己性相近者,以一圈为识,得文数百篇。复选之,以两圈为识,去其半。又选之,以三圈为识,得文百篇,以为模范,揣摩其法度格调,间日试作,佐以平日之书卷议论,年馀而技粗成,以之小试,无不利矣。庚子、辛丑科岁两考皆冠其曹,即其效也。然非叔葆先生之一激,未必肯为此。迨壬寅借闱汴梁,改试策论,前功遂废。丙申余十七,辛丑余廿二也①。便幸转告德丈。十月廿三日又及。

(七一) 一九四一年十一月十一日,往函

廿三日曾复十日函,并告德芸先生学八股经

---

① 关于此段经过,援庵一九六一年与北京师范大学历史系本届毕业生谈话时说过:"十八岁(一八九七)入京应试,因八股不好,失败。误听同乡一老先生的劝告,十九岁一面教书,一面仍用心学八股。等到八股学好,科举也废了,白白糟塌了两年时间。不过也得到一些读书的办法,逐渐养成了刻苦读书的习惯。"(载《中国青年》1961 年 16 期)。

过,想早已收到。久候回复十月一日、四日两函,不至。前日始收到十八日函,盖复十月一日函者。即日收到廿五日函,则复十月十日函者。而四日之函,未见提收到,亦未见提不收到,奇也,岂我十日之函未提到四日有函耶?此函系述岭大国文事,盖复九月廿日来函者。《册府》① 所有五代文,以诏令、奏议、笺表为多,如将帅部之传檄门,则亦有檄文也。兹将《册府五代史料目录》二册写本,及《金石苑》(即所谓《三巴金石苑》也)第二册挂号寄汝,或稍有帮助未定。凡《册府》行数稍多者,其中大概有文在内。但每文须自加题目,及要参考《薛史》与《会要》已载否耳?《八琼室金石补正》百卅卷,陆增祥撰,民国十四年吴兴刘承幹(即嘉业堂主人)希古楼木刊本,不难得。但余无此书,学校有,又不敢拆散寄汝,防万一遗失也。《道教考》作辅仁丛书第八,《陈于阶传》

---

① 《册府》:《册府元龟》。

入《学志》，均已付刊。尹默先生诗字二纸附寄，"再同"者兼士先生幼名也。风云紧急，港能安居读书否，甚念。汉侄、幹侄等近状如何，至为念念。此示博儿。父字。十一月十一日。

（七二）一九四一年十一月十九日，往函

十一日复廿五日函，并寄《金石苑》一册、《册府五代史料目录》二册，想收到。即接六日来函，但仍未见提十月四日之函，何也？德公欲将前函发表，但前函因德公问到，顺笔裁答，未识有不检字句否？如果认为无碍，亦可发表，但作访闻口气，似胜于据本人自述，因此等事不值得自述也。请德公酌之。欲寄信与岭南大学，须写何地址，幸告我。又有张汉三老先生，名学华，光绪庚寅词林，此人在港抑在省，能一查否？此示博儿。父字。十一月十九日。

（七三）一九四二年三月三十一日，往函

二月十八日函昨始收到，在途四十日矣。寅丈

愿在辅仁授课，此梦想而不得者也。当未接此信时，曾与余季丈谈及，昨接信后，即告同人，皆大欢喜。所惜者辅仁报酬向来微薄，教授最高额四百元。近因物价高昂，始有五成津贴，总六百元。然因国际经济关系，将来津贴减成与否未可料。闻寅丈前所住屋未退，则住不成问题。如能北来，真如天之福。请一言为定，因邮筒往返甚需时日也。专复博儿，并代候寅丈起居为幸。卅一年三月卅一日。援。

（七四）一九四五年一月三十一日，往函

十一月廿一日曾复七月十六日来函，廿五日又寄柴①撰《谢三宾考》，两次共四函，及《通鉴胡注表微》目录，未知收到否？至今相隔两月，未接来信，至为悬念。小子佳否？行止无变否？《胡注表微》至今始写定《本朝》及《出处》二篇。

---

① 柴：柴德赓（青峰）。

成书殊不易，材料虽已找出一千一百馀条，未必条条皆有按语。如果按语太少，又等于编辑史料而已，不能动众。如果每篇皆有十余廿条按语，则甚不易。说空话无意思，如果找事实，则必须与身之①相近时事实，即宋末及元初事实，是为上等；南宋事实次之；北宋事实又次之，非宋时事实，则无意味矣。因"表微"云者，即身之有感于当时事实，援古证今也。故非熟于宋末元初情形，不能知身之心事，亦不知身之所指者为何也。青峰兄有通信否？闻他已到白沙，遵俭②已见之，博识多闻，于遵俭大有裨益。汝等能图一晤，亦甚佳也。《表微》目录，为本朝、书法，校雠、解释、旧文、避讳、考证、察虚、纠缪、评论、感慨、劝戒，为前篇，论史法；君道、治术、相业、臣节、伦纪、出处、兵事、边情、民心、夷夏、生死、货

---

① 身之：为《资治通鉴》作注之胡三省。
② 遵俭：援庵次女婿张遵俭。

利，为后篇，论史事。每篇三十至七十条，《通鉴》顶格，胡注低一格，表微低二格。《通鉴》提其要，胡注全录，表微即按语，或有或无。防前信不收到，故重书之。馀未一一。此示博儿。父字。一月卅一日。

三叔久未通信，其子女现在如何，便望告我。

（七五）一九四五年五月一日，往函

自去年十一月接过汝七月十六函后，至今日始接汝今年一月廿八日函，当即通知阿益，因等汝信等到疲了。十一月廿五日续寄汝《三宾考》中二函，今年一月卅日又寄汝一函，未知收到否？三叔处止接到去年六月函，今年二月曾接施大姑姐十月廿三日函，知三叔等平安，今接汝函，知各侄等下落，至为安慰，只欠约处未有消息耳。青兄处亦久未接信。《胡注表微》付写者只有本朝、书法、校勘、解释、避讳、出处六篇，每篇约八千言，馀尚未写就也。全书格式，每篇前有小序，低二格；次引《通鉴》，顶格；次引注；低一格；次为表微，亦低二格。今将已成诸篇，各抄一段寄阅，亦可略知书之内容也。盼望不断来信，不可等到信到然后复，防中有遗失，彼此等，则信息更迟也。张孟劬、马幼渔二公新逝。有所闻未？一月卅一日寄青兄一函。二月廿八日复寄潜女《胡注表微》提要数份，属转青兄及汝，未知收到否？敏伭与十妹、十一妹俱与容儿同在一地，冬女亦在处，未知他们兄妹见面认识否，殊可笑也。当未接汝一月廿八日函时，时时与益胡猜乱想，久不知汝消息，并向各方打听。今接来书，不啻大乐。余让之①接青兄一月廿一日信，已见。如有通函，并为我问及为盼。儿妇及各小子佳否？此复博儿。乙酉五月一日。

（七六）一九四五年十月七日，往函

自五月一日接一月廿八日函后，当即复过一函，

---

① 余让之：余逊。

此后音问即断。近始接来电,并石公先生电,始知汝等平安,至慰。广州、香港尚未有消息,辛、约等亦未有信,殊为焦灼,谅必平安也。乡中老人更未知如何,今年八十八矣,所谓一则以喜,一则以惧也。浙校还浙,想不能太快。年来南中消息断绝,暇时尚望将文教有关之人事见告(如不能详,剪报寄来亦可)。又出板新籍及论文,亦愿得知一二。兼士先生来,云寅恪先生已游英,孟真先生将赴美养病,是否?青峰兄常有信否,余极念之。六月卅日曾复伊二月九日来函,由潜夫妇转,未知渠收到否,余极愿他回辅仁也。《表微》拟在《学志》发表一部份,汝有何意见,可以助我。青峰走后,余竟无人可商榷也。语言历史研究所有何举动,闻有信派余让之逊接收北平旧址及档案。木刻《僧诤记》刻得一半,工饭大长价,至不能刻完,现竟烂尾。承刻之人匿不敢见面,只可听之而已。《谢三宾考》究竟全份已接到否?雪妹夫妇在何处?做何事?便幸告我。此间自去年秋天接过三叔六月十二日函后，至今一年零四个月未接信，其挂念为何如耶？甚拟交通复原后，即南归一转，未知何时路通耳？有见甚么新书、新友，信中一一详叙为盼。此信亦想到那一处就写到那一处，非一气呵成者。各小子谅已高大，不认得。此复博儿。父字。十月七日。

郑韶翁老而遇此，可惜。

（七七）一九四五年十一月二日，往函

十月七日曾复汝来电一快信，未知收到否？遵义航信不通，快信恐要一两个月乃能收到。今由重庆张婿处转汝函，料可快些，因重庆可通航也。连日等汝来详函，久候无有，至念。南中学术界消息久断，昨有人寄来复旦大学长沙陈子展撰《龟历歌》，知董作宾撰《殷历谱》，鲁实先作纠诤，皆学术界好消息，何以不见告？又寅丈游英亦未见提及，何耶？接石公先生函，极夸奖汝。又言柳翼[1]

---

[1] 柳翼：柳诒徵。

极称许《谢三宾考》，可见有目共赏，非阿所好也。中研院始终有开会否？评议员第二届已满期，历史学续选者何人？故宫理事第六届闻已改聘，中有何人？报载不详，全靠家信。方司铎①所办杂志，继续出至几期？有何佳作？闻《东方杂志》继续出到四十馀卷，有何重要论文？《图书季刊》仅见第五卷一期，前后有何消息？凡此种种，便幸告我。约之信新接到，九月十三日在"蕉岭三南楼"来，是一粤东盐务管理局。馀未一一。此示博儿。父字。十一月二日。

小子何以不来信？

（七八）一九四五年十一月十日，往函

十月卅日来函收到多日，满拟俟收到九月廿六日函乃复，至今未收到，何也？近数天常接到南中去年来信，此等信在途中一年，不知搁在何处？约

---

① 方司铎：方豪。

之蕉岭信亦收到，雪俫沪信亦收到，但港及广州信未收到一函。方司铎寄来《真理杂志》目录及《益世报》副刊等，儿无一文，想必有因。复旦鲁君撰《殷历谱纠诉》（未见），陈君子展撰《龟历歌》和之（鲁君寄来油印一份），学术消息似不寂寞。更有何所闻否？遵俭告我，有人在《东方杂志》四十卷七号撰一文名"陈垣"，鲁君在复旦创刊号撰一文名《陈氏日历订误》，均未见，已分托遵俭及方豪司铎剪寄。予生平作文，与世无争，竟有人顾及，亦美事也。智超来信，信皮写得甚老练，初以为自己写的，然与信内字不同，未识是何人所写？教课之下，应自做文章，甚盼甚盼。照片一张寄智超，余右为沈先生，左为张先生。馀未及。此复博儿。父字。十一月十日。

（七九）一九四五年十二月十三日，往函

十一月十四及十七晚函均收到，因劳及肠病以致不能作文，殊可感喟。最近接三叔十月十二日胜

利后第一次在港来信，云广湾号①三宅溢利九十馀万元，已去信属其汇十万与汝。如需用，仍可再拨。身体第一要紧，其次则学问。因生活而劳，因劳而病，以致不能有所述作，最不值得也。教书固然要紧，然全力放在教书上，而自己无所就，亦不上算。年前吾防汝随便发表文章，嘱要谨慎，今因汝久无文章发表，又想汝注意于此。书籍最要紧，青峰近兼图书馆主任，甚佳。余老先生之婿周祖谟，字燕孙，近承袁守和先生之托，整理北大所购李木斋盛铎之书，亦一好差事。兼丈②北来，首先注意东方图书馆，其办公处即驻于此。敌人二十年所搜罗，不啻为吾人积也，岂非一大快事！不倚赖浙大，将来家属东行，诚不易易。然东行后行止如何，能有一机关半教书半研究，而可以解决生活，多写几篇文章，最上算也。有所图否？即使有研究机关，

---

① 广湾号：指在湛江（当时名广州湾）之陈信义药材行分号。

② 兼丈：沈兼士。

不能完全解决生活，而由家中帮补解决生活，亦中策也。年一过往，何可攀援，乘精壮之年，养好身体，多著几部书，最有意思，幸留意也。阅《图书季刊》近数期，西南学风仍不寂寞。陈雪屏先生来，带上姚从吾士鳌先生赠我法币万元，受之殊愧。本月七日已将此款托中央银行汇去贵阳罗永昌，其母子飘零，殊可念也。三十年来，我自己虽未用家中之钱，然家人亦不能得我一文，教书人何能有此。已去信三叔，此九十万，应拨赠何人即拨之，存之亦无用也。潜、慈婚事，亦未尝需我分文，慈、容出国，亦未尝要我接济，此为幸事。不然，教书人何能栽培子侄出洋，念念抱歉不已。尝对三叔言，子弟读书，应尽力供之，钱留无用。不做买卖，亦不能有钱，汝有儿女多人，家中应帮助汝。汝所业是教读，家中尤须帮助汝。家中无钱则已，如有，任汝花消也。益近状尚好，勉强过得去。约自己会向三叔要钱。容、冬一时尚不用接济。惟汝子女多，应由家中补助也，免得时时要兼谋生活，何能读书邪？不够用，向三叔处汇可也，或由我转知亦可。身体要紧，著述第二，幸紧记。《表微》本朝篇一份寄汝，有意见可告我，声明第几页几行便悉。馀未一一。出处篇亦油印一份，已寄青峰，他能知我心事也。又感慨篇一份寄遵俭了。此示博儿。大小好否，念念。父字。卅四年十二月十三日。

（八〇）一九四六年二月三日，往函

一月十八日曾复十二月廿四及一月五日来函，想已收到。顷接一月廿四日函，知赤坎之款尚未到，至为念念。想因交通不甚畅快之故。当亦去信三叔问之。《陶渊明之思想》，已托人去信成都，不见得能自动寄来，因此间未尝与成都燕大通讯也。德公①何以不能再入岭南？容元胎在粤中大，近来信欲北来，不知又何以不安于中大？一个人第一要有本领，第二要有人提拔。有本领而无人提

---

① 德公：陈德芸。

拔，不能上台，有人提拔而无本领，上台亦站不住也。九龙书籍散失，未知年前付港之零本（为全五代文）如何？一部书失去一本，与失全书无大异。幸所寄者无借人之书耳。闻五代文①近托王一中（庸）代办，王君曾与向觉明、贺昌群同在北平图书馆，地学专门家也。《表微》订误表甚佳，尤其是《通鉴》卷数有误，非细对不可。至于熙、篡等误，于排印尚无碍，因铅字不至误也。唯符、苻、偏、徧等字，铅字有二，钞本误则排字误矣。晓峰②先生补文院长，兼主任否？前函图书馆事如何，能进行否？减少教书钟点，或少改课本，为唯一自救之方法。不然，舍己芸人，殊不值得也。教大学（要自己劳）与教中学（要对学生劳）不同，亦须注意。至于家务之劳动，则作为读书教学之休息可也。余不理家务，不管生计，以在家读书为用功，

---

① 五代文：指叶恭绰主编之《全五代文》。
② 晓峰：张其昀，时补浙江大学文学院长。

到校教书及办公,则作为休息。亦幸是教会学校,校务有人当家,故得借此休息及躲懒,非教会学校不能也。利用环境,顺其自然,偷闲读自己之书而已。此示博儿不一一。父字。卅五年二月三日。

智超一月十二日在遵义来信收到,有信去,幸提及。

(八一)一九四六年二月十五日,往函

博儿阅:

二月三日曾复一月廿四日函,想收到。此函第一次寄中山北路三五九号也。数日前收到二月一夕来函,因想搜集些"七七"后日人研究东洋史成绩,一时找不得,故迟迟答复。原来日本有历年出板《东洋史研究文献目录》,我所见者只出到民国廿七八年的,且有一半是洋文,颇厚不便寄,拆散又可惜。而其他出板年鉴等等,数月前书摊常见(闻人说的),近则绝少,因此等书人以为无用,纸贵,尽挪去作还魂纸毁灭了。此间日人办有一近

代图书馆，当有资料，因胜利后被接收封存，尚未开馆，亦无由查起，所以未有好答复。自太平洋战事起，东、西京《东方学报》似亦停刊，日前往日调查会，闻袁守和先生荐你去，何以辞之？杨联陞君曾见过，忘记何处人，是粤人否？皮君是否湖南皮鹿门（锡瑞）先生后人。"舍己芸人"一语，幸切记。总要留一点日子为自己修养之地，教大学与教中学不同也。小子疹想已愈，念念。日前于主教来，言曾见你，是在何处？美国人哈佛柯立夫翻译你《北盟会编》论文。此问大小安好。父字。卅五年二月十五日。

（八二）一九四六年三月二日，往函

二月十五日曾复二月一日来函，想收到。廿七日托中央银行北平分行李良廙君汇汝五万元，因遵义无分行，先汇到贵阳徐副理锺瀚设法转汝（信内有《甘泉乡人曝书杂记》三页），未知何时才能到也。家信久不谈学问，接二月十六日函，喜慰无

已。直斋①本名瑗一节，前此未见人说过，可算是一发见。但此等作法甚劳，而所获不算大，在乾嘉诸老中，不过笔记一条，扩而充之，则为今人一论文矣。譬诸炼奶，一匙可冲水一大碗也，为之一笑。但当搜索材料时，应并注意他题，或同样诸题，庶不至劳多获少耳。

《解题》续成都古今集记条之己丑，认为己卯无不可。惟卷十四琴谱条，曾言己卯分教鄞学，可惜宝庆，开庆及延祐《四明志》，均找不着陈瑗踪迹。至谓其改名当是避理宗嫌名，引宝庆丙戌崇古文诀序为证，亦可成立。但孝宗曾更名瑗，谓避孝宗旧讳可乎？续成都集记条之末一段，当是随斋批注之类。随斋是程棨，甘泉说引沈叔埏说。沈，乾五二年进士，秀水人，较《十驾》说为长。然谓其说具载《演繁露》，则谬甚。《演繁露》当作《雍录》，《雍录》九有论石鼓文七篇，故随斋言其

---

① 直斋：《直斋书录解题》作者陈振孙。

说甚博也。

《皕宋志》载《洛阳名园记》跋与《解题》所载有异字,皆以《解题》所载者为长。

陈玉父《玉台新咏》后序,今存本皆有之,不必引自《皕宋志》。且近南陵徐氏重刻明寒山堂赵氏覆宋本,不见陈下有空字痕迹,《解题》新咏条,亦未见提及此序,好在外家李氏云云,尚可作一旁证。

惟《解题》卷二,三礼图及礼象条,卷十四法书撮要条,均以吴兴为吾乡,与袁清容跋禊帖称为雪溪陈侍郎者合。何以又称永嘉陈瑗。此层应有解释,或者永嘉人,而寄籍吴兴者乎?

照来信分名字、成书、卒年、学行四项,甚妥。学行改言行,何如?《解题》中有考证、评论、感慨等等(陈不喜释老,时于解题见之,与晁氏大异)。可摘出演染成一篇有意义文字,亦不干燥也。

来信颇有误字。张氏十咏图见《野语》,误作

《癸辛杂识》。《国粹学报》撰晁陈传之陈祺寿，是光、宣间人，在陆心源后，非嘉、道间之侯官陈左海也。来信"祺寿"二字倒。又道古堂跋解题，在卷廿六，来信误作廿五。

方著爱国史家，已见，标榜太过，恐惹人反感①。徐昭法言（语见《僧净记》四三页），一有赞叹，又为不赞叹者生嗔，奈何？

书成待钞件未发。雪侄自沪来，具知抗战期中家人各处消息，即遵义情形，亦第一次亲闻，为之快慰。又接到三叔二月廿日港邮函，云已汇汝廿万元，想不日可收到。当初听见遵义未有中央分行，据雪侄言则有其他银行，或不至甚转折也。又中央行之信，未知何时到？重钞寄《曝书杂记》（即《甘泉乡人稿》）一段。《颐綵堂集》未见，因检《演繁露》无考石鼓文事，检考古篇亦无之，原来在《雍录》，皆程大昌撰，颐綵盖误记。因此愈信

---

① 指方豪所撰《爱国史家陈援庵先生》一文。

人言之不可轻信，引书非亲睹不可也。因此并"程棨字仪甫，号随斋"云云，亦不一定可靠（《元诗选》三千馀人，无程棨）。颐绺原文，未说明此八个字所出也。周益公作文简墓志亦未见，辅仁似无周集，此事尚须一查。又同治《湖州府志》七四陈振孙传，与《宋史翼》全同，"安吉人"云云（《宋诗纪事》六五作安吉县人，四库作安吉人），颇疑安吉者是"安吉州"非安吉县。吴兴郡隋以来改置湖州，宋宝庆初又改湖州为安吉州，故吴兴、湖州、安吉皆郡名，不指今安吉县。然则谓直斋为吴兴人、湖州人、安吉州人，皆可也。谓直斋为安吉人，似不妥。直斋一定居郡城，不居安吉县，观《解题》卷二、卷十四及卷三春秋比事条，卷四三国志及五代史纂误条口气可见。

《学津》本《野语》，时有误字，引用时应注意。牟巘《陵阳集》及吴师道《礼部集》各一条，未知有用否？

《鲁岩所学集》有跋五篇，皆空洞，似无裨于考证。今日星期六，下半日放假，书记先生要休息，要过几日乃抄完，故今先将已抄各条付邮。仪顾堂无材料，方志想诸家已见过，如《宋史翼》所引之劳志，今不易得见矣。

白沙女子学院解散，未知青峰如何？博儿阅。父字。卅五年三月二日。

（八三）一九四六年三月八日，往函

三月二日曾复二月十六日函，并付去钞件七页，想已收到。嗣接二月廿八日函，言三叔之款已到，慰甚。至日人发表宋代论文，尚无所见。卅二年五六月寄遵之《宋代法典刻板考》及《〈永乐大典〉本宋代法律书〈金玉新书〉及〈淳祐新书〉考》二种，皆未收到，思之至为可惜。此等书今想找一部再寄，亦不可得矣。此路殆绝了。最近两年，各刊物亦因被炸而停了。柯君译《北盟会编考》，已出板否亦未知。昨日有人携岭南大学文学院长庄泽宣君最近来函（致其所亲），云闻我有回粤消息，肯在岭南讲学否（属其探我口气）？又云本拟聘约之为讲师，因被汕头市长拉去作秘书，可惜云云，亦一新闻也。粤中人材，何缺乏至是。最近亦曾接冼玉清、李镜池二君在岭南来函，然与前消息绝不相联，各道各事而已。白沙师院解散，青峰未知何如？此等风潮，加入固不妥，不加入亦甚难处，所谓无可如何也。此示博儿。父字。三月八日。附钞件三纸。

（八四）一九四六年三月二十日，往函

八日曾复二月廿八日函，并鲁岩抄件，想已收到。连日接函四封，计有去年八月十一日、九月廿六日旧信，又有今年三月八日及十二日新信。九月信乃复我卅三年十月十二日函者，及今阅之真如梦寐也。惟"六百六年六六翁"云云，尚有两六六，一为身之卒后六十六年国土始复，即洪武元年也；二为身之乙酉成书后六六三百六十年，国土又复沦亡，即崇祯之十七年甲申也。此皆偶合，然其数适

为六，则奇也①。《四库提要与宋志》②，大体尚稳，余丈批了三处：一、第二行引《宋志》序，"前后部帙有亡增损互有异同"，应在"损"字绝句；二、《包拯奏议》条，《宋志》是元至正本，非成化本；三、《中兴小历》条，四库改作小纪，是避清讳耳。《图书季刊》在何处刊，何人管，待探实后乃交去。客户云云，未见有人注意，日文杂志中似亦未见有此等目录。前为汝编五代十国文时，寄去香港零本书数册，曾记得否？幸在是自己书，如果是借人的，则不好意思了。料此等零本尚存港地否？又我之粤雅堂本《崇文总目》，《武林掌故丛编》本《南宋馆阁录》，汝曾借过否？遍询无着，因顺及之。颐綵引文，谬误如此，是为引书不

---

① 援庵一九四五年七月所作《通鉴胡注表微》小引云："《鉴注》成于临安陷后之九年，为至元二十二年乙酉；《表微》之成，相距六百六十年，亦在乙酉，此则偶合者耳！"乙酉（一九四五年）援庵六十六岁，故云"六百六年六六翁"。

② 此文后发表于《图书季刊》新第七卷第三、四期，题为《〈四库提要〉与〈宋史艺文志〉之关系》。

检元文者戒。真所谓"毋信人之言，人实诳汝"①也。此示博儿。父字。卅五年三月廿日。邮票便转智超。

（八五）一九四六年三月二十五日，往函

廿日复八月十一日及九月廿六日、又三月八日及十二日函，想收到。顷接三月十八日函，并尊生先生吟稿，拜读。又《苹庵诗史》一册，四十年旧雨，读之陨涕②，但未知此稿应否寄回及寄存何处，便探黄公意告我。黄祺寿文引黄谏《书传》，未知何据？此书未见传本，《经义考》八八作黄谏《书传集义》，亦云未见也。客户文是何意思？能将题解开列及此文提要抄来，或可找找日本杂志有此类论文否，空洞"客户"二字，无从知其内容

---

① 此语见援庵讲授"史源学实习"课之导言："考寻史源，有二句金言：毋信人之言，人实诳汝。"
② 廖苹子（苹庵）：援庵一九一一年在广州主编《震旦日报》时同事。

也。张亮丞先生昨日中风，半身不能动，今年仅六十，可惜。岭南来信约予夏间南下讲学，其意甚殷，不知吾形已不逮也。因亮丞事，更为之不怿。宋志稿寄回抑暂存，现尚未知负责季刊者何人，及应寄何处也。陈直斋文，照来信题目可以。棠侄云赴美，是何路数？官价外汇取销，私费出洋不易，如何便告我。青峰情形，殊可念，吾甚欲其北来，未知途中易走否也？馀未一一。此示博儿。父字。卅五年三月廿五日。

（八六）一九四六年四月八日，往函

三月廿五日曾复三月十八日函，想收到。顷接三月卅日书并陈振孙文，甚好。惟有一笑话，以《梅磵诗话》为胡身之诗话是也。宋元间以梅磵为号者不止一二人。故此文未有给别人看，今签改数处寄回，可自斟酌，不必尽依吾说也。此外尚有两点须注意：一此文引号多，传写排印，易于脱落，故须预备其有脱落时，亦不至令人误会乃可。则行文时须做到不加引号,而引文与己文分别显然,乃足贵也。二此文小注不少,其多者乃至二三行,此必须设法减少,或改为正文,如十一页前数行是。因近日印品多用五号,再有小注,须用七号,大不宜也。且作文自加注,只可施之词章,如诗赋铭颂之属,字句长短有限制,不能畅所欲言,有时不得不加自注。史传散文自注甚少,除表及艺文志之属为例外。《宋书》谢灵运传《山居赋》、《北齐书》颜之推传《观我生赋》,亦自注。非注,人阅之不懂也。史传与注相类之句,如语见某传,事具某志等类,亦皆作大字正文,不作小注。又如《孟子》引《诗》"天之方蹶,无然泄泄",即以当时语释之曰:"泄泄,犹沓沓也。"又引《书》"洚水警予",即解释之曰:"洚水者,洪水也。"又引《诗》"畜君何尤",即解释之曰:"畜君者好君也。"皆作正文,并不作小注。《大学》引《淇澳》之诗,加以解释曰:"如切如磋者,道学也"云云,亦不作小注。此狠可效法者。又如《论语》,"子曰从我于陈蔡者，皆不及门也"，以下"德行颜渊"云云，亦是注释，然并不作小字。所以我近日作品，力避小注，不论引文、解释、考证、评论，皆作正文。此体将来未知如何，我现在尚在尝试中，未识能成风气否也？且要问注之意义为何，无非是想人明白，恐人误会耳。既是想人明白，何不以作正文？若是无关紧要之言，又何必注？此文在研究院集刊发表如何？九公与三叔信云，约到广州以至去汕头，未尝见九公一次，贵人事忙云云。我难辞不能训子之责矣，惭愧之极。此示博儿。父字。四月八日。

东行时是否与家眷全去，抑分批？水行、陆行抑航行，均须谨慎勿急，至为念念，勿争先。

（八七）一九四六年四月二十四日，往函

四月五日书，早收到。顷又接四月十六日函，知直斋文决将小注改作正文，抑何迁善之勇也。西庄语本预备作文末馀话，亦可博一笑。《哀扇工歌》，见《知不足斋丛书》十八集《清波别志》

上,无作者姓名,厉樊榭据《梅磵诗话》知为沈作喆撰,遂采入《宋诗纪事》四十四卷。今将娄县姚椿《樗寮诗话》一则抄寄,姚即道光间辑《国朝文录》之人也。报载傅孟真先生日间来平,未知是否?客户文此间未见有日人著作。有人说浙大史系主任有属汝之说,好做否?前两日由陆宗达先生介绍萧仲珪①夫人来见,具述汝等在遵情形,雅意可感。又说儿妇勤劳,子女听话种种,为之欣慰。念其勤苦,又为之泫然。竺校长②由中国银行汇来万元,属交冯子衡③先生家属,已代送去,回条一纸,照转为幸。馀后及,此示博儿。父字。四月廿四日。

书成待发,又接银行通知,有晓峰先生来万元,想亦是冯宅赙款。俟取款交去后,有回条,再寄遵。

---

① 萧仲珪:萧璋。
② 竺校长:竺可桢。
③ 冯子衡:冯承钧。

（八八）一九四六年四月二十七日，往函

　　廿四日复五日、十六函，云萧夫人来见，并付去竺校长回条，已收到否？即接廿日函，言辞职事，颇有斟酌。所言教部审查事，我常为此担心，此我之责也。我不能监督你们，所以至此。今日最难者，虚写不好，实写无用，如教中学等，不能成一资格。廿年前我最怕填履历至出身一项，但捱到现在，则老起面皮，竟直对此项不写，表示非学校出身也。然老人可以如此，年轻人在今日说不过去。第二项履历，我从前亦畏难，近日则老实不客气，填任北平辅仁大学校长二十年。此皆捱到现在，然后免此踌躇也。故以为此困难，应如何渡过，要斟酌。所难者目前。至于资格云云，浙大算一好资格，但要注意，资格是不能一时得的，须要积，最好能积至五年，则算一段落矣。现行款则，每有任大学教授五年以上等条文，少有云三年以上者。故予意，以为必不可留，则不容说，如果可

留,以能容忍至五年以上为妙。再一层,复员后即去,在你以为功成而退,在他人看之,或以为非常时期你可以混,平时即干不下去,此节亦须注意到,因不能逢人解释,不知者或有此误会也。故昨晚我想了一夜,放心不下,所以即复汝,应细斟酌。廿四日函言主任"好做否"?我意是不宜做也。资望浅,令人妒,而且起眼。对于聘人,聘者固然得好感,不聘者则生恶感矣,故暂不好做也。过几年资历稍深,则又当别论。今日之函言教授"好辞否"?我意是不可辞也。稍积数年,著作日多,实力充足,则无施不可,此时可自由矣。最要者是要基础稳固,能任教授五年以上,非常时及平时皆曾任过,此所谓打好基础也。若一到平时,则须舍去,是未打好基础也。细斟酌为要,看看如何渡过此难关就是(指审查)。

岭南来信,邀我甚紧,殊可笑。先是我复岭南友人函说过,交通便,可以南返,欲借住康乐可否?因此该校院校长遂来信邀约,已诚意正式辞之。近又来信，只要肯担任名目（指文科研究院），不必管事，带几人（指助手及研究员），要住多少地方，普通报酬外要有甚么特别云云，皆不是我意思。我近来老得厉害，预备印完《表微》即须暂停工作。馀未一一。张晓峰先生冯宅回条照转。此示博儿。父字。四月廿七晨四时。

（八九）一九四六年五月十三日，往函

四月三十日及五月五日函收到，浙大事暂不辞，甚好。履历以一地方年代多为贵，不以转移地方多为贵也。前数日晤傅孟真先生，知直斋文已收到。客户文如何能得出色，未知内容，无从悬揣。据此间燕大人言，寅丈回国仍在燕大，与来函所说不同。《会编》及《徐考》①，此间早已无存，即旧本亦找不着，记得已扫数寄汝矣。此复博儿。父字。五月十三日。

---

① 指《三朝北盟会编考》及《徐梦莘考》两文。

友人要转入辅仁三年，本可以。但人不在平，无法考试，非到平后，乃可报考。凭空讲，无从答应能取与否也。顷接浙大史地教育研究室三月廿八日来函，不知何以今日乃收到？史学丛书第一、二辑是何等文字，能录其目寄来否？是普遍征求，抑有所选择，所已征求者何等人，亦愿知之。回条两纸转交为幸。又及。五月十三日。

（九〇）一九四六年六月一日，往函

五月八日及廿一日函早收到，忙未得复。史学丛书事，余无文可选，大约要交白卷了。本应由主编者见到某人某文可选，乃与某人商量征求其本人及出板处同意，较为妥适。若由本人自选，似不甚妥也。关于汝所担任功课，我想《鲒埼亭集》可以开，不管用甚么名目，但以此书为一底本，加以研诵及讲授，于教者学者均有裨益。我已试验两年，课名是《史源学实习》，即以此书为实习。每期选出文四页，长者一篇，短者二篇，预先告学者端楷钞之，虽自有书亦须钞，亦一种练习。且应先预备同样格纸百页，以便一年之用。钞好后即自点句，将文中人名、故事出处考出，晦者释之，误者正之。隔一星期将所考出者缀拾为文，如《某某文考释》或《书某某文后》等等，如是则可以知谢山①文组织之方法及其美恶。惟其文美及有精神，所以不沾沾于考证，惟其中时有舛误，所以能作《史源学实习》课程，学者时可正其谬误，则将来自己作文精细也。余用力于此书者四年，隔年一讲，故已讲过两次。甚欲用《经典释文》体，作一《鲒埼亭集考释》。但其书博大，未易毕业也。仅于一、二页短文中释得数十篇，可以够一年多讲授之用耳。未讲此书前，余曾讲《日知录》两年。又前，曾讲《廿二史劄记》好些年，皆隔年一次。错误以《劄记》为最多，《鲒埼》次之，《日知》较少。学者以

---

① 谢山：《鲒埼亭集》作者全祖望。

找得其错处为有意思,然于找错处之外能得其精神,则莫若《鲒埼》也,故甚欲介绍于汝。我已有底子,做下去更易也。且于浙大讲浙东学术,尤其本地风光,可细想复我。智超身体何如?停一年不读书,纵其自习,亦一样有益。甲午①广州大疫,余停学一年,读书之基树于此也。此示博儿。父字,六月一日晨四时。

(九一) 一九四六年六月十六日,往函

六月三日来信收到。一日曾复五月廿一日函,已收到否?函内说《鲒埼亭集》事也。香港钱甚贵,闻法币千元只值港币二元馀,可叹也。《东方》蒋君文已见。征文名单,人材济济,老人应退避三舍了。日前有谢文通君来见,云在浙大相识,今到北大云云,熟否?即接方司铎由青岛来电,云不日来平云云,从前未见过面也。傅先生日

---

① 甲午:一八九四年(光绪二十年),时援庵十五岁。

间飞京中研院开会。昨日接四川灌县青城山常道观道士易君来函请《南宋河北道教考》，方外之交，万里来书，甚有趣。忆吾书初出，此间白云观道者曾踵门求书，罗浮酥醪观住持锺玉文亦托人函购。假定吾他日游山，不怕无因缘也。青峰留滞重庆，不能奋飞。楠叔闻已回粤，有消息否？九公①今年七十大庆，殊可祝也。因自茂台、良英、海学②以来，百年之间，男子无有七十者。古稀云云，证之吾家，良不诬也。寅恪先生闻仍在清华，燕京、浙大之说，均成过去。友潜之病殊可虑，惜无以慰之。遵俭人甚忠实，余对此常耿耿，奈何。昨看亮丞先生，比数月前大好，可以不扶杖送客出门，大约休息一年可以复原未定。竹汀先生亦瘫后二十年乃卒，且书成于瘫后者不少也。晨起无事，拉杂书示博儿。父六月十六日晨四时。

---

① 九公：援庵之九叔维镳。
② 茂台、良英、海学：援庵之高、曾、祖父。

（九二）一九四六年六月二十三日，往函

十六日曾复三日函，想收到。后又接十日函，云前信开口，盖因夏天浆糊化水之故。闻愿下年开《鲒埼亭》，至慰。但史源学一名，系理论，恐怕无多讲法，如果名《史源学实习》，则教者可以讲，学者可以实习。余已试用两年，觉颇有趣。可先将全集点读一遍，选其千字以内之文为课本。两年来（中隔一年）我所选前集廿五篇，外集四十八篇，一年约讲五十篇，其中有两年同讲一篇者。点读之后，如有意见及疑问，即来信讨论可也。萧穆《敬孚类稿》有跋严修能批《鲒埼亭集》，《国粹学报》似亦曾登过。严批本有传抄本，李庄研究所①即有一部，此间亦有数人过录，可助考释。《香雪崦丛书》有《鲒埼亭集斠识》一册，商务出板有《谢山年谱》亦有用。未识诸书南中易得否？

---

① 李庄研究所：指抗战时迁至四川南溪李庄之历史语言研究所。

总之，朱竹垞、全谢山、钱竹汀三家集，不可不一看，此近代学术之泉源也。能以为课本者，全氏最适宜。黔中所得残本，亦可用。先找出五七百字一篇者读之，稍暇我当命人录能讲目寄汝。现书手太忙，未暇也。昨日方司铎由青飞平，廿年通讯，一旦晤面，喜可知也。具言在遵时过从之事，藉知种种，甚慰。儿妇之贤能，南来者众口一词，殊可喜也。又有南海谢文通君，亦谓相识，此人何如？据方司铎言，浙大曾有学术论文有伤本地大姓感情之事，足证予近日所主张凡问题足以伤民族之感情者，不研究不为陋。如氏族之辨，土客之争，汉回问题种种，研究出来，于民族无补而有损者，置之可也。古人谓食肉不食马肝，未为不知味，亦是此意。日本史如何讲法？据日人所著之本国史最佳者选用而批评之（口头），岂不甚善？如自做讲义，学生流布，有弊病否？唐史用何讲本？如何讲法？便可告知一二。教书最好能教学相长，详人之所略，略人之所详，而后能出色。杭州书籍不少，地方亦佳，余甚慕之，大可做学问也。今日辅仁已放假，《表微》尚有最后《货利》一篇未做好，大约要七月底完成也。馀未一一。此示博儿。父字。六月廿三日。

（九三）一九四六年七月七日，往函

六月廿九日来信，收到。前日萧仲珪兄来，此次见面才是第二次也。第一次（廿八年）与牟润孙来。牟自两年前离辅仁往商丘，近始由沪来平。前接青峰六月十六夕函，云十七离渝往西安东下，月底可至南京。但至今未接西安、南京信，亦不知十七日离渝否也？《鲒埼亭集》已讲过之目录寄。此七十馀首中，只有一出典未找出，即外编二十八《跋岳珂传》之张端义（即撰《贵耳集》之人）奏议也，馀均考出，《敬孚类稿》跋又见《国粹学报》，阅不阅不要紧。凡授课不要作为授课，作为自己用功可也。据仲珪兄言，将来浙大教员住处，大成问题。此事不独浙大然，各处无不然。以现在北平论，教学月入，房租须占三之一，或二之一，如何能了？《鲒集》所选，略分六类。参考书最要者，《续甬上耆旧集》、《宋元学案》、乾隆鄞县及宁波府志，与本集相互证明而已。有疑问随时札记寄来，可以代为解答。馀未一一。此示博儿。父字。七月七日。

（九四）一九四六年七月二十九日，往函

七月廿晚来信收到，将有长途旅行，颇为系念。凡事谨慎，不焦急，作为"游历想"可也。杭州地方太好，得书亦易，可惜房子不容易找而已。校中文院解聘、新聘人选为何人，便告我。王西庄讥陈振孙系南宋微末小儒，此语结果有用否，便亦告我。遵义现在书少，只可随其自然，遇有可以涉猎泛览时，则以博观为是，遇无可博观时，则专读一书，亦能有益处也。《鲒埼亭》读出有头绪未？文章、意义均佳，在清人集中总算第一流。考据稍疏，此其所以能为《史源学实习》课本也。

若全篇无甚错处,则不能作课本用矣。余自《胡注表微》完后,尚未有第二题目,要稍为休息。闻胡先生①今日到平,晤后当有所触发也。姚从吾来,出示全真教文甚佳。方司铎为田枢机秘书,将辞南京《中央日报》主笔及上海复旦,专在北平,办天主教编译馆,并在辅仁任课,亦甚活动也。附寄萧穆《敬孚类稿》及四当斋文共六页,未完。此示博儿。父字。七月廿九日。

(九五) 一九四六年九月九日,往函

八月廿六及卅一晚、九月一晚由遵来信均收到。兹照前信由震兴行马卓青君汇交贰拾万元,又三叔八月卅一函一纸付阅,可与琪记、敏妹接洽也。贺昌群先生现来平,四五日后返京。渠现主中央大学史系,因金毓黻先生离校,欲请汝补其阙。前日有一电致遵交汝,不知汝已离遵也。其意甚

---

① 胡先生:胡适。

殷，但浙大不容易辞耳。他从生活方面着想，谓杭不如京云。他想电长沙及汉口截汝，惜无收电地址也。馀未一一。只祝汝大小平安耳。此示博儿。父字。九月九日。

（九六）一九四六年九月三十日，往函

八月廿六日及卅一晚又九月一晚函，均于九月九日作复，寄沪四马路石路聚源坊十一号楼上震兴化妆品行马卓青先生转交。续接二晚、五日、七晚，六晚（迟到）、九晚各函又佳电，及十三晚由汉口来函，虽迟到先到不一，然均按日收到无失。又接宥电并俭电，知已安抵杭州，至慰。俭电已转南京中央大学，贺君久已离平，此电当成明日黄花矣。惟是未见至沪之信，颇以为念。何时至沪，及取款事顺手否，想已有信在途。十月廿日中研会在京开会，旅费已寄到，余或到京一行，与适之先生同帮。因生平未尝坐过飞机，正如乡下佬出城也。小子读书已安置妥未？房已租妥未？尚有《鲒埼

亭集》跋数纸,已抄好,待接有住址信即寄,防此信或有失也。馀未一一,此示博儿。父字。九月卅日。

(九七)一九四六年十月五日,往函

卅日曾复十三晚以前,及佳、宥、俭等电,寄杭州浙江大学史地系,未知能收到否?续接廿二晚在汉长兴轮来书,又接廿九晨在杭来书,藉悉一切。何以又病,至念。身体疲劳,应以心理调节之。凡遇苦境,皆须作为一种练习,欣然接受。所谓长安虽乱,吾国泰然,不可无此修养也。不然,血肉之躯,何能抵敌种种苦患耶?沪款取得顺利否?所差尚远,港粤须年底结算后乃有消息,只有忍耐数月。卅日函言我本月廿日出席中研院评议会,想已知到。今夹附《鲒埼亭》件三页。《通鉴表微》前十篇已出版,惜未能寄。大约年底全书可出。《鲒埼亭》课能开否?有把握否?有疑问可来信。此间各报纷纷办文史及读书等周刊,学术空气尚浓厚。沪、渝、津三处《大公报》合办《文史》周刊,请适之先生主编,本月十六日出版,销流颇广。有短文可在此发表,酬报较丰。此示博儿不一一。父字。十月五日。

(九八)一九四六年十一月十八日,往函

十一月五日信早收到。遵俭二人五日飞平。七日入附属医院。潜双目已全失明,情形不甚佳,奈何!陈振孙文将于后日在《大公报》一次发表,信到时当已见。此文在日报发表颇可惜,但久寂借此一鸣亦好。此次京中数家,自我离开后都散,无常至此,不胜感喟。各小子初到杭,皆好否?浙大课已开,情形顺否?选者几人?《表微》下册,差廿页印毕。新战线尚未辟,将军老矣。此复博儿。父字。十一月十八日。

(九九)一九四六年十二月五日,往函

廿四日来信收到。一病十日,昨日起销假。钟

点由九点回复为四点，实在教不了也。潜飞平刚刚一月，眼无大进步，奈何！卓然等到台，已有信来。《鲒埼》顺卷次讲，甚好。照前目专讲宋代，岂不更省事？姑以前集言，照前所开目，与宋代有关系的，便是卷廿三之陈忠、大愚、宋忠三篇，廿四之宋兰、宁波二篇，卅之宋枢、蕺山二篇，卅六之真志三篇，共十篇。此十篇皆有小错漏，可为校释之用。今将陈忠一篇录寄，以下各篇，如有疑问，即行来信可也。《表微》误字不免，乾祸之误，乃印时二字脱出，工人随手塞入，非校之过。又梅涧不误，所据本不同耳。余未一一。十二月五日。

（一〇〇）一九四六年十二月十七日，往函

九晚函悉。十一日寄《表微》下册两部，另全册一部，未识何时收到？余感冒已愈，胃口仍不开。《鲒埼》外集十四巾子、东浦，十六同谷、石坡、杜洲，十九宋王，二十六宋诗，二十八胡文、

张邦、胡舜、岳珂、陈谦，三十一题真、跋汪，凡十四篇，皆讲宋代的。兹钞寄二十八二胡及张三首，如谓"《宋史》不为高登立传"，殊可笑。最宜使学生查对，查出时必大高兴。前辈工具书不完备，史源实习之事不可少也。遵俭等十五日回津，南开事已到任。潜回夫家，有人照料，比在京好。春假能来平，甚佳。余未一一。此复博儿。父字。十二月十七晚。

（一〇一）一九四七年一月九日，往函

卅一日及一月三日来信均收到，资格事告一段落，三四年间，得到此地位，幸甚。《魏文节事略》未见，此等事辑，不啻一魏杞索引，甚有益于人。人得此资料考证而研究之，则可成一佳文。此书当是其后嗣所为，余平日未尝注意其人也。潜女于三日上午三时在津寓去世，已葬万安公墓。是日益与雪及潮叔之女如瑛均到场。不卒于重庆、南京而卒于津，且与舅姑同住者半月，可谓不幸中之

幸。一月九日。

(一〇二) 一九四七年二月二日，往函

一月九日函久未见复，正以为念，因有《鲒埼》考释多首并汤道未件，仅剩一二份之故。十四日复函并文昨始收到，知此函尚未失，至慰。昨与青峰谈起黄晦公①书法，忆及镇海楼手卷实为晦公晚年绝作，未知此卷在何处，便幸告我。又往年秋湄②先生曾用珂罗版印行晦公所书王公墓志，曾见过否？小楷亦精。十年未购入书画，年底忽有人携来谢山字条，爱不忍释，以廿万元购之，亦所谓还心愿也。须作二万字之文乃能够本。兹以影片示汝。小子佳否？有何新见之书，新识之人及海上文坛消息，能不断告知为望。此示博儿。父字。二月二日。

---

① 黄晦公：黄节。
② 秋湄：王蒁。

（一〇三）一九四七年二月十七日，往函

二日及七日来信并古代日本文均收到，此间所识无研究日本事者，故此文未有交别人看。应如何处置，便告我。凡发文要注意所投之报及杂志如何？同是一文，因所投之报及杂志不同，所生影响遂不一。北平馆信，已电询袁公，得其复函如另纸，当有信径复汝矣。我对他说，颇不客气，一非自投，而系应征。二如不愿登，即告知，因有多处索文也。因袁手下某君，颇势利，余故为是言。三叔久未来信，有来信时，当将汝事顺告之。四海困穷，非一二人之事也。遵俭现在南开，我以为不如中央图书馆，前途希望较大也。小子病宜少读书，停一二年不入学无要紧，身体第一，读书第二，幸注意。南宋定都文，我心目中无甚新资料。浙中所见新出板书报，有何佳文及值得注意之作，幸告我。孙子书楷第先生

前日在图书周刊文①，已见否？似乎闲话多些，长些。同人有何批评？专此复博儿。父字。二月十七日。

日本文稿有几个字要注意，如代字易讹为什，改字易讹为政。前振孙文已有此误云云。

（一〇四）一九四九年十一月十四日，往函

九月卅日及十月廿九日来信，早收到。两月来不写家信，正想写信与你，刚接十一月九夕信，知功课稍有眉目，至慰。当初接你信，言白拿钱，甚痛苦，诚然。人不劳动，不应得食也。史系现停，明年有复开之望否？如果不复开，史学教员何所事？不是现在好意思不好意思问题，而是明年如何着落问题。今既留校教公共科社会发展史，是否变成了政治课教员？史学专门课，将来仍然有否？此

---

① 指发表在《大公报》图书周刊第七期评介《南宋初河北新道教考》之文。

层要注意。我当初因你来信云白拿钱，我就想到能否请华东局介绍入华北大学政治研究所，或华东有类似此项机关可入否？个人自修，不如集体学习，单是读书，不如实地训练，就是作一回下乡调查工作，也是实地学习之一。既云学校方面不肯放走，是学校何人，校委会抑系主任等等，幸复我。来信问社会发展史研究提纲，只见有艾思奇著的《社会发展史提纲》，未算定本，拟明日寄汝一部。又有恩格斯的《从猿到人》，薛暮桥的《政治经济学》即社会发展史，又有《人怎样变成巨人》及北京出板的杂志名《学习》，已出了两期。以上各书，未识你已有否？如未有，而需要，可照寄。但寄重复，则无谓了。所以最好想要甚么书，及已有甚么书，开列单来，可以酌寄。如果先头开单未有，后来已有，亦应告知，以免寄重无用。沈志远译《历史唯物论》，上册出后，到出下册时，不单卖，连上册为一册，只可重买。但有人说此书译得不算好，有难解处即其错误处云，未知是否？此间教政治课的教员稀少,都系合千百人聚于一堂,用扩大器播讲,名为"上大课"。次则分组讨论,有问题不能解答的,汇齐请教育部专家解答。教部亦每两星期开会讨论一次,聚各校教此课之教员讨论云。

相片收到,夏作铭①先生晤时幸道及。容儿就南开电机系副教授,每周七小时,有馀暇自修。近学俄文,颇有兴致。益少见。朴孙原在辅大农学系,现清华、北大农学院,与华大合并,辅仁农系取销,朴亦改入北大合成农业大学,也学俄文。牟润孙有消息否?方司铎在复旦不甚得意,现在何处知否?谭季龙②君行止何如,有联络否?余忙于事务,学习一无进步。傅沅老已于数日前过去。张星烺半身不遂,已退休。余老丈也因病休假。张怀请入华北大学政治研究所,刚由美国回。黄伦芳请入新法学研究院。萧仲珪在辅仁,其国文系主任顾随

---

① 夏作铭:夏鼐。
② 谭季龙:谭其骧。

先生，前日午睡，至六时未醒，家人唤之，已昏迷，即送医院救醒。馀未一一。此示博儿。父十一月十四日。

简琴翁①来信，云有二子欲来京入大学，尚未回信。又云寅恪夫人对时局认识不清，尚疑为大乱将至，亦新闻也。琴翁书法大佳，但来信，经检《草字汇》，仍有一二字未识，可见余之孤陋，为之一笑。约之最近曾有十月廿三日信，省港邮件，仍未大通云云。贺昌群君有消息否？缪凤林君究竟有入震旦否？有所闻，幸告我。又及。

---

① 简琴翁：简经纶。

与陈雪晶①

(一) 一九三七年六月二十六日，陈雪晶来函

伯父大人尊前：

敬禀者：月前美国基金委员会轩尼博士曾示意岭南女学监罗和平女士，请在女生中选出二年级生

---

① 陈雪晶（1915—2000）：援庵侄女，国键长女。一九三八年岭南大学毕业，四十年代与孙传芳次子结婚。曾在香港政府福利署工作。曾来信告我："我的名字是大伯替我改的。我出生后，爸爸给他去信，那时刚下雪，他老人家说：'叫她做雪吧！'1937年我随徐锡龄先生北上，打算到北京后，即转燕京。不料到定县后数天就'七七'事变，和走难的队伍，攀上火车后梯，辗转逃到青岛、上海，乘轮南返（香港）。"

一人赴美之加省，预算在美读三四年级，此乃免费学额，另每年给与美金五百元，至毕业为止，共两年期限。船费杂用须自备，看来似觉甚相宜。但以生活程度奇高之美国，使用当不少也。且毕业后所得只一学士耳。若谓毕业后继续读三年，考取硕士，但此时既没有津贴，而美国最近又禁止学生工读，这岂不是要父亲负担一重大数目。家里弟妹不小，自己实在有点过意不去，想来想去，都是毕业后再找机会赴美较为上算也。此事父亲初甚赞成，征求伯父意，惜收到电时已不及，不得已将此事作罢！侄已于六月十九日试验完毕返家，暑假期内岭南社会学科研究会有一全国文化考察团，由徐锡龄教授领队，侄亦随队北上，将于七月一日乘粤汉车出发，先至汉口、郑州，十日后可抵北平，届时侄当进谒伯父，请示一切，俾无知侄女得蒙教益，是所至盼。肃此，敬请大安。侄雪敬上。六月廿六日。

（二）约一九四六年六月十六日，往函

雪侄如晤：

本月九日再复汝四月廿五日来函，并原来信皮，我误看三号为五号。今又接五日来信，又改地址，不知我九日之信，能收到否？来信言家中兄弟和睦，至慰。凡事贵能谦让，未有谦让而不和睦者也。卖书云云，似非要务，存书不比存钱好吗？且存钱何用，现方有人将钱买书，如非必要，似不必卖。既然问到我，我就不主张卖也。所谓宋明板，是否真的，明板书不算难得，宋板则希罕了，但未知真假耳。此事我都稍懂得的，未识能将书目板本开给我看看否？如有书目，挂号或有顺人带来一阅亦好①。专此，即问阖府潭安。援字。六月十六日。

信寄北平后外兴化寺街五号，收到较快。

---

① 雪晶姑来信告我："在津时，（我）每周都往北京，住在大伯家。他老人家常代我看孙家的书和字画。"

与陈珍铭①

（一）一九三〇年代中期，陈珍铭来函

援大伯：

　　因为事情严重，我希望能得到你的同情给予我些微的援助。上次我因为言语的失慎，做成了莫大的错误，希望你包含原谅。上次经你拒绝援助后，我多方出法子向同学间筹备，幸能够数，如期缴上论文。惟现学校放假在即，同学即将离校，故所借之款，亟待偿还。家中虽已去信，惟以路途遥远，

---

① 陈珍铭：陈宁远堂四房子弟，援庵堂姪。时在燕京大学学习。

一时不及到达,而同学们催我甚急。我心甚焦急。故再度请求大伯之体谅,予我以一臂之助则我感甚矣。我平日用钱太无分寸,自此次教训后,当加留意。祈大伯予我以悔过之机会为幸。万望大伯体谅我书此信之至诚,而信我有悔祸之决心,则虽大伯再度拒绝我亦感谢矣。

顺问合家安好。 姪珍铭上。六月七日。

与罗永昌①

（一）一九四六年一月四日罗永昌来函，一月二十日批复

外祖父大人尊前：

敬禀者：喜接大人去年十二月廿六日赐来训示，母亲传阅，如获异宝，捧读数遍。大人嘱写字要端正，"一"字不能写成～〔按：援庵在此句旁加双圈〕。聆悉尊训，本应即时改过，奈因多年坏习惯，

---

① 罗永昌（1927—1992）：援庵外孙，长女桂辛第三子。抗战后期在贵阳合作社工作。 抗日战争胜利后在台湾铁路部门工作。一九四八年以后在香港经商。

一时恐难尽改前非，乞望准赐时日，渐改恶习。

我们住在贵阳城西郊市西路一九八号，是合作社的职员眷属宿舍，母亲与我各一小房，环境很好。日出而进城办公，日暮返家休息。由家步行至办公处（省府路四十一号），约需时廿馀分钟。

年少无知，自幼辍学，限于环境，盲目搜索，在黑暗社会里湖（胡）混，时错则为他人所窃笑矣。良言忠告，静默萦思，真只有大人良言指引，启发蒙昧，此真令我永刻心铭而不能忘也。愿天父帮助我珍惜自爱，冀能不辜负大人善诱之德。

来示赐训，获益良多，容留铭铭。

蒙赐家慈尊照一枚，觌见霁范矍铄，寸丹悐畅。大文《通鉴胡注表微》小引，得睹字划行间，一一之错受感化不少。惜孙因文学修养尚浅，内容多乏解释为憾。

东单牌楼忠信公绸缎店奉达之名片，因在张恩泽君离筑赴渝，在车站之际匆忙写的，致多错漏。蒙加训诲，又进益不少。知我者谅我爱我，莫过于大人者也。

筑市繁荣随着战争结束而减少,日见回複(復)昔时之荒凉寂寞矣。不论气候、环境,实不宜吾等多住一时,甚望能早日摆脱此睹境思情、逃难之伤心地。返广东,昔事回溯,徒增惆怅痛苦心情,甚欲得一休息。且广东既无家园顾虑,何必多此烦恼,故意不欲南返。(汝伯父现在何处?应有信去请安问候,并向伯母请安。)

拟赴台湾,因交通还未恢复,携眷赴任,尚非其时。但职缺不能久悬,又不能忍弃慈怀,独漂千里,故只可作罢。

转赴东北,更不是其时。除上述问题外,严寒气候,更非吾母子之可能受。

上海太繁华,年青仿佛,易沾恶习,心为之戒,故亦不能往。沉思流离数载,孤苦无依,苦难中母子流离,历尽艰辛,幸赖平安,痛定思痛,凄惨吾家,凋零冷落,如我複〔按:援庵圈去"複"字〕不识自爱,何足以慰吾以(己)死父亲、兄弟，更何足以慰吾栽培养育，数载患难与共的母亲吗。唉！忆及吾家，泪跟笔泪。但徒呼惨痛，又複（復）何益呢？

好友张恩泽君，从少禧（嬉）戏及长，闻吾惨淡心情，时加劝慰。其父张吉轩字伯宽先生，前上海《大公报》编辑，待吾兄弟亦複〔按：援庵圈去"複"字〕不错。今逢张翁出任北平行营秘书，或东北热河财政厅长，日后孙拟赴平，与泽兄一面求学、一面工作，冀获有所成〔按：援庵在上写一"成"字示范，先撇后画〕就，慰吾慈怀。维（惟）望大人多加指引帮助。此恩此德，毕生难忘。

馀容后禀，专此敬候

福安！　　外孙罗永昌谨上。元月四日。

去年十二月廿五日来信收到。

復，音服。複，音福，重複也。成，此字要先撇后画。如果先画后撇，一定写不好。记紧记紧。感字等亦要先撇后画。

（二）一九四六年一月十日罗永昌来函，一月二十日批复

外祖父大人尊前敬禀者：

顷接大人本月三日来谕敬悉。大人尊体安康为慰为颂（下缺）

来相片收到。但送相片与人，必须写日子。

写字笔画先后要讲究。如"成"字一定要先写一撇，而后写一画。

来信寄北平后门外兴化寺街五号比寄辅仁大学收到快，因在家时候比在校时候多也。记紧。

十二月廿六日复你十一月廿六日来信，已收到未？今次来信皮，已比前两次写得好，小字易进步。

（三）一九四六年一月二十日罗永昌来函，二月四日批复

（上缺）现我之主管长官是河北人，名齐卫莲。先生曾在北平协和医学院任教多年，现任本市

市政府秘书长、省政府顾问及省府合作社理事兼总经理。在北平居留多年，大人尊名，言谈中亦多认识。

再者，前函提及之张伯宽先生，是朋友张恩泽君尊翁，亦居平多年，曾任职报界。平《大公报》及沪之《申报》，均曾任总编辑及主笔。现已赴东北热河省接长财政厅。张先生在粤南方政府时代，为陈济棠先生之机要参谋主任，职挂陆军中将。孙现所交朋友，多半是比我长一辈。因为我年青便迫于投身社会，差不多每一个朋友都猜不出我年纪这么小，朋友中军政商学医的居多，但很多交情尚浅，暂不能用以助己。

朋友中，虽然好坏参差，但我年纪虽小，认识颇大，良朋益友，常在栽培选择中，大人大可放心。现在我的处境，便证明我之待人及人之待我。慢慢的，大人便会知道我之奋斗不虚也。环境迫成我这样，怨恨中複（復）又欣慰。单身漂泊，全无亲戚的一点支持、提拔、帮助，能站得住而不致身临饥寒者，苟非吾友，又如何呢？现在朋友中，虽大部暂不能为己助,这暂待时日而矣(已),此比亲戚强而我矣(已)。此请大人谅我,因为痛心的,他们不加帮助,反而妒忌中伤,残忍何複(復)如此者乎!呜呼,人情冷暖,吾深知者也。冷皓(酷)白眼,激发吾往上争。将来不敢言之出类拔萃,但最少也得吐一口气吧。知我者维(惟)大人,望多赐教导,以成吾志,心铭为感。专此敬候福安!　　外孙罗永昌谨上。元、廿。

一月廿日付回四日及十日来函,想已收到。所言"成"字及"左"字"右"字的写法,想已明白。如果写不惯,最好用手指在桌上写一百几十回,就可以转过来了。

来信不过几个月,字已大有进步,可为喜慰。

孔夫子说:"君子不怨天,不尤人。"尤,怪责也。一个人不必怪责人,人待得我好,固然于我有益,人待我不好,亦未必于我无益,故此不必怪责人。此孔夫子之训也,记紧记紧。

二月四日付回。

（四）一九四六年七月四日罗永昌来函，七月十四日批复

外祖父大人尊前：

敬禀者：六月五日来信并改回信稿多件均已收到。因月来事情繁多，这样那样，心神不宁。为着前途事业，我不得不接受台湾省行政长官公署交通处之聘，往台湾台北泉町铁路管理委员会工作。约待各项手续办理清楚，及台省汇到旅费，即行偕母先返香港。母亲暂缓前往，留在粤、港间暂住些时日，待我低（抵）台洽办家属赴台手续后，再接母亲、兄弟等同往。

闻台省气候环境颇佳。此行目的，一方面工作，一方面候机会出国，进行充实事业建设之基础。目前环境观察，公费出国希望甚浓。时光荏苒，伏思已往未来，均不忘大人对我之帮助、指导。赴台后，望仍常常惠予赐教。通讯处，请暂寄香港湾仔洛克道一六〇（？打圈之法，中西不同。西文由左至右

◎，中文由右至左９○○）号弍楼家兄罗永兆转给我。

但本月前，请仍赐寄贵阳，因我七月底才可离职也。母亲平安，勿念。专此敬请

福安！　　外孙罗永昌敬上。七月四日晚。

甚望能在贵阳多得一示。七月十四日付回。祝你母子平安。

来信甚有进步，为之欣慰。你如果要去台湾，我有几句话送汝。存心要忠厚，做事要勤慎，待人要谦和。不可贪不义之财，不可为犯法之事。要想长远，不可徒顾目前。要顾名誉，不可徒想富贵。孔子曰：君子怀刑，小人怀利。恕不多写，多写怕你不记得。

（五）一九四六年九月十四日罗永昌来函，十一月九日批复

外祖父大人尊前：

敬禀者：十一日训示，敬悉。奉诵回环，不忍

释手。如临镜现形，深悉大人慰勉，义意深长，不信者自信，亲历亲尝，惭愧惭愧。

以往各位长官，须（虽）先后因人事更动而下台，但对孙之生活，尚极关怀。奈因失业人多，谋事不易，且仕途人事关系殊深，一朝天子一朝臣，量人量己，相形见绌，惟忍耐候机而已。

现日居家力学《圣经》及其他书报，夜则静思检讨，修身养性。碌劳命苦，不知何日始可另谋栖身之处。

慈亲孤苦，心殊关怀，量力不足，徒作空言阔论，倍觉汗颜。知者谅我，不知者能谅乎？扪心竞竞，恳乞大人不于（予）见弃，倍赐裁（栽）育，不胜幸甚幸甚。肃此敬请

福安！　　外孙罗永昌谨禀。九月十四日。

好孩子，比前进步多矣，可喜。

此系旧信，因最近来信"虽"字仍错，故此寄回。虽系虽然，须系须要。十一月九日。

（六）一九四七年一月十日往函

十二月卅一日来信收到。所言台人对国内来台人员多含愤恨，此是自然之理。至要谨慎谦和，不可趾高气扬，以为自己了不得，至紧至紧。

你母来信，收到你款，甚安慰，称赞你孝顺，我亦为之喜慰也。

来信问暨姨，由重庆返南京，又由南京返天津，已于一月三日上午三时逝世。与舅姑同住者半月，终比卒在重庆、南京好，亦不幸中之幸也。

来信又问善姨夫妇。他们到台北，住旅馆。来信只言寄台北邮局138号信箱，长久住址未定。你如找他，可寄138信箱黄卓然询问他地址也。今日我亦将你地址寄他。馀未——。此示昌孙。 外祖。一月十日。

近日来信比去年文字好得多，为之欣慰。

（七）一九四七年七月二十二日往函

屡次来信，收到。知到汝近来历练得多，老实得多，孺子可教也。年轻人最紧要"老实"，不荒唐，不大炮，不贪不义之财，不欺负人，至紧至紧。我见荒唐人，讲得满口好听的话，不久即为人告发，或自己犯罪，而入牢狱者多矣。尤其在胜利以后，此等事更常见也。因此我听见你近来历练得多，老实得多，心中为之大慰也。勉之，勉之。

接港电，我母病重，现正接洽飞机返粤，待今日下午决定。大约你接此信时，我已到粤也。粤通信处，广州河南栖栅南街生生医舍。或者到港，则可见汝母。此示

永昌外孙！　　外祖字。七月廿二日晨。

（八）一九四七年九月十九日罗永昌来函，九月三十日批复

外祖父大人尊前敬禀者：

孙近月来因工作冗繁，操劳过度，精神欠佳，时有失眠，至疏修函请安，乞请赐于原宥。（客气空话，少写为佳。七月廿二日在平寄汝一函，收到

否？何以未见提及？）前接家信，惊悉先外曾祖母福体〔按：援庵圈去此二字〕仙逝，聆闻饮泣。奈该时乃因庶务股创设，奉命兼长该股，百事待理，无时稍暇，迄未修函问候，自知殊属不该。〔按：援庵圈去此六字〕扪心更觉难过。及后精神日渐不支，先后一再呈辞兼职，皆〔按：原信"皆"字上半作"此"，援庵批改〕慰留而不获准。长官时多慰勉指导，见难引退，颇觉难安。从言语隔膜、习惯殊异事倍功半的困难环境中，埋头苦干，先后从日式的各种不同环境文化中，接收、整理、改良、重建了人事、庶务两个最困难复杂的股，不辞辛劳的目的，就是希望从经验中弥补我学识的不足。这恳望大人俯察孤儿的苦衷，不以我为贪图名利虚荣而见弃，并时赐教导，俾可依遵，则孙幸甚，慈亲幸甚。（谨慎，忠实，至为要紧。我此次回南，在香港见汝母，甚好，不必挂念。看汝近日来信，进步得多，欣慰无已。谨慎谨慎，不贪不浮，幸甚幸甚。）

经年长管人事，而未有一人为我开罪，长官为此而特别器重于我。

秋凉矣，忆时计日，来台已将一载。以勤补拙，学识经验，似觉稍具根基。自下月一日起，因有特殊成绩，至积劳失眠，奉准给假一周，公费往北投温泉休养，年底并有希望能接慈亲来此。专此奉闻，谨肃叩请

福安！　　外孙罗永昌敬启。九、十九。

九月卅日付还。

（九）一九四八年一月二十九日罗永昌来函，二月五日批复

外祖父大人尊前敬禀者：

叠月未接来示，（十一月廿二有信给你。）孺念殷殷。接家信，藉悉慈亲亦些时未接大函示。（十二月八日有信给你母亲。）惟在各亲友间接中聆悉大人福体安康，日时著书写字，殊为慰颂。

时近岁暮，台北连日气候突然转寒，为台省

近十数年所未有，物价颇受影响，逐天上涨，生活迫人。

来台虽将一年又半，而工作亦日渐繁复，究因学识经验尚浅，（自己知到浅，便会求深。）渐觉力不从心。沉思大人一向训诲，诚属迷途南针。以前因为入世顺适，未遭挫折，至使目不经心，无事视为难。迄今渐深于世，为人情世故，锻炼磨折，（好）始悉自属渺小空虚。（好。自己知到空虚，便会求充实。）孤儿迷途搜索，雨雷风险，徒窃悲叹，求告无门，苦力支撑，幸尚未失足淤泥之中。（我时时防年轻人犯罪入监牢。因近时生活艰难，贪心易起。《论语》上说得好："君子怀刑，小人怀惠。"怀刑就系挂念会犯罪，怀惠就是想钱。）然前途茫茫，俯首凝思，能不惶恐？日伏案桌，埋理公务，尤恐力之不胜，而社交应酬，仪态品格，不欲人欺，亦不欲人恶。对上（总要实在）应下，时感困难，（对上应该实在，不要只知巴结；对下尤应客气，不要欺负人。）固世之无两全者。顾此失彼，阅历显浅，未暗（谙）时人之奸恶。（不必当人是奸恶，先要自己学好。）心意忐忑，徒视听他人之冷眼讥诮。（不要紧。）风雨四面，孤儿难持。时窃孤身，忽厌于世，念及慈母，忠贞抚育，凋零的家，毫无生息。身历孤儿之痛，备尝讥凌之辱，又欲苟延挣扎，期待雨过天晴。

台湾铁路直隶国营消息，反复沉浮。世事人情，何可变幻如意，慈亲时有来信，（去信要紧。）居港平安，勿念。智超表弟亦时通讯，博舅以次各位都好。约舅闻因汕市府改组，短期或将返穗。馀容另禀，专此叩请

福安！　　外孙罗永昌敬禀。元，廿九。（二月五日付回。）

　　来信字大有进步，可喜。比起在贵阳时来信，可谓进步千里，为之欣慰。

　　你常常写信给我，不如常常写信给你母亲。因你母亲常常挂念你，需要得到你的安慰。而且你母亲系孤人一个，在港寄居人家，甚可怜，甚

可念也。

究竟回信你寄信箱好，抑或寄别处好，不甚明白。

（一〇）一九四八年二月八日罗永昌来函，二月十二日批复

外祖父大人尊前敬禀者：（尊前，"前"字要点句。）

顷奉接五日谕批原函，（下文有捧字，上句"奉"字可删。）捧诵回环，难愿（以）手释。默静沉思，悟领训诲，以（觉）近日处境，适需此一指示。因现任职务及其他〔按：援庵圈去此二字〕环境，随时皆有不检失足之虞。声色货利，生活迫人，尤易诱人跌倒。捧诵深思，无限慨叹，忆及以往，想到将来，深悔我的过去：骄傲、显露、紧张、荒唐。不谅察自己空虚无能，时自豪窃笑于人。〔按：援庵圈去"自豪"、"于"，批：上句已有自字〕究因入世浅，未经阅历，过去尚属称意，而无碍阻。学问浅，涵养小，不免目空一切，傲慢荒唐。（写

信要明白，闲话要少，要切实。重复字句，尤要检点，我不敢多写给你，防说话多，你不记得，随随便便看过，失了我深意。）从以往想到现实（在），支持站立，维（惟）大人再三晓谕数语之力。"君子怀刑，小人怀惠"；"对上应该实在，不要只知巴结"；"对下尤应客气，不要欺负人"。小子格（恪。格，变革；恪，音洛。）遵之功，书至此，对此三语座右铭，仍铭念不已。……

来示又嘱小子多写信慈亲，……"母亲系孤人一个"……触目惊心，饮泣战兢。周禀二三函，违别迄未间断。奈时窃〔按：援庵圈去此二字〕经年劳碌，未有稍宽慈怀，深愧乏善告慰。量力不从心愿，〔按：援庵圈去量、愿两字〕徒呼（然）悲叹。每忆于（及）此，忽不欲生。〔按：援庵圈去此四字。〕姑（即）无闲言，亦〔按：援庵圈去此字。〕能不汗颜乎。孤儿童年辍学之痛，至凡事途倍于人，（此句不明白。写字要讲究。譬如未、余、途三字写法，单写"未"字可以捺，写"余"字则下截要改为点,"途"字则上截亦要改为点。一个字不能有三捺。"途"不成字。)比之则以"丈""里"计。命也如此,仰天长叹,夫复何言(言字要点句。)学问浅,勉负重任,近涉专门技术者,时感困难。"进固未能进,退亦无可退"。谋生不易吃饭难,奈何奈何。馀容另禀(禀字要点句)。专此(此字要点句)敬请福安(安字要点句。凡收句更要点句)。

外孙罗永昌敬禀。贰、八。

"罗"字上头不要太阔。

又禀:来示请寄台北邮局八十八号信箱,因该信箱系我私人自用者。

(一一) 一九四八年十月二十七日罗永昌来函,十一月二日批复

外祖父大人尊前:

敬禀者:孙已于本月四日离开台湾,六日晚平安抵香港。稍为休息及拜见六舅父(谁是六舅父?

此等称呼不妥，应即改正。）后，八日晚趁船往广州，旋即到新会一行。时适接近重阳，又值陈太祖建醮，亲友多在新会见面。

外祖母自香港战乱离别，计已九载矣。虽乱世奔波，而康健如昔。母亲亦赖大人福庇平安。离别重逢，喜难笔述。

在新会逗留一周，外祖母与母亲往香港。我因欲在穗谋工作，即由乡返穗，暂寄住河南同福上街十三号曾姓友家，现正筹谋一栖身之处。目下生活艰难，百物奇昂，公务员入息有限。由台返穗，川资已大费踌躇，再以失业彷徨，谋事不易。虽暂可寄居人下，而游手好闲，扪心实觉万分难过。况母亲两年别离，无一慰藉，更倍觉汗颜。

世途踢蹇，无能叹命薄。来日茫茫，咽泣终夜。穗如不能立足，恐又要长途跋涉，再作他乡之客。

穗市数天前一阵秋风，略有寒意。不料今日烈日高照，又如六月炎夏。天有不测之风云，人有旦夕之祸福，时窃以此语聊为自慰。

报载平市物价飞涨，面粉、白米不易购得，不知是否属实，唯愿大人安康。广州闹米荒肉缺，物价天天不同，币值日低。到处杨梅一样花，真不知如何了了。大人如暇，乞望来示。肃此敬请

福安！　　外孙罗永昌谨禀。十、廿七。

赐示请寄：广东广州河南同福上街十三号曾宅转交。

虽穷，不闻犯法，至为欣慰。余所挂虑青年人，常恐其犯法也。今闻汝安返广州，至慰至慰。凡事谨慎为要，目前困乏，忍耐可也。

（一二）一九四八年十一月二日，往函

廿七日来信收到。一个人不能一往顺利，中间必有挫折。善处世者利用此挫折，来修养自己。样样反省，"不怨天，不尤人"。尤是怪之意，不尤人，不怪人也。说话要老实，面色要和蔼。暂时失意，不要紧，切切。此示永昌外孙。外祖字。十一

月二日。

（一三）约一九四八年，往函

你知到久不覆你信的缘故否？因你每次来信，都有三个刺眼的字。①常常惹起此间家庭不快。所以一见你来信，不敢拆，即焚毁。你系好意，但系累人。请以后信内不可提及这三个字。不告你，你永远不明白。忍不住，乃告你。

（一四）一九五〇年八月二十九日罗永昌来函，九月十一日批复

外祖父大人尊前：

敬禀者：疏函请安，孺念殷切。惟终日事忙疲累，目倦始寝。欲勉强执笔，苦思乏善禀告，又作倦睡。（闲话宜少说。）日昨益舅等由平经穗来港，晤面聆悉国内情形佳胜，窃羡不已。尤喜者，获闻

---

① 应为"外祖母"三字。指援庵发妻邓照圆女士。

大人福体安康，快慰实难笔述。孙自来香港后，蛰居经年，日为环境谋虑，无心与任何人等来往。（人不能不与人来往。）及谋职家庭教员，就环境之便，几终日沉迷研讨织造漂染业。旋又正式受职该厂，从学习进而工作，现更进而参与改良设计。〔按：援庵在此四句末均打圈。〕以稚幼之年，浅陋不堪之学识，去学习，追赶着工作，尤惶恐不逮，何仍有馀暇干非份之事。况从字墨里领悟大人教益十有馀年，岂有干与大人意愿相违之事。诚恐大人徒然忧虑，谨至诚修函奉达，大人明察，当以谗言渎听为不齿。〔按，援庵圈去"谗言"以下七字，并批：无人说坏话，不必多心，好好工作便是。经历与年岁俱进，至可欣慰。〕小子无知，能获赐予教导，幸甚。谨肃敬请

福安！　　外孙罗永昌谨上。一九五〇，八，廿九。（九月十一日付还。）

　　在港最好看《大公报》或《文汇报》，所得祖国消息较正确。

信皮字画太细,不相宜。地址竟看不明白,无法回信,只可寄省转。〔按:此段批在信封上。〕

(一五)一九五一年八月十八日罗永昌来函,九月三十日批复

外祖父尊览:

几个月时光,好像一天半天这么快便过去。为生活劳碌,差点儿连月日时间也记不清楚。只有事情天天堆积,又慢慢地完成,这才恍悟时间已过几许。(以上是闲话,家信用不着,可以省去。)接广州致易表弟信,闻大人到重庆,(我五月廿八日离京,九月廿七日由重庆飞京,整整四个月。)智超表弟到南京……总之各位都安康愉快,祖国的欣欣向荣,(是的。)值得慕羡。希望稍过时日,我也可以回到向荣中的祖国。铁路上的工作,我很有兴趣,大概粤汉铁路会是回国的踏脚石。或许快要迁返国门的香港纱厂中,我也许会是随员的一份。铁路和工厂,消磨我最近的六年生活。□从学习、

工作，走进创作的另一阶段，差不多奠定了我以后事业的道路，遗憾是学识跟不上工作的现实，（回到祖国，就有政治学习的机会，不愁学识不够。）这使我受到不可言喻的障碍和阻挡。但当我欣闻大人往重庆，这使我得着很大的鼓励——能力是创造出来的（要虚心，要朴实）——至诚地恭维大人，亦万分感谢大人给我一个学习的榜样。愿大人多赐来信，使我多得学习的资料和机会。青年人应该与时代一同前进，（老年人何尝不应该前进，但要紧认清自己是那国人。）请大人带领并指示我前进吧！专此敬请福安！（问你母亲好。）　　外孙罗永昌谨上。一九五一，捌月拾捌日。（九月卅日复。）

与张遵俭①

（一）一九四七年九月二十日，张遵俭来函

岳父母大人尊前：

　　敬禀者：敬维福躬康泰，为颂为祝。前阅北平图书馆《图书季刊》，悉于文襄论四库全书手札由顾子刚君转赠图书馆收藏。此札曾沐手泽，辗转之际，定有一段因缘也。今日报载尊撰《梅村集通玄老人龙腹竹解题》一文，阅之喜甚，此诚考证学问示范之作。初学者得读此文，于入门方法上可

---

① 张遵俭：援庵次婿。长期在湖北省图书馆工作。

获不少启示。剥茧抽丝，语语引人入胜，考据至此乃有绳墨可循，可谓精绝。窃谓自《元典章校补释例》以下各著，殆仅乾嘉间段、王诸作可与比论。其重要在于确定考证在文史学研究上之地位，其为术也绝精绝细，以极科学之方法，统驭博富之学问，其貌为旧，其质实新。西谚云以旧瓶盛新酒，意差近之。然大人神思独运，殊非二三子所得企及。庸陋如婿，亦譬如视而不见矣。十日手谕十三日奉到，当即复禀一札，想达钧右。平馆《图书季刊》近期刊出专论两篇，而两篇均属乐素兄文，具见器重。年来颇拟练习作文，惟以此间书藏未丰，每有欲作，辄觉参考材料困难。尚求指示一二题目，俟试作后再恳斧削，未悉尊意如何。友人梁君子涵返平省亲，特介进谒，附携七妹衣物，亦祈代收为盼。专肃，顺请崇安。子婿张遵俭敬禀。卅六年九月廿日。

与陈善①

（一）一九四八年八月二十九日，往函

廿四日来信收到。基、雪白②在广州考辅仁，两人均已考上，你知道否？此最可庆幸之事也。四姑姐处，我已去信，他知道一定高兴了。

教书对学生要夸他，夸他就高兴。他有进步，固然要夸他，他无进步，亦要夸他。等他高兴，自然用心，自然进步。一个学生最怕你说他不行。你

---

① 陈善（1914—2002）：援庵第四女。时为广州培道女中教师。
② 基、雪白，援庵侄、侄女。

说他不行，他就自暴自弃了。总要鼓励他，奖掖他，此是教学最好方法，至紧至紧。

上课之前，自己要好好预备。上课时，总要学生明白，宁慢莫快，总要他听得懂，听得有味。他在堂上闹，不用心，不能尽怪学生，先要反省自己讲得清楚否？明白否？他听得有味，自然不闹了。

卓然近况何如？至念。九月廿三日中研院又开会，我大约又要飞京一次。知恒①、知怡前者来信，均收到。渐渐大个起来，真开心也。不见又一年了。此复善女。父字。八月廿九日。

（二）一九四九年六月十四日，往函

自二月廿五日复你来电后，至今未写信，难怪你们挂。但电报你们有收到否？系由生生②转。在后又接过二月十四、三月廿日函，均未复。今日又

---

① 知恒，陈善子。
② 生生，援庵四妹珞卿，在广州诊所。

收到你四月廿五日函，知到你们四月廿五日以前平安，甚慰。北平各人均好。哥哥①每两礼拜由津来平一次，日前已与刘姓女士订婚。

昨日收到慈女②四月廿三日信，此等信都系战前到上海，今日清理出来转到北平的。从前你们挂住北平，现在北平挂住你们，真真烦闷也。

我自二月底胸前胸后出"发泡疹"，早已好了，但至今患处犹麻木，大约要过一个夏天乃能完全恢复。勿念。

辅仁情形不佳，中外同人感情不洽，办事甚棘手。

知恒二月十四及四月廿日信收到。

四姑姐处久未写信，日间拟去信问候。此示善女。父字。六月十四日。

托人带来食物，收到。

---

① 哥哥，援庵第五子容，在天津大学任教。
② 慈女：援庵第五女，时在美国。

（三）一九五〇年五月十三日，往函

善女阅：

　　许久未写信与你，已有三个多月了。四月廿六日来信并冬女信早收到。本月五日已由辅仁出一证明书与他，未知有效否？但辅仁另外有人在美国读书要回来，也是如此。此非一人之事，一定有法子解决。信已由三叔转寄，因此处邮局寄美国信，亦由香港转，故不如由我们自己寄香港转也。娃娃①不断见面，但不算多，月至多一二次而已。忙，用功读书，知到艰难，甚好。你们能组织旅行团，甚便甚好。四姑姐早就说要到北京游，现在系时候了。我到北京四十年，今年始逛过明十三陵，兹寄汝照片一张，也可见老子兴复不浅。你们思想搞通未？到此新时代，旧人要经过思想斗争，好几个月才搞通，搞通就高兴了。此祝康乐。父字。五月十三日。

---

① 娃娃，知恒小名，时在燕京大学学习。

（四）一九五三年一月二十七日，陈善来函

爸爸：

许久没给您写信，我真该打！到现在连家住在那儿都不知道，是不是还住兴化寺街呢？

看见过您在思想改造时的检讨文章，您所说的事情，好些是做女儿的所不知道的，因此我也不停地在挖，我们在二月三日集中改造，这是广州市私立中学教师的改造，公立中学早已在去年暑假完成了。爸爸，有功夫来信鼓励鼓励我！这次我打算大扔包袱，不再有什么顾虑，现在拿起过去自己的工作总结或鉴定来看，真怪臊的，为什么以前老觉得自己怪不错的？可是学习得越多，越感到自己真太不够太差了。

您生活起居如何，念念。最近接过妈妈两封信，她在天津住得很好，也没说别的，倒全是问我和娃的事，娃给您写信了么？我一连两个月没收到他来信，还以为他有什么事，前几天接信才放了

心，原来因整党和学俄文，忙不过来，卓然这个搞不通的心理可老大不好受呢！

爸爸，请您替我查一查，师范大学有没有一个女助教叫符娟明的，最近我听说她在师大，这是我在培道的同事，和我很合得来，因为大家都是北京来的，若有的话，请告诉她给我来信吧！

我将会很忙，赶着办学期结束。有信请仍寄来培道，因为培教〔应为道〕是思想改造女教师宿舍，便宜了我们，很方便！敬祝健康，快乐！女善谨上。一九五三、一、廿七。

（五）一九五七年，往函

善女阅：

十一月廿六日来信内有汇票五十元，知恒来已照交他。他昨晚动身出国，有治装费七百元，不怕无御寒衣服。现在国家一切都为人民打算周到，你们可放心。这次知恒在沈阳回京，我出街，二日又来，食了饭才走。他在京住科学院招待所，身体甚好。这次他们化学所选二人往苏研究,他是二人之一,实不容易,你夫妇听见真开心了。他过津时,曾见过你妈,都很平安。腊肠等收到,谢谢。容儿通信处寄你。他与知恒不同一地,但相隔不远。他今年九月曾回国,十月再去。夹上我最近相片四张,内一张有容儿的。祝你夫妇健康!

〔据底稿〕

(六) 一九六〇年十一月二十三日,往函

善女阅:

十一月十日来信收到。生日我不愿提,安安静静渡过一年一度的日子就好。你们合份寄食物,合份打电报,都有一点铺张,我心实过意不去。知恒归,你夫妇应高兴,我亦替你们高兴,可惜他来看我,匆匆一面,未能留一饭,至歉。最近接冬女十月十一日信,都是家常话,已转津,今将他新住址寄汝,并寄去照片四张,聊示近状。并祝健康!

援。十一月廿三日。

(七)约一九六五年,往函

善女阅:

二月六日来信收到。你说我"不会不理你",是的,我常常挂念住你们。与街坊邻里要相处得好,要谦恭,不要骄傲,不要作坏事。人有时对你不好,你要自己反省,不可专怪人。

这些都是我常常挂住你们的。即祝你们健康!

(八)一九六六年三月十五日,往函

黄知怡并未来信要钱,因想起她子女多,就寄她几个钱用,并非她来信,且她也久未来信。此复善女。一九六六年三月十五日。援。

与陈致易[①]

一九五八年十一月十一日,往函

致易孙阅:

来信收到。你爱劳动是最好不过的事。

祝你健康! 　　援。十一月十一日。

[①] 陈致易(1940年生):陈约长子,时在武汉华中师范学院学习。